国家安全法治研究丛书

总体国家安全观法治理论研究

Theoretical Studies on Rule of Law in the Holistic Approach to National Security

董卫民　沈　伟　主编

上海交通大学出版社
SHANGHAI JIAO TONG UNIVERSITY PRESS

内容提要

党的二十大报告指出,国家安全是民族复兴的根基,社会稳定是国家强盛的前提。我国发展面临新的战略机遇、新的战略任务、新的战略阶段、新的战略要求、新的战略环境,需要应对的风险挑战和解决的矛盾问题比以往更加错综复杂。推进国家安全体系和能力现代化,具有重大现实意义和深远战略意义。本书围绕总体国家安全观的核心要义、逻辑内涵、立法框架、规范体系、实践路径、学科构建、前瞻探索等理论问题展开研究和分析,力求全面透视和建构总体国家安全观的理论体系。本书的读者可以是理论界、法律界及实务界的专家人士。

图书在版编目(CIP)数据

总体国家安全观法治理论研究/ 董卫民,沈伟主编
. —上海: 上海交通大学出版社, 2024.4
(国家安全法治研究丛书)
ISBN 978 - 7 - 313 - 30374 - 5

Ⅰ. ①总… Ⅱ. ①董… ②沈… Ⅲ. ①国家安全法—研究—中国 Ⅳ. ①D922.144

中国国家版本馆 CIP 数据核字(2024)第 051505 号

总体国家安全观法治理论研究
ZONGTI GUOJIA ANQUANGUAN FAZHI LILUN YANJIU

主　　编：董卫民　沈　伟
出版发行：上海交通大学出版社　　　　　地　　址：上海市番禺路 951 号
邮政编码：200030　　　　　　　　　　　电　　话：021 - 64071208
印　　制：上海景条印刷有限公司　　　　经　　销：全国新华书店
开　　本：710 mm×1000 mm　1/16　　　印　　张：15.75
字　　数：237 千字
版　　次：2024 年 4 月第 1 版　　　　　 印　　次：2024 年 4 月第 1 次印刷
书　　号：ISBN 978 - 7 - 313 - 30374 - 5
定　　价：65.00 元

国家安全法治研究丛书

编 委 会

总主编：董卫民

编　委：沈　伟　韩　燕　杭　燕　巫社广

总　　序

国家安全是安邦定国的重要基石,围绕国家安全法治开展多视角、多领域、多法域和多方法的深度研究,是学习和落实总体国家安全观的现实需要。法治是治国理政的基本方式,保障国家安全是现行法律的应有之义。有感于此,我十分乐意为这套国家安全法治研究丛书写序,既为推荐,更是共勉。

法律是治国之重器,良法是善治之前提。从社会主义法制到社会主义法治,从依法治国到全面依法治国,从形成中国特色社会主义法律体系到建设中国特色社会主义法治体系,一幅波澜壮阔的法治画卷正在徐徐绘就。党的十八大以来,我国的国家安全法治建设取得历史性成就,发生历史性变革,以《中华人民共和国国家安全法》实施为引领,《反恐怖主义法》《网络安全法》《香港国安法》等20余部国家安全专门立法接连出台,110余部含有国家安全条款的法律法规相继制定、修订。我本人从事法制研究40余年,时至今日,最直接的感悟就是中国法治环境的持续改善,法治为强国建设提供了坚实支撑。

当前,世界百年未有之大变局加速演进,以中国式现代化全面推进中华民族伟大复兴进入关键阶段,面对风高浪急甚至惊涛骇浪的重大考验,我们所面临的国家安全问题的复杂程度、艰巨程度明显加大,如何维护国家安全,法治既是当务之急,又是重中之重。

本系列丛书以国家安全为主轴,对传统安全和非传统安全的各个领域展开系统化研究,既有美国高校使用的专业课教材,也有国际前沿领域专家学者论文的精选;既有国家安全问题的专著,也有专题文献的汇总。每一部书深入、详尽地分析与国家安全有关的理论、案例、问题和制度,从一个核心问题出发,由浅及深地阐述,有助于读者在国内法、比较法和国际法的不同视野下,在世界之变、时代之变、历史之变的大背景下理解国家安全法治的重要意义,了解其他国家的国家安全法律体系和制度,特别是思考在非传统安全领域的新型安全问题所面临的风险和挑战。本系列丛书将开放地吸收国家安全研究的最新成果,将我国和世界其他国家的经验、教训、理论、实践加以归纳和总结,以达到探讨、反思、学习和借鉴的目的。

对我而言,阅读本系列丛书的过程,也是进一步学习和研究国家安全法治的过程。世界各国几乎都有保障国家安全的立法,美国是国家安全法律体系最为完备的国家,最早专门就国家安全进行立法,从 1787 年通过《美利坚合众国宪法》之后,又陆续出台了国家安全领域的综合性、系统性法律法规,国家安全立法可谓贯穿其整个历史,涵盖内容无所不及。因此,全面理解和认识美国的国家安全法律体系,特别是在中美关系日益复杂、美国全面遏制我国的背景下,对我们做好国家安全工作有着重要的借鉴意义。

我国的国家安全法治体系建设,需要在理论研究方面有所挖掘和创新,更好服务国家安全的战略需求,需要在实践层面有所探索和突破,从法律制度的运行实践中发现问题、总结经验、认识规律,推进国家安全体系和能力现代化。此外,非传统国家安全领域和新兴国家安全议题值得关注。进入数字时代,数字经济是继农业经济、工业经济之后的主要经济形态之一,是高质量发展之路的重要引擎,是新一轮国际竞争重点领域。例如,数字货币这一挑战国家现有主权货币的重大变化,有可能成为未来金融体系的重要组成部分,中国也在积极研发和推出央行数字人民币,走在全球前列,为数字经济竞争创立新的优势。与此同时,数字货币也产生了一系列风险,例如价格波动、安全性问题和监管难题等,需要加强法律制度建设。本丛书对于数字货币的系统研究尤其具有现实意义。

利莫大于治,害莫大于乱。国家安全是国家发展的重要基石,确保国家安全和长治久安必须在法治的轨道上,久久为功、驰而不息。

是为序。

周汉民系全国政协常委、民建中央原副主席、十三届上海市政协副主席、上海中华职教社主任、上海公共外交协会会长。

世界正在经历百年未有之大变局，科技突飞猛进，大国博弈激烈，全球化进入新阶段，国家安全风险更加突出。在这一背景下，习近平总书记在2014年4月15日的中央国家安全委员会第一次会议上，创造性地提出总体国家安全观，为新时代国家安全工作提供了强大的思想武器。党的十九大将坚持总体国家安全观纳入新时代坚持和发展中国特色社会主义的基本方略，并写入党章，反映了全党、全国人民的共同意志。

经过十年的发展和实践，总体国家安全观已经从理念和政策向理论化和法律化转变，一系列理论和实践的问题和挑战由此展开。法治是落实和推进总体国家安全观最好的路径，实现总体国家安全观的法治化是法律人和法学家的共同使命。

本书集合了对国家安全问题有深入研究的专家、学者的论文十五篇，对总体国家安全观所涉及的思想演进、核心要义、逻辑内涵、体系格局、立法框架、规则体系、风险防范、实践挑战、法治路径、学科建设和前沿问题进行了细致的分析和研究，既自成章节，又具备一定的体系性；既是研究总体国家安全观的阶段性成果，又是进一步落实总体国家安全观的铺垫。

董卫民　沈　伟

2024年2月12日

CONTENTS |目录|

新时代国家安全制度与战略创新护航民族复兴*

陈向阳**

摘要： 党的十八届三中全会决定设立国家安全委员会具有划时代的意义，开启了国家安全事业的新时代。十年来，国家安全制度与战略创新锐意进取、扎实推进，国家安全领导体制和法治体系、战略体系、政策体系不断完善，实现了国家安全工作协调机制有效运转、地方党委国家安全系统全国基本覆盖，先后出台了《国家安全战略纲要》《国家安全战略（2021—2025年）》，牢牢掌握了国家安全工作的战略主动权。面向未来，应准确把握国家安全大势，辩证识变、趋利避害，全面贯彻党的二十大精神，统筹发展和安全，加快构建"双治理"的新安全格局，有力保障"双循环"的新发展格局，护航中国式现代化行稳致远。

关键词： 国家安全制度；国家安全战略；新安全格局；双治理

2013年11月召开的党的十八届三中全会对新时代全面深化改革作出战略部署，特别是历史性地提出设立国家安全委员会，开启了国家安全制度与战略创新的新时代。在2023年纪念党的十八届三中全会召开十周年之际，有必要系统梳理新时代国家安全制度与战略创新脉络，温故知新、重新出发，在新征程上践行总体国家安全观，统筹发展和安全，统筹中华民族伟大复兴战略全局和世界百年未有之大变局，把握机遇、直面挑战，贯彻党的

* 本文发表于《国家安全研究》2023年第5期。
** 陈向阳，总体国家安全观研究中心办公室主任、中国现代国际关系研究院研究员。主要研究方向：国家安全理论与战略、国际战略与中国外交。

二十大精神,继续推进国家安全制度与战略创新,加快构建"双治理"的新安全格局,有力保障"双循环"的新发展格局,为强国建设、民族复兴保驾护航。

一、国家安全制度创新扎实推进,彰显制度自信

进入新时代以来,面对复杂多变、更趋严峻的国家安全环境,面对纷繁复杂、更显紧迫的国家安全事务,以习近平同志为核心的党中央更加重视国家安全工作,真抓实干、大力推进国家安全制度创新,全面加强党对国家安全工作的绝对领导,创设新机构、搭建新平台、提出新理念、打造新体系、展现新气象,推动国家安全事业取得历史性成就。

（一）十八届三中全会设立国家安全委员会,开启国家安全工作新时代

党的十八届三中全会于 2013 年 11 月 9 日至 11 月 12 日召开,全会通过了《中共中央关于全面深化改革若干重大问题的决定》（以下简称《决定》）,划时代地提出"设立国家安全委员会,完善国家安全体制和国家安全战略,确保国家安全"。习近平总书记在就《决定》进行说明时指出:"国家安全和社会稳定是改革发展的前提",强调"只有国家安全和社会稳定,改革发展才能不断推进",深刻揭示了国家安全工作的极端重要性,即定位为改革发展的"前提"与"必要条件"。习近平总书记还进一步阐明了设立国家安全委员会的必要性与紧迫性——当前我国面临对外维护国家主权、安全、发展利益,对内维护政治安全和社会稳定的双重压力,各种可以预见和难以预见的风险因素明显增多。而我们的安全工作体制机制还不能适应维护国家安全的需要,急需搭建一个强有力的平台统筹国家安全工作。设立国家安全委员会,加强对国家安全工作的集中统一领导,已是当务之急。国家安全委员会主要职责是制定和实施国家安全战略,推进国家安全法治建设,制定国家安全工作方针政策,研究解决国家安全工作中的重大问题。[1]

党的十八届三中全会决定设立国家安全委员会意义非同凡响,有助于以安全保发展、实现发展与安全并举;有助于统筹国内与国际两个大局、贯通外事与内事;有助于打破部门利益羁绊、维护整体国家利益;有助于中国从容参与大国战略博弈、引领世界和平发展大潮,标志着国家安全工作进入了"中央强有力统筹、跨部门整合、从战略上主动运筹"的历史新阶段。[2]

（二）中央国家安全委员会首次会议为新时代国家安全工作提供根本遵循

中共中央政治局于2014年1月24日召开会议,研究决定中央国家安全委员会设置。会议决定,中央国家安全委员会由习近平任主席,李克强(时任国务院总理)、张德江(时任全国人大常委会委员长)任副主席,下设常务委员和委员若干名。中央国家安全委员会作为中共中央关于国家安全工作的决策和议事协调机构,向中央政治局、中央政治局常务委员会负责,统筹协调涉及国家安全的重大事项和重要工作。[3]国家安全统筹协调机构堪称"大国标配",设立中央国家安全委员会则是具有中国特色的国家安全制度创新,因其设置于党的机构序列,体现了党对国家安全工作的绝对领导和党中央对国家安全工作的集中统一领导,而中央国家安全委员会主席与副主席等职务设置又充分体现了这一新机构的权威地位。

中央国家安全委员会第一次会议于2014年4月15日召开,中共中央总书记、国家主席、中央军委主席、中央国家安全委员会主席习近平发表重要讲话,首次提出总体国家安全观,深刻阐释其"五大要素"与"五对关系"的核心要义;强调要准确把握国家安全形势变化新特点、新趋势,坚持总体国家安全观,走出一条中国特色国家安全道路,为新时代国家安全工作提供了根本遵循和理论指引。习近平总书记指出,增强忧患意识,做到居安思危,是我们治党治国必须始终坚持的一个重大原则。我们党要巩固执政地位,要团结带领人民坚持和发展中国特色社会主义,保证国家安全是头等大事;强调成立中央国家安全委员会是推进国家治理体系和治理能力现代化、实现国家长治久安的迫切要求,是全面建成小康社会、实现中华民族伟大复兴中国梦的重要保障,目的是建立集中统一、高效权威的国家安全体制,加强对国家安全工作的领导;要求中央国家安全委员会遵循集中统一、科学谋划、统分结合、协调行动、精干高效的原则,聚焦重点,抓纲带目,紧紧围绕国家安全工作的统一部署狠抓落实。[4]

（三）新版《国家安全法》引领新时代国家安全法治建设

为适应国家安全体制的新变化、加强国家安全法治建设,第十二届全国人大常委会第十一次会议于2014年11月1日通过《中华人民共和国反间谍法》，1993年2月22日第七届全国人大常委会第三十次会议通过的《中华人民共和国国家安全法》（以下简称旧版《国家安全法》）同时废止。2015年7月1日，第十二届全国人大常委会第十五次会议通过《中华人民共和国国家安全法》（以下简称新版《国家安全法》）。作为新时代国家安全系列立法的"管总法"，新版《国家安全法》对国家安全制度作了明文规定，体现在以下多个条款中。

第4条：坚持中国共产党对国家安全工作的领导，建立集中统一、高效权威的国家安全领导体制。第5条：中央国家安全领导机构负责国家安全工作的决策和议事协调，研究制定、指导实施国家安全战略和有关重大方针政策，统筹协调国家安全重大事项和重要工作，推动国家安全法治建设。第6条：国家制定并不断完善国家安全战略，全面评估国际、国内安全形势，明确国家安全战略的指导方针、中长期目标、重点领域的国家安全政策、工作任务和措施。第44条：中央国家安全领导机构实行统分结合、协调高效的国家安全制度与工作机制。第45条：国家建立国家安全重点领域工作协调机制，统筹协调中央有关职能部门推进相关工作。第50条：国家建立国家安全决策咨询机制，组织专家和有关方面开展对国家安全形势的分析研判，推进国家安全的科学决策。第51条：国家健全统一归口、反应灵敏、准确高效、运转顺畅的情报信息收集、研判和使用制度，建立情报信息工作协调机制，实现情报信息的及时收集、准确研判、有效使用和共享。第56条：国家建立国家安全风险评估机制，定期开展各领域国家安全风险调查评估。有关部门应当定期向中央国家安全领导机构提交国家安全风险评估报告。

（四）十九届中央国家安全委员会第一次会议深化理论指导，强化党的领导

在党的十九大闭幕之后，十九届中央国家安全委员会第一次会议于2018年4月17日召开，中共中央总书记、国家主席、中央军委主席、中央国家安全委员会主席习近平发表重要讲话，强调要加强党对国家安全工作的集中统一领导，正确把握当前国家安全形势，全面贯彻落实总体国家安全观，努力开创新时代国家安全工作新局面，为实现"两个一百年"奋斗目标、实现中华民族伟大复兴的中国梦提供牢靠安全保障。习近平指出，中央国家安全委员会成立4年来，坚持党的全面领导，按照总体国家安全观的要

求,初步构建了国家安全体系主体框架,形成了国家安全理论体系,完善了国家安全战略体系,建立了国家安全工作协调机制,解决了许多长期想解决而没有解决的难题,办成了许多过去想办而没有办成的大事,国家安全工作得到全面加强,牢牢掌握了维护国家安全的全局性主动;前进的道路不可能一帆风顺,要增强忧患意识,做到居安思危,全面认识和有力应对一些重大风险挑战;要聚焦重点,抓纲带目,着力防范各类风险挑战内外联动、累积叠加,不断提高国家安全能力。[5]习近平就全面贯彻落实总体国家安全观提出了"五个坚持":坚持统筹发展和安全两件大事;坚持人民安全、政治安全、国家利益至上的有机统一;坚持立足于防,又有效处置风险;坚持维护和塑造国家安全;坚持科学统筹。"五个坚持"既是对总体国家安全观理论的重要发展,也是对国家安全工作方式方法的重要拓展。

关于党的十九大后国家安全工作的重点任务,习近平指出,国家安全工作要适应新时代新要求,一手抓当前、一手谋长远,切实做好"维护政治安全、健全国家安全制度体系、完善国家安全战略和政策、强化国家安全能力建设、防控重大风险、加强法治保障、增强国家安全意识"等七方面工作。关于国家安全工作的制度建设,习近平强调:一要坚持党对国家安全工作的绝对领导,实施更有力的统领和协调。中央国家安全委员会要发挥好统筹国家安全事务的作用,抓好国家安全方针政策贯彻落实,完善国家安全工作机制,着力在提高把握全局、谋划发展的战略能力上下功夫,不断增强驾驭风险、迎接挑战的本领;二要加强国家安全系统党的建设,坚持以政治建设为统领,教育引导国家安全部门和各级干部增强"四个意识"、坚定"四个自信",坚决维护党中央权威和集中统一领导,建设一支忠诚可靠的国家安全队伍。会议审议通过了《党委(党组)国家安全责任制规定》(以下简称《规定》),明确了各级党委(党组)维护国家安全的主体责任,要求各级党委(党组)加强对履行国家安全职责的督促检查,确保党中央关于国家安全工作的决策部署落到实处。在《规定》实施的推动下,全国地方党委国家安全系统开始全面建立,党领导的国家安全制度不断夯实。地方党委国家安全系统既是国家安全工作的中国特色与制度优势,也是国家安全工作的基层基础与属地责任,各地党委国家安全系统既立足本地、"守土有责",又在中央国家安全委员会统一领导下"全国一盘棋"地共同维护总体国家安全。

（五）二十届中央国家安全委员会首次会议，贯彻落实党的二十大对国家安全工作的战略部署

在党的二十大闭幕之后，二十届中央国家安全委员会第一次会议于2023年5月30日召开，中共中央总书记、国家主席、中央军委主席、中央国家安全委员会主席习近平发表重要讲话强调，要全面贯彻党的二十大精神，深刻认识国家安全面临的复杂严峻形势，正确把握重大国家安全问题，加快推进国家安全体系和能力现代化，以新安全格局保障新发展格局，努力开创国家安全工作新局面。回顾过去五年的工作，会议指出，中央国家安全委员会坚持发扬斗争精神，坚持并不断发展总体国家安全观，推动国家安全领导体制和法治体系、战略体系、政策体系不断完善，实现国家安全工作协调机制有效运转、地方党委国家安全系统全国基本覆盖，坚决捍卫了国家主权、安全、发展利益，国家安全得到全面加强。研判当前形势，会议强调，我们所面临的国家安全问题的复杂程度、艰巨程度明显加大，国家安全战线既要树立战略自信、坚定必胜信心，充分看到自身优势和有利条件，又要坚持底线思维和极限思维，准备经受风高浪急甚至惊涛骇浪的重大考验。要加快推进国家安全体系和能力现代化，突出实战实用鲜明导向，更加注重协同高效、法治思维、科技赋能、基层基础，推动各方面建设有机衔接、联动集成。展望未来，会议指出，要以新安全格局保障新发展格局，主动塑造于我有利的外部安全环境，更好维护开放安全，推动发展和安全深度融合。要推进维护和塑造国家安全手段方式变革，创新理论引领，完善力量布局，推进科技赋能。要完善应对国家安全风险综合体，实时监测、及时预警，打好组合拳。关于重点任务，会议强调，国家安全工作要贯彻落实党的二十大决策部署，切实做好维护政治安全、提升网络数据人工智能安全治理水平、加快建设国家安全风险监测预警体系、推进国家安全法治建设、加强国家安全教育等五方面工作。会议审议通过了《加快建设国家安全风险监测预警体系的意见》《关于全面加强国家安全教育的意见》等文件。

（六）国家安全制度创新成效凸显

从十八届三中全会决定设立国家安全委员会以来，在中央国家安全委员会的坚强领导和总体国家安全观的有力指引下，新时代国家安全制度创

新全面推进,纵深发展,成效显著,特色鲜明。对此,《中共中央关于党的百年奋斗重大成就和历史经验的决议》(以下简称《决议》)和党的二十大报告均给予高度评价。《决议》指出,党着力推进国家安全体系和能力建设,设立中央国家安全委员会,完善集中统一、高效权威的国家安全领导体制,完善国家安全法治体系、战略体系和政策体系,建立国家安全工作协调机制和应急管理机制。党的十八大以来,国家安全得到全面加强,经受住了来自政治、经济、意识形态、自然界等方面的风险挑战考验,为党和国家兴旺发达、长治久安提供了有力保证。党的二十大报告亦指出,我们贯彻总体国家安全观,国家安全领导体制和法治体系、战略体系、政策体系不断完善,在原则问题上寸步不让,以坚定的意志品质维护国家主权、安全、发展利益,国家安全得到全面加强。十八届三中全会开启了新时代中国国家安全领导体制改革,实践证明这一制度创新是富有成效的,与此同时亦需不断完善,[6]包括增强中央相关领导体制机制与机构之间的沟通协调、加强中央对地方党委国家安全系统的指导等,以进一步增强国家安全工作的合力,提高工作实效。

二、国家安全战略创新开拓进取彰显战略主动

中国共产党作为一贯注重战略思考、战略研究与战略运筹的百年大党,面对复杂多变、更趋严峻的国家安全环境,在新时代,这一国家安全战略谋划的"黄金期"明显加强主动运筹,作为"大国重器"的国家安全战略从无到有、从有到优,战略创新硕果累累。

(一)习近平总书记高度重视战略策略问题

2022年1月11日,习近平总书记在省部级主要领导干部学习贯彻十九届六中全会精神专题研讨班上发表重要讲话,强调要更好把握和运用党的百年奋斗历史经验,包括"重视战略策略问题"。习近平指出,战略问题是一个政党、一个国家的根本性问题,战略上判断得准确,战略上谋划得科学,战略上赢得主动,党和人民事业就大有希望。战略是从全局、长远、大势上做出判断和决策,策略是在战略指导下为战略服务的,战略和策略是辩证统一的关系,正确的战略需要正确的策略来落实。要取得各方面斗争的胜利,

不仅要有战略谋划，有坚定斗志，而且要有策略、有智慧、有方法。要把战略的坚定性和策略的灵活性结合起来，站位要高，做事要实，既要把方向、抓大事、谋长远，又要抓准抓好工作的切入点和着力点；既要算大账总账，又要算小账细账。如果没有足够的战略定力和策略活力，就容易出现患得患失、摇摆不定、进退失据的问题，就会错失发展机遇。[7]

2023年2月7日，在新进中央委员会的委员、候补委员和省部级主要领导干部学习贯彻习近平新时代中国特色社会主义思想和党的二十大精神研讨班开班式上，习近平总书记发表重要讲话，强调推进中国式现代化需要处理好若干重大关系，包括"战略与策略的关系"。[8]习近平指出，战略与策略是我们党领导人民改造世界、变革实践、推动历史发展的有力武器，正确运用战略和策略是我们党创造辉煌历史、成就千秋伟业、战胜各种风险挑战，不断从胜利走向胜利的成功秘诀，推进中国式现代化必须把这一成功秘诀传承好、运用好、发展好。为此，一要增强战略的前瞻性，准确把握事物发展的必然趋势，敏锐洞悉前进道路上可能出现的机遇和挑战，以科学的战略预见未来、引领未来；二要增强战略的全局性，谋划战略目标、制定战略举措、做出战略部署，要着眼于解决事关党和国家事业兴衰成败、牵一发而动全身的重大问题；三要增强战略的稳定性，战略一经形成，就要长期坚持、一抓到底、善作善成，不要随意改变。而要做到这些，就需要提高政治站位，树立世界眼光，胸怀"国之大者"，把历史、现实、未来贯通起来，把中国和世界连接起来，增强战略思维能力，使制定的战略符合实际、行之有效，为中国式现代化提供强大的战略支撑。策略为战略实施提供了科学方法，实施战略的环境条件随时都在发生变化，每时每刻都会遇到新情况新问题，这就需要把战略的原则性和策略的灵活性有机结合起来，灵活机动、随机应变、临机决断，在因地制宜、因势而动、顺势而为中把握战略主动。习近平在讲话中还指出，推进中国式现代化是一项前无古人的开创性事业，必须增强忧患意识，坚持底线思维，居安思危，未雨绸缪，敢于斗争，善于斗争，通过顽强斗争打开事业发展新天地。为此，一要保持战略清醒，对各种风险挑战做到胸中有数；二要保持战略自信，增强斗争的底气；三要保持战略主动，增强斗争本领。[9]

大国崛起，战略引领；大国博弈，战略先行。维护国家安全需要战略指引,通过积极主动的顶层设计与战略运筹,新时代国家安全战略谋划显著加强、不断加深,有力助推国家安全工作与民族复兴伟业。

（二）《国家安全战略纲要》填补国家安全战略空白

在十八届三中全会与中央国家安全委员会第一次会议精神指引下,中共中央政治局于 2015 年 1 月 23 日召开会议审议通过《国家安全战略纲要》,这是我国出台的首部国家安全战略报告。会议认为,当前国际形势风云变幻,我国经济社会发生深刻变化,改革进入攻坚期和深水区,社会矛盾多发叠加,各种可以预见和难以预见的安全风险挑战前所未有,必须始终增强忧患意识,做到居安思危。会议强调,国家安全是安邦定国的重要基石,必须毫不动摇地坚持中国共产党对国家安全工作的绝对领导,坚持集中统一、高效权威的国家安全工作领导体制。要加强国家安全意识教育,努力打造一支高素质的国家安全专业队伍。会议指出,制定和实施《国家安全战略纲要》是有效维护国家安全的迫切需要,是完善中国特色社会主义制度、推进国家治理体系和治理能力现代化的必然要求。在新形势下,维护国家安全必须坚持以总体国家安全观为指导,坚决维护国家核心和重大利益,以人民安全为宗旨,在发展和改革开放中促安全,走中国特色国家安全道路。要做好各领域国家安全工作,大力推进国家安全各种保障能力建设,把法治贯穿于维护国家安全的全过程。

针对国际安全与外部安全环境,会议提出,对外要坚持正确义利观,实现全面、共同、合作、可持续安全,在积极维护我国利益的同时,促进世界各国共同繁荣。具体包括运筹好大国关系、塑造周边安全环境、加强同发展中国家的团结合作、积极参与地区和全球治理、为世界和平与发展做出应有贡献等。其中,"全面、共同、合作、可持续安全",即"综合、共同、合作、可持续安全",日后被概括为"全球安全观",是总体国家安全观的对外呈现,用以指导中国的国际安全事务。

《国家安全战略纲要》的出台同样具有划时代的意义,这既是形势使然下的与时俱进之举,也是"洋为中用"的自主创新之作,标志着中国的国家安全工作走进了更为主动谋划和"有章可循"——以明确战略加以引领的新时代。

（三）《国家安全战略（2021—2025 年）》深入贯彻"统筹发展和安全"重大原则

2021 年是"十四五"（2021—2025 年）规划的开局之年，十三届全国人大四次会议于当年 3 月 11 日表决通过了《关于〈国民经济和社会发展第十四个五年规划和 2035 年远景目标纲要〉的决议》。"十四五"规划的关键词是"构建新发展格局"，规划将"统筹发展和安全"纳入经济社会发展的指导思想，并首次设置了"统筹发展和安全　建设更高水平的平安中国"专篇（第十五篇），对新征程上的国家安全工作具有重大指导意义。为贯彻"统筹发展和安全"的重大原则，加之《国家安全战略纲要》出台近七年之久，需要适时更新，中共中央政治局于 2021 年 11 月 18 日召开会议，审议通过《国家安全战略（2021—2025 年）》（"十四五"时期的国家安全战略），指出新形势下维护国家安全必须牢固树立总体国家安全观，加快构建新安全格局，而新安全格局对应的正是新发展格局。

会议指出，必须坚持党的绝对领导，完善集中统一、高效权威的国家安全工作领导体制，实现政治安全、人民安全、国家利益至上相统一；坚持捍卫国家主权和领土完整，维护边疆、边境、周边安定有序；坚持安全发展，推动高质量发展和高水平安全动态平衡；坚持总体战，统筹传统安全和非传统安全；坚持走和平发展道路，促进自身安全和共同安全相协调。这"五个坚持"也是中国特色国家安全道路所具有的五个重要特征。[10]

会议强调，必须坚持把政治安全放在首要位置，统筹做好政治安全、经济安全、社会安全、科技安全、新型领域安全等重点领域、重点地区、重点方向的国家安全工作，并就国家安全重点任务提出了九个方面的战略部署（"九个要"）：一要坚定维护国家政权安全、制度安全、意识形态安全，严密防范和坚决打击各种渗透颠覆破坏活动。政治安全是总体国家安全的"根本"，维护政治安全重在防范外部渗透、抵御"颜色革命"。二要增强产业韧性和抗冲击能力，筑牢防范系统性金融风险安全底线，确保粮食安全、能源矿产安全、重要基础设施安全，加强海外利益安全保护。经济安全是总体国家安全的"基础"，发展是"第一要务"，维护经济安全重在为发展保驾护航。三要强化科技自立自强作为国家安全和发展的战略支撑作用。科技安全是仅次于军事安全的"保障"，其与科技发展密不可分，主要涉及防止科技发展严重受阻、防止科技重大成果被侵犯窃取、防止科技对发展与安全的支撑保障作用不足、防止科技创新被滥用。四要积极维护社会安全稳定，从源头上预防和减少社会矛盾，防范遏制重特大安全生产事故，提高食品药品等关系人民健康产品和服务的安全保障水平。社会安全也是总体国家安全的保障，更是以人民安全为宗旨的重要体现，涵盖社会稳定与公共安全，相关工作需要警钟长鸣。五要持续做好新冠疫情防控，加快提升生物安全、网络安全、数据安全、人工智能安全等领域的治理能力。这些均属于新型领域安全，具有科技含量高、专业性强、复杂多变的特点，需要加大关注。六要积极营造良好外部环境，坚持独立自主，在国家核心利益、民族尊严问题上决不退让，坚决维护国家主权、安全、发展利益；树立共同、综合、合作、可持续的全球安全观，加强安全领域合作，维护全球战略稳定，携手应对全球性挑战，推动构建人类命运共同体。促进国际安全是总体国家安全的"依托"，其与外交外事工作联系紧密，需要斗争与合作并举、加大主动塑造。七要全面提升国家安全能力，更加注重协同高效，更加注重法治思维，更加注重科技赋能，更加注重基层基础。四个"更加注重"缺一不可，共同提升国家安全能力。八要坚持以政治建设为统领，打造坚强的国家安全干部队伍。九要加强国家安全意识教育，自觉推进发展和安全深度融合。应以"4·15"全民国家安全教育日为牵引，以国家安全学一级学科建设等为抓手，持续加强国家安全宣传教育，不断增强全民维护国家安全的共识与合力。

《国家安全战略（2021—2025年）》既是我国第二部国家安全战略报告，也是首部严格意义上的《国家安全战略》（2015年出台的是"战略纲要"），其时间涵盖"十四五"时期，关键词为构建新安全格局，充分体现了统筹发展和安全的重大原则，意味着中国的国家安全战略今后将与经济社会发展的五年规划大致同步更新、定期出台，表明新时代中国国家安全战略谋划机制的成熟与规范。

从《国家安全战略纲要》到《国家安全战略（2021—2025年）》，新时代中国国家安全战略谋划不仅实现了零的突破，而且制定了"五年规划"，使国家安全工作更有条理、更有章法、更有前瞻性且更具战略性。综上，中国的国家安全战略兼顾内外挑战，突出重点领域，注重央地联动，实施成效显著，不仅体现了统筹发展和安全的重大原则，而且有力助推中国运筹大国博弈，维护自身安全,促进共同安全。

三、新征程上国家安全制度与战略创新需趋利避害提质升级

面对动荡变革期错综复杂、充满变数的国家安全环境,新征程上国家安全制度与战略创新需再接再厉、增强实效、洞察大势、把握机遇、正视挑战,贯彻党的二十大精神,加快构建"双治理"的新安全格局,着力保障"双循环"的新发展格局,护航中国式现代化行稳致远。

（一）深入领会党的二十大对国家安全形势的战略研判

党的二十大报告明确指出,从现在起党的中心任务就是团结带领全国各族人民全面建成社会主义现代化强国、实现"第二个百年"奋斗目标,以中国式现代化全面推进中华民族伟大复兴。[11]全面建设社会主义现代化国家是一项伟大而艰巨的事业,前途光明,任重道远,机遇与挑战并存,挑战更为突出。一方面,世界百年未有之大变局加速演进,新一轮科技革命和产业变革深入发展,国际力量对比深刻调整,我国发展面临新的战略机遇。大变局的实质是世界秩序的重塑,本质是权力与责任的重新分配,总体上有利于以中国为代表的新兴大国,地缘板块东升西降、发展板块南升北降、群体板块新升老降相互交织、方兴未艾、大势所趋。另一方面,世纪疫情影响深远,逆全球化思潮抬头,单边主义、保护主义明显上升,世界经济复苏乏力,局部冲突和动荡频发,全球性问题加剧,世界进入新的动荡变革期。我国改革发展稳定面临不少深层次矛盾躲不开、绕不过,来自外部的打压遏制随时可能升级,内忧外患需要统筹应对。我国发展进入战略机遇和风险挑战并存、不确定难预料因素增多的时期,各种"黑天鹅""灰犀牛"事件随时可能发生。我们必须增强忧患意识,坚持底线思维,做到居安思危、未雨绸缪,准备经受风高浪急甚至惊涛骇浪的重大考验。必须坚持发扬斗争精神,知难而进、迎难而上,统筹发展和安全,全力战胜前进道路上的各种困难和挑战,依靠顽强斗争打开事业发展新天地。

（二）充分把握大变局蕴含的变中之机

一是世界大变局的核心是东升西降,即东亚引领的亚洲复兴,东亚成为

世界经济主要引擎。中国作为东亚大国具有"主场"优势和地缘之利,全球地缘经济重心东移亚太势不可挡,对中国有利。二是国际格局多极化加速推进,世界力量对比更趋均衡。后疫情时代群雄并起,美国、中国、俄罗斯、欧盟以及印度等"五大力量"竞相发展,"全球南方"势头迅猛,"不均衡的多极"新格局露出轮廓,美国对外干涉顾此失彼、难再独霸,中国可以利用矛盾、借力打力。三是经济全球化裂变转型,区域化异军突起,新型全球化浮出水面。中国构建"双循环"新发展格局可趁势引领东亚区域合作,更可通过高质量共建"一带一路"主动塑造公平包容的新型全球化。四是新科技革命有利于中国在一些关键领域"弯道超车",实现"并跑、领跑",而美国的"围堵""脱钩"亦将迫使中国加快自主创新。五是非传统安全日益凸显与全球性挑战不断增多,成为各国面临的共同挑战,需要通过多边合作与全球治理加以应对。未来,应对重大疫情、气候变化等全球挑战的国际合作将有增无减,这有助于制约大国竞争、促进中外良性互动、扩大中国话语权。六是世界文化多样化与发展道路自主化是大势所趋,西方的制度与价值观光环褪色,中国特色社会主义制度优势与治理效能不断彰显,中国式现代化备受瞩目,人类命运共同体理念先进,中国在国际道义与软实力竞争中更为主动。七是从大历史和大时代看,西方的内部问题与战略困境凸显,其内部社会与政治矛盾加剧,内讧内耗对外交的牵制作用增大,对外干涉越来越力不从心,对华逞强实则外强中干。

（三）正视外部环境的五大挑战

当今世界,传统与非传统安全威胁叠加共振,内外安全风险传导联动,中国要统筹发展和安全、维护和塑造国家安全面临着五大外部挑战。

第一,全球进入失序紊乱的动荡变革期,外部环境不稳定、不确定、不安全面凸显。西方为维持其所谓的"主导地位"而倒行逆施、逆流而动、不择手段,企图迟滞东升西降,分化新兴大国,致使逆全球化暗流汹涌,军备竞争更趋激烈,和平与发展的时代主题遭受局部战争与地缘争夺的严重冲击,当今世界很不太平。

第二,全球性挑战显著增多,非传统安全风险危害增大。生物安全与公共卫生安全形势仍然严峻,新疫情防不胜防;全球变暖加剧,气候变化导致极端天气频发,2023年北半球多国"高烧不退",高温、山火、台风、暴雨等重大自然灾害更为频发。而非传统安全风险如处置不当,还将向传统安全尤其是政治安全与社会安全领域传导、演变。

第三,美国迫不及待、不遗余力地重点遏制打压中国。包括将中国视为"最严重的地缘政治挑战",抹黑中国是"全球秩序的最大挑战";利用涉台、涉疆、涉海等问题干涉中国内政,肆意挑战中国主权统一与领土完整;竭力推行所谓"印太战略",拉帮结派围堵孤立中国,特别是在高科技领域继续对华"卡脖子""去风险",企图压制中国产业升级。美国顽固的对华冷战思维、霸道霸权行径及其内政党恶斗均令中美关系复杂严峻、充满变数。

第四,西方(北约)与俄罗斯的战略对抗不断加剧,乌克兰危机持续发酵、前景堪忧。美西方不断加大对俄制裁导致危机的外溢效应持续放大,冲击全球经济与安全环境,中国的海外利益安全与外交中立备受考验。伴随乌克兰危机陷入长期化,俄西对抗全面展开,俄罗斯被制裁"围殴",欧盟"战略自主"遭削弱,美国趁火打劫、从中渔利,大国地缘角逐更为激烈,东欧与亚太之间的联动效应增大,致使中国周边安全环境更趋复杂。

第五,世界经济面临衰退与滞胀风险,连带影响中国经济增长与经济安全。国际货币基金组织2023年10月发布的《世界经济展望》预测,2023年与2024年全球经济增速分别为3％、2.9％,远低于2000—2019年3.8％的年均水平。西方通胀持续、复苏不一,债务与银行等金融风险累积,对外滥用制裁与"脱钩断链"手段导致全球粮食安全、能源安全、供应链安全挑战凸显,中国的外贸外资、经济增速与畅通国际循环备受影响。

（四）统筹发展和安全,以"双治理"新安全格局保障"双循环"新发展格局

党的二十大报告首次设专章(第十一章"推进国家安全体系和能力现代化,坚决维护国家安全和社会稳定")论述国家安全工作,首次提出"以新安全格局保障新发展格局",为新征程上的国家安全工作指明方向。面对机遇与挑战并存、挑战更为突出的国家安全环境,面对以中国式现代化全面推进中华民族伟大复兴的中心任务,国家安全制度与战略创新应继往开来、有的

放矢、扬长补短、增强实效，着力加快构建"双治理"的新安全格局，有力保障"双循环"的新发展格局。

新发展格局与新安全格局都是"国之大者"，两者的关系是发展与安全的并重和互补关系。目前，构建新发展格局已经走到了前面，构建新安全格局需要急起直追。加快构建新安全格局的前提是要明确新安全格局的内涵特征，对其内涵特征的概括提炼应对标新发展格局，因为这既是统筹发展和安全的体现，更是保障新发展格局的需要，同时还应简明扼要、好记管用。"格局"指的是力量对比与关系组合，以及资源分配与工作布局。新发展格局的内涵特征是"以国内大循环为主体、国内国际双循环相互促进"，核心是"双循环"。这一表述简洁明了、精炼精辟，其要领有二：一是"双循环"，即国内大循环与国际大循环两者兼顾、相得益彰、相互促进。二是以国内大循环为主体。这一表述堪称经典，其重点有三：一是提出了国内国际两个循环之间的主次地位（"以国内大循环为主体"）与关系组合（"相互促进"），因此具备"格局"属性。二是贯彻了"统筹国内国际两个大局"的重要原则，同时坚持"大道至简"，只采用了最关键的一个分析维度，即国内与国际之分。三是找准发展的要害在于"循环"。

《中共中央关于制定国民经济和社会发展第十三个五年规划的建议》明确提出必须遵循六个原则，其中第五个就是"坚持统筹国内国际两个大局"，该原则的新表述是："统筹中华民族伟大复兴战略全局和世界百年未有之大变局。"新安全格局与新发展格局原理相通，概括提炼其内涵特征同样需要贯彻"统筹国内国际两个大局"的原则，并且也应"大道至简""化繁为简"，只用最关键的一个分析维度，即国内与国际之分；而安全的要害则在于"治理"。基于此，可以将新安全格局概括提炼成"以国内治理为优先、国内国际双治理良性互动"，其要领有二：一是"双治理"，即国内治理和国际治理内外兼修、良性互动，着力防止内外风险叠加共振。二是以国内治理为优先，这既是因为国家安全工作的重心始终在国内，也符合唯物辩证法内外因关系的根本逻辑。

构建新安全格局应着眼于保障新发展格局，着力以高水平安全保障高质量发展。对此，构建"双治理"的新安全格局将是解决之道，即通过"以双对双"——以"双治理"对应"双循环"，进而"以新保新"——以新安全格局保障新发展格局。具体而言,一方面,要以高水平国内安全治理保障国内大循环畅通无阻,包括维护政治安全与其他重点领域安全、夯实国家安全和社会稳定基层基础、提高公共安全治理水平、完善社会治理体系以及建设更高水平的平安中国。另一方面,要以有效国际安全治理保障国际经济循环持久运行,包括主动塑造大国关系与周边环境、妥善运筹中美"竞合博弈"与"新持久战"、完善参与全球安全治理机制、推广并践行全球安全倡议、以"一带一路"为重点方向加强海外安保能力建设、拓展国际安全合作以及共同维护世界和平与地区稳定。

参考文献

［1］习近平:《关于〈中共中央关于全面深化改革若干重大问题的决定〉的说明》,http://www.qstheory.cn/dukan/2020－06/04/c_1126073313.htm,最后访问日期:2023年4月1日。

［2］陈向阳:《抓紧运筹新时期中国国家安全战略》,http://theory.people.com.cn/n/2013/1202/c40531－23718303.html,最后访问日期:2023年5月10日。

［3］《中共中央政治局研究决定中央国家安全委员会设置》,https://www.gov.cn/guowuyuan/2014－01/24/content_2591062.htm?cid＝303,最后访问日期:2023年4月12日。

［4］习近平:《坚持总体国家安全观走中国特色国家安全道路》,http://cpc.people.com.cn/n/2014/0416/c64094－24900492.html,最后访问日期:2023年5月10日。

［5］《习近平在十九届中央国家安全委员会第一次会议上强调,全面贯彻落实总体国家安全观,开创新时代国家安全工作新局面》,http://politics.people.com.cn/n1/2018/0418/c1024－29932615.html,最后访问日期:2023年5月1日。

［6］《中央第一巡视组向中央国家安全委员会办公室反馈巡视情况》,https://www.ccdi.gov.cn/yaowenn/202207/t20220723_206903.html,最后访问日期:2023年5月1日。

［7］习近平:《更好把握和运用党的百年奋斗历史经验》,http://dangjian.people.com.cn/n1/2022/0630/c117092－32462052.html,最后访问日期:2023年4月10日。

［8］习近平:《推进中国式现代化需要处理好若干重大关系》,http://cpc.people.com.cn/n1/2023/0930/c64094－40088280.html,最后访问日期:2023年5月15日。

［9］《习近平在学习贯彻党的二十大精神研讨班开班式上发表重要讲话,强调正确理解和大力推进中国式现代化》,http://cpc.people.com.cn/n1/2023/0208/c64094－32619731.html,最后访问日期:2023年5月10日。

［10］中共中央宣传部、中央国家安全委员会办公室:《总体国家安全观学习纲要》,学习

出版社、人民出版社 2022 年版,第 31—32 页。

[11] 习近平:《高举中国特色社会主义伟大旗帜,为全面建设社会主义现代化国家而团结奋斗——在中国共产党第二十次全国代表大会上的报告》,http://www.news.cn/politics/cpc20/2022 - 10/25/c_1129079429.htm,最后访问日期:2023 年 4 月 10 日。

试论总体国家安全观的原创性贡献

赵庆寺*

摘要：深刻认识总体国家安全观的原创性贡献，是总体把握国家安全工作规律和科学谋划国家安全战略布局的哲学前提，是走出一条中国特色国家安全道路、开创维护国家安全崭新局面的理论基础。准确把握总体国家安全观的原创性贡献，需要从标志性范畴、连续性发展、关键性维度、系统性构建、层次性阐发来参照。总体国家安全观坚持继承性和变革性、实践性和理论性、系统性和全面性、借鉴性与批判性、民族性和世界性相统一，明确国家安全的战略定位，创新国家安全的科学内涵，坚定国家安全的道路选择，坚持国家安全的思维方法，丰富国家安全的保障手段，对丰富和发展马克思主义国家安全理论做出了全方位、多角度的重大原创性贡献。

关键词：国家安全；总体国家安全观；原创性贡献

总体国家安全观是我们党历史上第一个被确立为国家安全工作指导思想的重大战略思想，是习近平新时代中国特色社会主义思想的重要组成部分，是新时代国家安全工作的根本遵循和行动指南。总体国家安全观紧紧围绕如何维护和塑造国家安全的理论与实践主题，全面、深刻阐释了国家安全的本质要求、丰富内涵、内容体系、思维方法、实践方略等，既构建了总体国家安全观的理论体系和话语体系，又彰显了总体国家安全观的实践智慧与时代价值，为丰富和发展中国特色国家安全理论做出了重大的原创性贡献。

总体国家安全观原创性贡献问题，是一个兼具政治性与学理性、理论性

---

* 赵庆寺，华东政法大学马克思主义学院教授、博士生导师。

和实践性的重大课题。深刻认识总体国家安全观的原创性贡献,是总体把握国家安全工作规律和科学谋划国家安全战略布局的哲学前提,是走出一条中国特色国家安全道路、开创维护国家安全崭新局面的理论基础。深入这一课题研究,需要回应原创性贡献研究的主要关切,重点回答如何认知原创性贡献、何以能有原创性贡献、做出哪些原创性贡献、怎么评价原创性贡献等基本问题。

一、总体国家安全观原创性贡献的认知前提

恩格斯指出:"每一个时代的理论思维,包括我们这个时代的理论思维,都是一种历史的产物,它在不同的时代具有完全不同的形式,同时具有完全不同的内容。"[1]从国家安全理论的发展史来看,总体国家安全观无疑具有崭新的内容和形式。具体来说,总体国家安全观以新时代中国特色社会主义实践为基础,既忠实传承了马克思主义国家安全学说的理论本源,继承了中华优秀传统文化蕴含的国家安全思想,赓续了中国共产党人维护并塑造国家安全的思想主张,又做出了一系列新的重大判断、新的理论阐释、新的系统谋划、新的战略布局,为从党和国家工作全局上认识国家安全、定位国家安全、把握国家安全提供了强大思想武器,为如何维护和塑造国家安全的理论探索做出了具有时代意义的原创性贡献,在实践运用中展现出强大的真理力量和巨大的实践伟力。系统总结与准确把握总体国家安全观的原创性贡献,需要重点把握以下参照体系和标准体系。

(一)要在标志性范畴的创立中衡量原创性

"术语的革命"是理论创新的关键,原创性贡献的首要标志是提出了一些带有鲜明自身特征的标志性范畴和判断。如果缺少总体性的标志性特征,那就难以标记这一思想区别于其他国家安全思想的独特之处。总体国家安全观既重构了国家安全的内涵外延、时空领域、内外形势,又作为思维起点引领着逻辑推进和理论发展。总体性不仅揭示了国家安全内涵的扩大和时空领域的延伸,而且强调国家安全工作的全面性、综合性、战略性,因此,必须把维护国家安全贯穿于党和国家工作各方面、全过程,为国家安全理论和实践树立总体性的认知视角。

（二）要在连续性发展的关系中把握原创性

理论的原创性必须具有初始性，要看是否提出最新的理论框架、哲学范式和研究方法，是否推进了理论的连续性发展。如果缺少初始性特征，那就难以标记这一思想对理论知识的贡献度，容易将阐释性、借鉴性的一般论述当成原创性贡献。总体国家安全观以马克思主义国家安全学说为指导，继承和发展了新中国以来不同时期的国家安全理论，总体国家安全观立足新时代国家安全形势和诉求，兼收并蓄、融会贯通、与时俱进、推陈出新，把国家安全理论和实践推到了更高的水平。

（三）要在关键性维度的参照中理解原创性

理解总体国家安全观的原创性贡献，还应当综合时空、思想、实践和人民等要素，在多个关键维度的相互参照中衡量原创性。如果没有关键性维度的参照，很难界定国家安全观是否在历史方位、重要领域、核心问题上进行了新的探索和突破。总体国家安全观准确把握安全形势的时代之变，不断创新安全研究理论范式，及时回应安全实践的最新进展，有效满足安居乐业的人民需要，在四个维度的同频共振、协调联动中，把维护国家安全理论和实践推到了更高的境界。

（四）要在系统性构建的体系中确立原创性

理解总体国家安全观的原创性贡献，还需要考察这一思想对如何维护和塑造国家安全做了比较系统的理论阐发，而不只是随机、零碎的思想火花。如果没有全面性综合性，缺少系统性特征，那就难以标记这一思想形成发展的成熟度，容易把零星的思想火花当成系统的思想创造。总体国家安全观内涵丰富、思想深邃，对新时代国家安全的战略地位、根本保证、道路选择、根本立场、中心任务、战略部署等一系列问题进行了深刻论述，构成了一个系统完整、逻辑严密的科学理论体系。

（五）要在层次性阐发的类型中区分原创性

根据创新的一般特点及表现，理解总体国家安全观的原创性贡献，可以根据不同层次的创新进一步区分为不同类型。在关于总体国家安全观的重大意义、核心要义、精神实质、丰富内涵、实践要求等的相关论述中,既有把前人的理论向前推进的发展性理论创新,也有提出新的分析框架的原发性理论创新;既有从理论上进一步论证的阐释性理论创新,也有把现有理论研究成果进行系统集成的整合性理论创新。值得注意的是,上述区分不是绝对的,而是相对的,各种创新类型往往具有渗透性、交叉性、相对性,从而进一步丰富拓展了国家安全理论。

二、总体国家安全观原创性贡献的生成逻辑

任何一种创造性思想理论成果的产生,都离不开一定的社会历史条件和主动探索。马克思、恩格斯指出:"一切划时代的体系的真正的内容都是由于产生这些体系的那个时期的需要而形成起来的。"[2]从生成逻辑来看,总体国家安全观之所以能够创立并对中国特色国家安全理论做出原创性的贡献,在于坚持马克思主义认识论和方法论,以防范化解国家安全风险为问题导向,以维护和塑造国家安全为强大动力,遵循国家安全工作规律和根本要求,在一系列深邃思考和科学判断中不断丰富,在不断探索和科学总结中日臻完善。在理论逻辑、历史逻辑、实践逻辑三者相统一中阐释总体国家安全观,可以在纵横交错的理论、历史、现实中抓住问题的本质,对深入领会总体国家安全观的科学内涵和精神实质意义重大。

（一）坚持继承性和变革性的统一

继承性表现为,总体国家安全观是在继承马克思主义、汲取中华优秀传统战略文化的精髓,继承和发展了中国共产党捍卫国家主权、安全、发展利益的奋斗经验和集体智慧,借鉴国外有益的国家安全思想基础上做出的原创性贡献。长期以来,我们党运用马克思主义立场观点方法认识和把握国家安全问题,产生了一系列重大理论成果。具体而言,新中国成立以后形成了以维护国家主权和民族独立为重心的生存安全观,改革开放之后主张以和平与发展为主题的发展安全观,冷战结束之后开始注重以威胁多样化和主体多元化为特征的综合安全观。中华优秀传统文化中蕴含着丰富的国家安全战略思想,例如"生于忧患,死于安乐"强调忧患意识;"民惟邦本,本固邦宁"注重民本思想;"和衷共济""和合共生"倡导和平共处;"亲人善邻"主

张讲信修睦。西方新现实主义的军事、个体安全;新自由主义的合作、机制安全;建构主义的文化、建构安全等三大理论范式各有所长。简而言之,以上思想文化和理论资源都为总体国家安全观提供了丰富经验和理论借鉴。变革性表现为,总体国家安全观的继承性不是对理论资源不加分析的、无条件的全盘肯定和接收,而是根据不同情况有分析的批判吸取。对于马克思列宁主义、毛泽东思想、中国特色社会主义理论体系,继承其关于国家安全论述的基本原理和贯穿其中的立场、观点、方法,这是马克思主义的精髓和活的灵魂所在;对于国外有益的国家安全理论,在批判改造中借鉴其对我有用有利有益的成分;对于中国传统思想文化,坚持取其精华、弃其糟粕,进行创造性转化、创新性发展。就是在这种继承性和变革性的统一中,总体国家安全观对马克思主义国家安全理论做出了原创性贡献。

(二)坚持实践性和理论性的统一

从理论维度看,总体国家安全观是如何维护并塑造国家安全的理论创新;从实践维度看,总体国家安全观是成功防范化解重大风险和有效维护国家安全的实践引领。一方面,总体国家安全观是习近平新时代中国特色社会主义思想的重要组成部分,是马克思主义中国化时代化创造的最新成果,自然具有理论性;另一方面,总体国家安全观不仅是一个开放的思想体系,而且是新时代以来维护和塑造国家安全实践的产物,以检测和预警国家安全风险为起点,以防范和化解国家安全问题为导向,以完善和加强国家安全治理为中心,自然具有实践性。总体国家安全观以实践为基础,在实践中发展、完善,又经受实践反复检验,指引新时代国家安全取得历史性成就,实现了从分散到集中、迟缓到高效、被动到主动的历史性变革,在维护和塑造国家安全的实践中展现其科学真理的伟力。[3]简而言之,总体国家安全观是在理论创新与实践创新的紧密结合、相互作用、相辅相成中做出原创性贡献的,实现了实践性和理论性的高度统一,成为推进原创性贡献的典范。

(三)坚持系统性和全面性的统一

当前我国面临发展进程加快与矛盾积累叠加的复杂局面,国际国内多种风险因素交织、联动、叠加,极易形成错综复杂的风险综合体。总体国家安全观的提出基于对国家安全形势的科学研判，对错综复杂的风险综合体予以积极回应。作为一个系统完整、逻辑严密的理论体系，总体国家安全观的原创性贡献不仅涵盖改革发展稳定、经济政治社会文化生态、内政国防外交、治党治国治军等各个方面，而且贯穿全球、国家、社会、公民等多个层次，达到了系统性和全面性的统一，形成了一个包含多方面原创性贡献的理论体系。具体来说，在国家安全问题上涵盖了政治、经济、科技、文化等多个领域；在国家安全功能上明确了领导、协调、战略、政策、法治、监测预警、应急等多方面要求；在国家安全能力上提出了加强维护政治、产业链供应链、海外利益、海洋权益等多个重点领域安全能力建设；在国家安全维护上强调要通过全社会全政府全体系全手段，以全域联动、立体高效的布局和方式应对重大国家安全风险挑战。

（四）坚持借鉴性与批判性的辩证统一

总体国家安全观的创立与发展，在纵向上处理好追本溯源和守正创新的关系，在横向上则处理好开放包容、交流互鉴的关系，特别是同其他国家安全理论的关系。从借鉴性的角度看，他国国家安全理论在众多领域和层面的理论成果是在长期制定国家安全战略基础上得出的结论，在把握国家安全规律和构建体制机制等方面有其内在的价值和长处，以构成中国特色国家安全理论发展的必要素材，从而为我国国家安全理论的发展和完善提供必要参考。从批判性的角度看，西方国家安全理论以霸权护持和制造对手为立论起点，其在本质上属于资本主义的意识形态范畴，其内在的局限性亦是十分明显的。因此，总体国家安全观的理论发展，既要吸收其他国家安全理论的理性基因，又不应忽视其内在缺点和局限，即其应在坚持一分为二的基础上，实现对西方国家安全理论进行借鉴和批判的辩证统一，如此，才能真正建构和形成一个既契合中国国情，又博采众家之长的国家安全理论体系。

（五）坚持民族性和世界性的统一

总体国家安全观既具有鲜明的民族性特质，又具有突出的世界性特质，是民族性和世界性的价值统一体。就民族性而言，总体国家安全观立足于我国社会主义初级阶段的基本国情,为国家安全理论框架的建构提供了正确指引,对国家安全工作基本规律做出了深刻总结,对安全治理体系和治理模式做出了科学分析。此外,总体国家安全观还吸收中华民族的优秀传统文化基因,善于从本民族历史文化中挖掘对当下国家安全工作有价值的元素,为其理论体系建构提供丰富的民族智慧。就世界性而言,总体国家安全观立足于世界历史的大舞台,为全球安全治理提供了中国智慧和中国方案。总体国家安全观不仅是单纯地在研究方法上的引进来,更是在坚持全人类共同价值的基础上切实做到理论传播上的走出去。中国推进人类命运共同体建设,依据总体国家安全观提出全球安全倡议,就是要超越民族国家的时空局限,为中国发展赢得更加稳定的国际环境,为塑造国际新秩序做出应有贡献。

三、总体国家安全观原创性贡献的突出表现

2014 年 4 月 15 日,习近平总书记在中央国家安全委员会第一次全体会议上,创造性提出总体国家安全观。党的十九大将总体国家安全观纳入新时代坚持和发展中国特色社会主义的基本方略,并写入党章。2020 年 12 月 11 日,习近平总书记在主持中共中央政治局第二十六次集体学习时,就贯彻总体国家安全观提出十点要求("十个坚持"),标志着总体国家安全观理论体系的正式确立,推动中国特色国家安全理论和实践实现了历史性飞跃。总体国家安全观不仅从概念更新、构成要素、价值理念和保障举措等多个维度实现了对传统国家安全理念的超越,而且从战略定位、科学内涵、道路选择、思维方法和保障手段深入阐发了一系列具有原创性、时代性的重要观点,深化了我们党对中国特色社会主义建设规律的认识,对丰富和发展马克思主义国家安全理论做出了重大原创性贡献。

(一)明确国家安全的战略定位

进入 21 世纪以来,我们党对国家安全的认识不断提升,国家安全工作得到全面加强,在党和国家事业全局中的重要性日益凸显。从党的报告文本来看,2002 年党的十六大报告有 14 处提到"安全",其中 3 处"国家安全";2007 年党的十七大报告有 23 处提及"安全",其中 5 处"国家安全";2012 年

党的十八大报告有 36 处提及"安全",其中 4 处"国家安全";2017 年党的十九大报告有 56 处提及"安全",其中 18 处"国家安全";2022 年党的二十大报告有 91 处提及"安全",其中 27 处"国家安全"。[4]2014 年 4 月 15 日,习近平总书记在中央国家安全委员会第一次会议上指出:"我们党要巩固执政地位,要团结带领人民坚持和发展中国特色社会主义,保证国家安全是头等大事。"党的十九大报告中指出:"国家安全是安邦定国的重要基石,维护国家安全是全国各族人民根本利益所在。"党的二十大报告强调:"国家安全是民族复兴的根基,社会稳定是国家强盛的前提"这个重要判断,首次从"民族复兴的根基"高度阐述国家安全,深刻回答了如何解决好由大国向强国发展进程中所面临的共性安全问题、如何处理好中华民族伟大复兴关键阶段面临的特殊安全问题这个时代课题,这对深刻理解国家安全在党和国家工作大局中的极端重要性具有很强的指导性。当前世界百年未有之大变局进入加速演变期、中华民族伟大复兴进入关键时期,这一系列重大战略判断指明了新时代国家安全所处的新的历史方位,是我们在新征程上准确识变、科学应变、主动求变的基本坐标和依据。

（二）创新国家安全的科学内涵

《国家安全法》第 2 条指出,国家安全是指国家政权、主权、统一和领土完整、人民福祉、经济社会可持续发展和国家其他重大利益相对处于没有危险和不受内外威胁的状态,以及保障持续安全状态的能力。这一条款首次从状态和能力方面对"国家安全"概念进行了科学界定。当前我国国家安全内涵和外延、时空领域、内外因素比历史上任何时候都要丰富、宽广和复杂。总体国家安全观所涵盖的国家安全领域是在继承传统国家安全经验的基础上,随着时代背景和风险挑战的变化而不断拓展深化的,是全面性和动态性的有机结合。习近平总书记在 2014 年中央国家安全委员会第一次会议上首次提出包括政治安全在内的 11 种安全,实现了对中国传统国家安全观的扩容和更新。随着非传统安全领域的风险愈发凸显和海外利益结构的日益复杂深化,国家安全重点领域随之动态化调整,海外利益安全和生物、太空、深海、极地 4 个新兴领域安全并入。鉴于科技领域面临的安全风险显著增加,经济平稳运行和安全发展也需重点关注,人工智能、数据、金融和粮食 4

个领域继续并入，国家安全体系呈现出"11＋1＋1＋1＋X"（X 为动态参量）的总体格局。[5]将国家安全划分为不同的具体领域，既有助于精准锁定风险挑战与安全威胁的来源，也有利于有的放矢地部署工作。值得注意的是，不同领域安全在国家安全体系中具有不同地位和作用。坚持总体国家安全观，坚持以人民安全为宗旨，以政治安全为根本，以经济安全为基础，以军事科技文化社会安全为保障，以促进国际安全为依托，揭示了总体国家安全观的逻辑关系，阐明了构成要素的联系与功能。总体国家安全观对国家安全"宗旨、根本、保障、依托"关系的界定，共同支撑起立体化、全方位、多层次的国家安全框架，形成了中国特色国家安全体系在结构与功能上的理论创新。

（三）坚定国家安全的道路选择

中国特色国家安全道路本质上是中国特色社会主义道路在国家安全上的具体体现；坚持中国特色国家安全道路，归根结底是为了确保中华民族伟大复兴进程不被迟滞甚至中断。[6]中国共产党国家安全观百年演进历程启示我们，要维护国家安全，就必须坚定不移地走中国特色国家安全道路，必须以总体国家安全观为理论指导。具体而言，一是坚持党的绝对领导，完善集中统一、高效权威的国家安全工作领导体制，实现人民安全、政治安全、国家利益至上相统一，确立国家安全工作的政治原则。只有做到"三位一体"，才能实现人民安居乐业、党的长期执政、国家长治久安。二是坚持捍卫国家主权和领土完整，维护边疆、边境、周边安定有序，强调国土安全始终是我国国家安全的重中之重。三是坚持安全发展，通过安全发展推动高质量发展和高水平安全动态平衡，是国家安全和民族复兴行稳致远的内在要求，意味着统筹发展和安全成为我国经济社会发展的指导思想。四是坚持总体战，统筹传统安全和非传统安全，确保应对传统安全挑战更加主动、应对非传统安全挑战更加有效。五是坚持走和平发展道路，坚持共同、综合、合作、可持续的安全观，促进自身安全和共同安全相协调，走出一条普遍安全之路。走中国特色国家安全道路，就是要在党的绝对领导下，站稳人民安全的根本立场，把握统筹发展和安全的根本要求，牢牢守住各领域安全主阵地、主战场，突出防范化解重大风险中心任务，不断开创新时代国家安全工作新局面。

（四）坚持国家安全的思维方法

当今世界，安全问题的联动性、跨国性、多样性更加突出，各种安全威胁相互交织、传导联动，给维护和塑造国家安全带来新的挑战和要求。为此，要深刻把握"总体"的思想精髓，充分运用"统筹"的科学方法，不断巩固走好强国时代中国特色国家安全道路的思想基础。之所以强调国家安全的总体性，从涉及领域看，国家安全涵盖政治、军事、国土等传统安全，涉及经济、金融、文化、社会、科技、网络、粮食、生态、资源、核、海外利益等非传统安全，并扩展至太空、深海、极地、生物、人工智能、数据等诸多领域，而且随着社会发展不断调整，我们必须从大安全理念进行认知和把握。从工作部署看，国家安全要贯穿党和国家工作全局各方面全过程，必须把安全和发展置于同等重要地位，坚持一起谋划、一起部署，做到协调一致、齐头并进。据此，系统思维是总体国家安全观的基本思维，强调安全是全面的、整体的、系统的安全，是发展的、动态的安全，是开放的、共同的安全。要善于通过历史看现实、透过现象看本质，把握好全局和局部、当前和长远、宏观和微观、主要矛盾和次要矛盾、特殊和一般的关系，不断提高维护和塑造国家安全的战略思维、历史思维、辩证思维、系统思维、创新思维、法治思维、底线思维能力，做到前瞻性思考、全局性谋划、整体性推进。科学统筹是总体国家安全观的基本方法，既立足当前，又着眼长远；既整体推进，又突出重点；既重维护，又重塑造；既讲原则性，又讲策略性；既讲需求，又讲能力。做到统筹发展和安全、统筹开放和安全、统筹传统安全和非传统安全、统筹自身安全和共同安全、统筹维护国家安全和塑造国家安全，充分调动各方面积极性。[7]

（五）丰富国家安全的保障手段

当前各类风险因素、风险链条明显增多。加强国家安全治理，要构建集各领域安全于一体的国家安全体系，通过科学统筹、体系推进，强化力量整合、工作融合，汇聚起党政军民学各战线各方面各层级的强大合力。一是完善国家安全治理体系，首先要完善国安委高效权威的国家安全领导体制，强化跨层级、跨部门、跨地域、跨领域、跨时空的国家安全工作协调机制，完善国家安全法治体系、战略体系、政策体系、风险监测预警体系、国家应急管理体系，完善重点领域安全保障体系和重要专项协调指挥体系，强化重点领域的安全保障体系建设,形成统分结合、职责清晰、立体多元的新安全格局,以新安全格局保障新发展格局,实现高质量发展和高水平安全动态平衡。二是提高国家安全治理能力,着眼维护和塑造国家安全的战略需要,更加注重协同高效,更加注重法治思维,更加注重科技赋能,更加注重基层基础,坚定维护国家政权安全、制度安全、意识形态安全能力,加强重点领域安全能力建设,加强海外安全保障能力建设,提高防范化解重大风险能力,筑牢国家安全人民防线,坚定捍卫国家主权、安全、发展利益。三是坚定国家安全意志,维护和塑造国家安全还需要崇高的政治品格和高尚的精神风范,要坚持坚定的人民立场和卓越的战略思维,坚持忧患意识和顽强的斗争精神,坚持自觉的底线思维和超强的极限思维。

四、结语

从国家安全理论发展史角度看,总体国家安全观集中体现了对国家安全挑战的科学回应,充分体现了对马克思主义国家安全理论的创新发展,不仅标注了中国特色国家安全理论的新高度,而且开创了中国特色国家安全理论的新境界。总体国家安全观确立了新时代国家安全的历史方位,明确了国家安全的根本政治保证,开辟了国家安全的前进道路,为维护和塑造中国特色国家安全指明了前进方向,为建设一个持久和平、普遍安全的世界贡献了中国智慧和中国方案,具有重大理论意义、历史意义、时代意义、实践意义和世界意义。

新时代新征程,强国建设、民族复兴的道路上不会一帆风顺,甚至会遇到难以想象的惊涛骇浪。维护和塑造国家安全,必须坚持和发展总体国家安全观,坚持和拓展中国特色国家安全道路,把维护国家安全的战略主动权牢牢掌握在自己手里。为此,要准确把握总体国家安全观的科学理论和原创性贡献,强化维护和塑造新时代中国国家安全理论自觉,深刻领会其中蕴含的理论力量、实践要求和工作思路,不断提升驾驭纷繁复杂国家安全形势的本领,提高应对各类风险挑战的能力,切实把学习成效转化为坚决维护国家主权、安全、发展利益的生动实践。

参考文献

[1]《马克思恩格斯文集》(第九卷),中共中央马克思恩格斯列宁斯大林著作编译局编

译,人民出版社 2009 年版,第 436 页。

［2］《马克思恩格斯全集》(第三卷),中共中央马克思恩格斯列宁斯大林著作编译局编译,人民出版社 1960 年版,第 544 页。

［3］陈文清:《牢固树立和践行总体国家安全观 谱写新时代国家安全新篇章》,《求是》2022 年第 8 期。

［4］刘跃进:《党的二十大报告进一步彰显国家安全》,https://www.cssn.cn/gjaqx/202210/t20221026_5554036.shtml,最后访问日期:2022 年 10 月 26 日。

［5］柴华:《总体国家安全观的原创性贡献》,《中国应急管理科学》2022 年第 7 期。

［6］总体国家安全观研究中心:《深入学习宣传贯彻〈总体国家安全观学习纲要〉》,《红旗文稿》2022 年第 16 期。

［7］总体国家安全观研究中心:《深入学习宣传贯彻〈总体国家安全观学习纲要〉》,《红旗文稿》2022 年第 16 期。

新时代国家安全治理体系的理论逻辑、实践逻辑与思维方法*

蒋华福**

摘要：国家安全治理事关党的长期执政、国家长治久安、人民安居乐业。本文从政治安全、人民安全、国家利益等维度解析新时代国家安全治理体系的理论逻辑，揭示中国特色国家安全道路的基本价值取向；从安全体系、安全结构、安全传导等维度剖析新时代国家安全治理体系的实践逻辑，揭示安全需求与安全能力之间的辩证关系；从战略思维、系统思维、底线思维等维度阐释新时代国家安全治理遵循的思维方法，揭示新发展阶段实现更为安全的发展的转型路径。基于新的国家安全治理范式，国家安全治理战略实施需要加快构建新安全格局，实现发展和安全的动态平衡、自身安全与共同安全的高度融合、传统安全与非传统安全的系统集成。

关键词：国家安全治理；总体国家安全观；理论与实践逻辑

当今世界正经历百年未有之大变局，全球治理体系不稳定性、不确定性更加突出，世界进入动荡变革期。当前，中国的国家安全工作得到全面加强，然而，内外环境空前复杂，各类可预见和不可预见的风险因素显著增加。面对世界之变、时代之变、历史之变，我们必须以全局视角审视国家安全，并运用科学思维来管理国家安全，以确保发展的质量、结构、规模、速度、效益、

---

* 本文系国家社会科学基金项目"新时代国家安全风险治理机制创新与优化策略研究"（编号：20BZZ035）的阶段性研究成果。

** 蒋华福，中共上海市委党校副教授，上海市法学会国家安全法律研究会理事。主要研究方向：总体国家安全观与国家安全治理。

安全相统一。同时,随着中国特色大国安全态势的纵深发展,我们越来越需要运用马克思主义立场、观点和方法来观察和分析问题,以阐释新时代国家安全治理体系的内在逻辑和思维方法。

一、新时代国家安全治理体系的理论逻辑

恩格斯指出,每一个时代的理论思维,包括我们时代的理论思维,都是一种历史的产物,它在不同的时代具有完全不同的形式,同时具有完全不同的内容。[1]进入新时代,我国面临更为严峻的国家安全形势,外部压力前所未有。[2]总体国家安全观正是顺应实现中华民族伟大复兴时代要求的重大理论创新成果,是我国在长期发展过程中形成的关于维护与塑造国家安全的理论、方法、体系等的集成。2017 年 10 月 18 日,党的十九大提出"十四个基本方略","坚持总体国家安全观"单列其中,党中央明确了新时代国家安全治理"必须坚持国家利益至上,以人民安全为宗旨,以政治安全为根本"。2021 年 11 月 18 日,中共中央政治局召开会议审议《国家安全战略(2021—2025 年)》,党中央再次强调,新形势下维护国家安全,必须牢固树立总体国家安全观,实现政治安全、人民安全、国家利益至上相统一。这一系列国家安全理论既从宏观层面表明了中国特色国家安全道路的基本价值取向,也揭示了新时代国家安全治理体系的理论逻辑。

(一)坚持以政治安全为根本,加强党对国家安全的绝对领导,注重防范风险链

国家安全工作是中国共产党治国理政一项十分重要的工作。政治安全关系党和国家的安危,既是一个国家最根本的需求,也是一切国家生存和发展的基础条件。政治安全涉及国家主权政权制度和意识形态的稳固,核心是政权安全和制度安全,根本要义就是维护中国共产党的领导和执政地位,维护中国特色社会主义制度。始终高度重视维护政治安全是中国共产党治国理政的重要历史经验,确保政治安全就是要确保政治稳定和政治发展的动态平衡和良性互动。新时代国家安全治理必须坚持把政治安全放在首要位置,统筹做好政治安全、经济安全、社会安全、科技安全、新型领域安全等重点领域、重点地区、重点方向的国家安全工作,坚定维护国家政权安全、制

度安全、意识形态安全。

在治理目标方面，坚持党对国家安全的绝对领导。中国共产党领导既是中国特色社会主义最本质的特征，也是中国特色社会主义制度的最大优势。回顾中国共产党百年历史，在战争与和平、动乱与治理、进步与倒退、合作与对抗、开放与封闭的反复较量中，党中央始终把国家安全工作紧紧抓在手中。进入新时代，习近平总书记特别强调"党对国家安全工作的绝对领导"，辩证把握机与危，科学研判时与势，防范化解了来自政治、经济、意识形态、自然界的一个又一个风险。2018 年 4 月，十九届中央国家安全委员会第一次会议审议通过《党委（党组）国家安全责任制规定》，明确了各级党委（党组）维护国家安全的主体责任，为加强党对国家安全工作的领导提供了坚实有力的制度保障。2020 年 9 月，中共中央印发《中国共产党中央委员会工作条例》，把"坚持党对一切工作的领导，确保党中央集中统一领导"作为中央委员会开展工作必须把握的第一条原则。历史经验和现实都表明，只有共产党才能够完成中国近代以来各种政治力量不可能完成的国家安全艰巨任务。而且，坚持党的绝对领导，国家安全形势就可平稳可控；反之，隐患和问题就会迭出，国家的发展和安全利益就会受到损害。抗击新冠疫情斗争的伟大实践也"彰显了中国共产党领导和中国特色社会主义制度的显著优势"。[3]基于"党对国家安全工作的绝对领导"制度，中国共产党领导人民有效应对了一系列重大风险挑战，创造了经济快速发展和社会长期稳定两大奇迹，维护了我国国家安全大局稳定。

在治理过程方面，注重防范政治安全"风险链"。虽然国家安全是一个复杂的多领域、多层次、多类型的巨系统，但国家安全系统却不是多个领域安全的简单叠加，而是一张布满有机链条的大网。"风险链"既能呈现国家安全各领域风险的先后触发、联动关系，也能显示各类风险的触发与联动条件。基于国家安全系统的传导效应，不同领域安全相互作用、相互影响，容易诱发"蝴蝶效应"，新时代国家安全治理必须斩断国家安全"风险链"，撕破国家安全事件"因素网"。在政治安全上，坚持党的领导、人民当家作主、依法治国有机统一，全面推进社会主义民主政治制度化、规范化、程序化；在经济安全上，坚持以高质量发展，贯彻新发展理念，不断增强经济发展平衡性、协调性、可持续性；在社会安全上，加强和创新社会治理，坚持系统治理、依法治理、综合治理、源头治理,提升社会治理社会化、法治化、智能化、专业化水平;在生态安全上,坚持"绿水青山就是金山银山"的理念,增强绿色发展的自觉性和主动性,推动美丽中国建设;在文化安全上,坚持物质文明和精神文明两手抓、两手硬,牢牢掌握意识形态工作领导权,构筑中国精神、中国价值、中国力量。任何一个领域的重大风险如果防范不及、应对不力,就会传导、耦合、演变、升级,并与其他风险相互叠加与共振,可能危及国家安全。新时代国家安全治理正是以科学的"断链"战略斩断政治安全和其他领域安全问题的连锁反应,应不断提升政治安全修复能力,牢牢把握政治安全主动权。

（二）坚持以人民安全为宗旨,国家安全一切为了人民、一切依靠人民

江山就是人民、人民就是江山,打江山、守江山,守的是人民的心。中国共产党是一个马克思主义的政党,能够广泛地代表人民的意愿,以人民的需求为依归。中国共产党成立百年来,始终坚持人民主体地位,始终依靠人民创造历史伟业。在以人民为中心的思想逻辑和服务型政府的行动逻辑下,人民安全已不再内嵌于政治安全中,而是各类安全的逻辑出发点与本体内容成为新时代衡量国家安全治理现代化的重要标尺。

在治理目标方面,国家安全一切为了人民,回应人民对国家安全新期待。国泰民安是人民最基本、最普遍的愿望;人民立场既是中国共产党的根本政治立场,也是马克思主义政党区别于其他政党的显著标志。新时代国家安全治理以人民安全为宗旨,既充分体现以人民为中心的国家安全理念,也明确国家安全工作应顺应民心、尊重民意,更在维护和塑造国家安全实践中获得前进动力。这里的"人民安全"不是抽象的安全,而是贯穿于国家总体安全的各个方面,是各种价值的结合点。[4]在此次新冠疫情防控人民战争、总体战、阻击战中,习近平总书记作出一系列重要指示批示,特别强调要把人民群众生命安全和身体健康放在第一位,生动地诠释了国家安全一切为了人民。[5]新时期我国不断优化国家安全治理战略体系,构建"更安全"的新发展格局,着力解决人民所需、所急、所盼,切实回应人民关切,也正是践行"人民安全高于一切"的理念。

在治理过程方面,国家安全一切依靠人民,汇聚维护国家安全磅礴力

量。唯物史观告诉我们,人民是推动历史发展的决定性力量。在革命战争年代,我们党正是依靠人民群众取得了一个个伟大胜利。新时代国家安全治理依然要重视依靠群众、动员群众、引导群众、组织群众、凝聚群众,充分发挥人民的主体作用。面对新冠疫情的无情肆虐,我们党再次站在人民战争的战略高度部署疫情防控,充分发动人民群众。党和全国人民团结一致的壮举,既充分展现了我们强大的政治优势、制度优势和组织优势,也印证了人民是打赢疫情防控战的生力军。党坚持人民安全宗旨,党维护人民根本利益,党依靠人民奋力开拓国家安全工作新局面,让人民安全感更充实、更有保障、更可持续,生动诠释了一切国家安全依靠人民。

（三）坚持以国家利益至上为准则,把国家利益作为国家安全治理的逻辑出发点

国家利益是主权国家在国际社会中生存需求和发展需求的总和。在各种国家利益中,国家安全利益是一个国家得以独立存在的先决条件。进入高质量发展阶段,"更多逆风逆水的外部环境"之下压力增大、挑战增多,全球治理体系和国际政治经济安全格局发生深刻变化,要求我们更坚决、更有效地维护好、捍卫好国家利益,特别是核心利益。只要国家利益拓展到哪里,国家安全边界就要跟进到哪里。

在治理目标方面,坚持既重维护又重塑造。实践表明,每一场世界范围内的危机都意味着世界政治经济格局的重塑。在世界多极化、经济全球化的大背景下,全球治理体系和国际秩序变革加速推进,和平背后隐藏着许多危机隐患,世界局部战争、国际逆全球化的浪潮都直接影响国家安全。为在斗争中争取主动,我们党历史上第一次提出维护和塑造国家安全,这既是新时代国家安全的基本定位,也是实现强起来目标的支撑。维护国家安全要保障国家安全利益,而塑造国家安全,既要把国家安全牢牢掌握在自己手中,同企图迟滞甚至阻断中华民族伟大复兴的一切势力斗争到底,也要同世界上一切进步力量携手前进,推动建设新型国际关系,为中华民族伟大复兴创造良好安全环境。维护与塑造并不是放弃"韬光养晦",而是更加有所作为的"韬光养晦"。

在治理过程方面,坚持既立足于防范又有效处置风险。随着改革进入

深水区,社会矛盾和热点问题错综复杂,国家安全治理面临越来越严峻的挑战。国内风险如果防范、化解不当,会造成社会恐慌与不安定;国际矛盾风险挑战有时也会演变为国内的矛盾风险挑战,危及国家安全。鉴于此,防范化解重大风险是新时代国家安全治理必须遵循的重要原则。如果危及国家安全的对象、形态、手段、时空领域发生变化,战略战术也要相应调整。新时代国家安全治理既要能打好防范和抵御风险的有准备之战,也要能打好化险为夷、转危为机的战略主动战;既着力防范风险叠加共振汇集成风险综合体,不让国内局部矛盾演化为系统性矛盾,也不让国际风险演化为国内风险,牢牢守住不发生系统性风险和不犯颠覆性错误的底线。

二、新时代国家安全治理体系的实践逻辑

国家治理能力寓于国家治理体系之中,国家治理体系建立在国家制度基础之上。党的十八大以来,党中央构建高效合理的国家安全体系,切实提升国家安全能力,从制度层面系统回答了国家安全工作谁来领导、领导什么、怎么领导等实践问题。2021 年 11 月 11 日,党的十九届六中全会提出"五个统筹":统筹发展和安全;统筹开放和安全;统筹传统安全和非传统安全;统筹自身安全和共同安全;统筹维护和塑造国家安全。[6]同年 11 月 18 日,中共中央政治局审议《国家安全战略(2021—2025 年)》时,习近平总书记指出:"新形势下维护国家安全,必须牢固树立总体国家安全观,加快构建新安全格局",提出"三个坚持":坚持安全发展,推动高质量发展和高水平安全动态平衡;坚持总体战,统筹传统安全和非传统安全;坚持走和平发展道路,促进自身安全和共同安全相协调。[7]从"五个统筹"到"三个坚持",既有内容上的继承和统一,又揭示了安全需求与安全能力之间的辩证关系,并从安全体系、安全结构、安全传导三个维度呈现出新时代国家安全治理的实践逻辑。

（一）坚持安全发展,推动高质量发展和高水平安全动态平衡

从安全体系看,发展与安全是国家安全治理的两件大事。发展和安全任何一方面有明显短板,都会影响中华民族伟大复兴进程。若没有安全,任何改革和发展都无从谈起;若没有发展,国家落后会引发内外威胁,安全问

题将变得更加严重。历史和现实反复证明,没有脱离安全的发展,也不可能离开发展去谈安全。能否统筹好发展和安全,关系国家安全和中华民族伟大复兴。基于当代中国国家战略体系中的两个重大战略目标,新时代国家安全治理"集安全与发展于一体",实现了发展问题与安全问题的统筹治理。[8]

必须实现高质量发展。国家安全不只是安全问题,发展亦成为它的关键内容。只有国家发展、整体实力增强了,才能有效地提高抵御各种风险的能力。落后就要挨打,这是人类历史发展过程中的铁律。生产力发展是维护国家安全的根本,更是巩固社会主义政权的根本。新中国成立 70 多年、改革开放 40 多年以来,我们紧紧抓住发展这第一要务,成为世界上第二大经济体、世界第一制造业大国、全球供应链重要枢纽。面对新冠疫情,"打疫情防控阻击战,实际上也是打后勤保障战"。[9]统筹推进疫情防控和经济社会发展工作的战略部署,也从侧面表明发展是安全的基础。

必须实现高水平安全。面对波谲云诡的国际形势和复杂战略环境,无论是政治、军事等传统安全问题,还是生物、科技等非传统安全问题,如果在遭遇重大风险时防范不及、应对不力,就会对发展造成影响。中国国家发展在任何时候都要高度重视安全问题,全面增强经济社会发展中的安全考量,确保我国成为世界上最有安全感的国家之一。新时期中国经济社会发展主要目标之一是"国家治理效能得到新提升,发展安全保障更加有力"。[10]新时代国家安全治理必须在发展中更多考虑安全因素,努力实现发展和安全的动态平衡、深度融合;必须建立健全国家安全风险研判、防控协同、防范化解机制,不仅要充分发挥从直觉和经验出发的定性管理,而且要重视数据搜集和定量分析的精准管理,以提高国家安全风险辨识和预警能力。

(二)坚持总体战,统筹传统安全和非传统安全

从安全结构看,传统安全和非传统安全是国家安全治理的两个领域。单纯强调传统安全和非传统安全的某一方面,或单纯强调某个领域的安全,都已不再适应时代要求。无论是全球新冠疫情威胁,或是全球经济发展动力不足,还是局部冲突动荡,各种传统安全和非传统安全问题带来的新挑战日益增多,我国依然面临多元复杂的安全威胁。在安全逻辑上,传统安全与

非传统安全的划分是相对的，它们只有产生先后、表现形式不同，没有大小、轻重之分，而且在一定条件下可能相互转化。新时代国家安全治理"集传统安全和非传统安全于一体"，实现了传统安全和非传统安全交织情境的有机统一。

必须加强传统安全治理。国家是由国土、国民、文化等各类高度依赖性的基本要素组成的复杂巨系统。国土包括领陆、领水、领海和领空，是国家安全最敏感的要素；国民包括一个国家之内的所有居民，是国家安全的核心；文化包括世界观、人生观、价值观等具有意识形态性质的部分，是一个国家、一个民族的灵魂，对国家安全产生深刻的影响。这些复杂要素正以无法预计的方式和速度影响着国家安全系统。对于一个国家来说，经济的发展并不意味着安全问题的解决。只要有国家存在、只要国家内部的阶级差别存在，传统的国家安全问题也必然存在。改革开放给当今中国带来了进步和发展，但也令传统安全问题更趋复杂、制度模式竞争明显加剧，正负效应凸显。新时期的政治、军事、国土安全等传统安全威胁也出现了更多表现形式，对此要有足够警惕。

必须强化非传统安全治理。当前正值一个传统安全与非传统安全问题相互交织的时代，包括重大传染性疾病在内的各种非传统安全问题对社会构成日益严峻的挑战。基于社会发展、科技进步与发展理念的演进，国家安全系统逐步衍生出更趋复杂多样的非传统安全威胁问题。而随着非传统安全威胁持续蔓延，影响或威胁国家安全的因素呈动态复合型，对国家安全的影响更加突出。在一定时空环境下，非传统安全威胁甚至超过传统安全威胁。新时代国家安全治理突破传统安全边界设定，以更加深入而广泛的视角分析非传统安全。历史经验表明，统筹传统安全与非传统安全，系统集成越有效，国家安全就越有依靠，也越能为实现中华民族伟大复兴提供坚强的安全保障。

（三）坚持走和平发展道路，促进自身安全和共同安全相协调

从安全传导看，国内和国际是国家安全治理的两个大局。放眼全球，国际政治、经济、安全秩序危机四伏，和平与发展的时代主题面临前所未有的严峻挑战。面对百年变局，中国作为负责任的大国一直在为世界和平奔走、

为国际安全尽力、为人类前途命运探索。基于我国社会主要矛盾变化带来的新特征、新要求和错综复杂的国际环境带来的新矛盾、新挑战，新时代国家安全治理"集自身安全和共同安全于一体"，统筹中华民族伟大复兴战略全局和世界百年未有之大变局，超越了国家安全"定位于外部安全"的局限性。

必须不断完善国家安全体系。当前，世界各国的竞争转向综合国力竞争，要求我们必须重视军事、文化、社会等各领域出现的新情况、新问题，遵循不同安全领域的特点规律，不断完善国家安全体制、机制、法制。具体而言，军事安全是保底手段，文化安全是国家独立的精神支撑，社会安全是国家安全的重要保障。迄今，中国特色社会主义市场经济改革基本完成，国民经济在生产、分配、流通和消费等环节基本实现了畅通。但是，伴随着改革进入深水区，风险如果防范化解不当，不仅会给改革事业带来打击，而且会造成社会恐慌与不安定，给党和政府带来巨大的社会压力。面对社会结构的快速转型，社会矛盾和热点问题错综复杂，必须做好国家安全风险评估，加强对各类风险的感知、预警、预防，着力增强国家安全治理的系统性、整体性、协同性和有效性；同时要提高防范抵御国家安全风险能力，构建系统完备、科学规范、运行有效的国家安全治理体系。

必须推进全球安全治理体系变革。和平稳定的国际环境是国家安全的重要保障。随着中国国家实力逐渐增强和海外利益不断拓展，在中国快速发展与世界深刻变化两大历史性进程的交织作用下，中国国家安全与外部环境的关系更加紧密，安全问题也早已超越国界，跨国性更加突出。应高举合作、创新、法治、共赢的旗帜，坚持推进国际共同安全，推动树立共同、综合、合作、可持续的全球安全观，加强国际安全合作，完善全球安全治理体系。当前，在共同抗击疫情的全球语境下，中国共产党顺应全球化与世界各国相互依存的大势，站在人类命运共同体的高度决策部署疫情防控，努力推动世界经济"绿色复苏"，这正是中国共产党成功运用辩证唯物主义观察世界、处理问题的伟大实践，为推动世界发展和人类进步贡献了中国智慧。可见，新时代国家安全治理既要对内维护社会稳定，又要对外维护国家主权，实现内部安全与外部安全的相互促进；既不重复西方扩张的老路，也不重蹈"修昔底德陷阱"之类的悲剧，以实现自身安全与共同安全的高度融合。

三、新时代国家安全治理遵循的思维方法

从马克思主义理论的历史辩证法视角看,国家安全既是一种社会现象,又是一种社会过程。作为新时代国家安全治理根本遵循和指引中国安全发展重要战略思想的总体国家安全观是一个开放的理论体系,具有很强的实践性,是马克思主义国家安全理论同中国国家安全治理实践相结合的重大理论创新,体现了实现党在新时代国家安全治理的必然要求。我们既要准确理解其逻辑要义,也要科学把握其中蕴含的思维方法,不断增强新时代国家安全治理能力,实现更高质量、更可持续、更为安全的发展。

（一）把握总体国家安全观蕴含的战略思维

面对更加繁重艰巨的维护国家安全的任务,新时代国家安全治理必须审时度势,从战略高度统揽国家安全发展大局,更好地维护和延长我国安全发展的战略机遇期。"战略思维"具有长远性和前瞻性,需要从全局、整体考虑问题,抓住主要矛盾和矛盾的主要方面,连续、动态、全面地衡量相关因素的数量变化程度,在把握事物规律的前提下立足现实、面向未来做决策。新时代国家安全治理要有打破单纯维护某一领域安全的战略思维,能高瞻远瞩找出国家安全相关因素在形势变化中相互影响、共同变化的规律性。

要加快构建"大安全格局"和"新安全格局"。新时代国家安全治理体系中的"大安全格局"和"新安全格局"是辩证统一的,两者都从不同层面和角度体现了总体国家安全观蕴含的战略思维。2020年12月11日,中共中央政治局进行第二十六次集体学习,习近平总书记指出:"构建大安全格局,促进国际安全和世界和平,为建设社会主义现代化国家提供坚强保障"。这一论述强调要坚持"集国际和国内于一体""集安全和发展于一体"的大安全格局,要把国家安全和经济社会发展一体谋划,从这个角度看国家安全治理要遵循"大安全"格局,更多的是区别过去的"小安全"。2021年11月18日,中共中央政治局审议《国家安全战略（2021—2025年）》,习近平总书记再次指出:"新形势下维护国家安全,必须牢固树立总体国家安全观,加快构建新安全格局",这一论述强调要坚持"推进发展和安全深度融合",要推动高质量发展和高水平安全动态平衡,从这个角度看国家安全治理要构建"新安全"

格局,更多的是与"新发展"格局匹配,以实现"双轮驱动"。无论是"大安全格局"还是"新安全格局",都是习近平新时代中国特色社会主义思想"国家安全篇"的重要组成。

要高度重视国家安全治理复杂系统的"层次性"和"涌现性"。国家安全系统是多层次、多种类的,追踪研判、防控协同、防范化解国家安全风险必须要构建一个涵盖不同层次、阶段、领域和覆盖风险传导路径的风险治理复合机制,以更好发挥治理的整体功能。治理不同于管理,治理的理念具有柔性和富有战略高度,强调合作、自治、服务;治理手段具有非单向性和非强制性,重视复合性手段、方法,能够实现"整体大于部分之和"。国家安全治理不是单一行为,而是整体联动。在治理范式规范下,不同领域的国家安全风险能实现跨部门、跨层级、跨区域协同应对,不同行为主体通过协同行动能够减少摩擦、步调一致,放大与优化系统功能作用。当前,我国国家安全形势复杂严峻,改革发展稳定各方面任务的繁重前所未有,必须深刻认识和准确把握内外部环境的深刻变化,在变局中把握规律,以避免在复杂的安全治理过程中出现不协调、降效率等问题,确保治理力量更好集成,确保协调协作与合力施治。新时代国家安全风险治理要严密防控那些可能迟滞或中断中华民族伟大复兴进程的全局性风险,提升在不稳定、不确定发展环境中更好推进中华民族伟大复兴的战略能力,保持战略定力、战略自信、战略耐心,牢牢把握国家安全治理的战略主动权。

（二）把握总体国家安全观蕴含的系统思维

国家安全是一项系统工程,国家安全风险治理不是局部而是系统的,要始终把国家安全置于复杂系统中来把握。"系统思维"就是要全面地、普遍联系地观察事物,把想要达到的结果、实现该结果的过程、过程优化以及对未来的影响等一系列问题作为一个系统进行统筹。2020年12月11日,中共中央政治局第二十六次集体学习时,习近平总书记指出要"抓住和用好我国发展的重要战略机遇期,把国家安全贯穿到党和国家工作各方面全过程,同经济社会发展一起谋划、一起部署,坚持系统思维",并就贯彻总体国家安全观系统提出了"十个坚持"的要求,强调要"坚持统筹推进各领域安全"。显然,新时代国家安全治理也要有维护各领域安全的系统思维,从整体与部分、整体与环境的相互作用过程中把握、统筹治理各领域的国家安全风险。

要转变国家安全治理对象。国家安全风险治理能力是一种系统能力，是以总体国家安全观为指导、以国家安全制度体系为基础的总体安全能力，体现在维护人民安全的实践中，落实到防范化解重大风险的效果中。新时代国家安全治理必须要用系统的思维审视单一突发事件可能引发的系统性连锁反应，将国家安全状态、能力及其过程整合为一个有机体。对跨部门、跨行业的安全问题要协同治理，避免安全治理的重叠、交叉、空白。要把以单纯经济发展为中心转变为以"统筹发展和安全"为中心，注重单一传统安全转变为统筹"传统安全与非传统安全"。

要转变国家安全治理主体。推进新时代国家安全治理体系现代化，既强调政府的主导作用，也重视非政府社会组织和公众的参与；既对内全面深化改革、促进经济社会发展，积极解决发展不平衡不充分的矛盾，又对外秉承和平、发展、合作、共赢理念，着眼长远、立足当前，使周边国家对我们更友善、更亲近、更认同、更支持，增强中国在国际社会的亲和力、感召力、影响力。为此，新时代国家安全治理要从基于科层制的政府一元的行政管理转变为政府、企业、公众多元的社会共治，从以后果导向的反应式管理转变以为原因导向的预防式治理。要构建集不同领域安全于一体的国家安全体系，回应当下各类错综复杂的安全挑战。

（三）把握总体国家安全观蕴含的底线思维

基于底线思维所进行的底线管理，也是新时代国家安全治理的一个不可或缺的重要方法。"底线思维"是忧患意识的集中体现和根本要求，就是要对可能出现的最糟糕情况作出实事求是的评价，要立足最低点、争取最大期望值。在庆祝中国共产党成立 100 周年大会上，习近平总书记强调："新的征程上，我们必须增强忧患意识、始终居安思危，贯彻总体国家安全观，统筹发展和安全。"[11]新时代国家安全治理必须始终保持高度警惕，时刻保持清醒头脑，注重对危机、风险、底线的重视和防范，要凡事从坏处准备，努力争取最好的结果。

要增强忧患意识。"安全"既是新时代人民美好生活的基础指标之一，也是各级党委和政府应提供的最重要的公共产品之一。党在战胜风险挑战中成长壮大,始终保持强烈的风险意识和忧患意识。新的赶考路上,我们面临的风险考验只会越来越复杂,必须坚持把防范化解国家安全风险摆在突出位置,进一步增强国家安全工作前瞻性、针对性,平衡好稳增长和防风险的关系,为实现中华民族伟大复兴提供坚强保障。新时代国家安全治理在目标上要防范负面因素、堵塞管理漏洞、防止社会动荡;在价值取向上要注重避免因政策、措施、管理的疏忽等人为因素所带来的破坏,注重防范措施和系统建设,注重减少负面影响来促进发展。

要始终居安思危。随着社会经济科技发展,国家安全风险要素之间相互依赖性提升使得系统性瘫痪的范围和强度进一步加大,给国家安全带来高度的复杂性和更大的不确定性。政治、经济、文化、社会中的任何一个领域都可能直接影响国家安全,风险危害也会逐步由敏感的意识形态领域向其他行业领域蔓延,而更具适应性的风险管控制度和风险治理方式并未完全成熟,必须要更加自觉地防范各种风险,战胜一切在政治、经济、文化、社会等领域的困难和挑战。新时代国家安全治理既要有防范先手,也要有化解高招;既要有能力辨识风险,能处理可预知的风险,也要有能力管控风险,更要有能力化解风险,当风险来临的时候能应对不可预知的风险,处理不可防控的风险。既要解决好强国进程中面临的安全共性问题,也要处理好中华民族伟大复兴关键阶段面临的特殊安全问题。

总之,国家安全是安邦定国的重要基石,是党治国理政的头等大事,贯穿中华民族伟大复兴全过程。新时代国家安全治理的内在逻辑和思维方法既体现了我们党奋力开拓国家安全工作新局面的战略智慧和使命担当,也科学回答了维护和塑造中国特色国家安全所面临的一系列重大理论和实践问题,彰显了居安思危、攻坚克难的时代强音。为在深刻变化的时代中赢得主动、在伟大斗争中赢得胜利,要将贯穿其中的价值理念、逻辑方法融入国家安全治理全过程,一以贯之地推进国家安全治理体系现代化;要不断提升国家安全治理效能,筑牢国家安全屏障,推动中国特色社会主义事业航船劈波斩浪、一往无前。

参考文献

[1]《马克思恩格斯文集》(第三卷),中共中央马克思恩格斯列宁斯大林著作编译局编

译,人民出版社 2012 年版,第 873 页。

［2］《中共中央关于党的百年奋斗重大成就和历史经验的决议》,http://www.gov.cn/xinwen/2021 - 11/16/content_5651269.htm,最后访问日期:2022 年 6 月 16 日。

［3］习近平:《在统筹推进新冠肺炎疫情防控和经济社会发展工作部署会议上的讲话》,《人民日报》2020 年 2 月 24 日。

［4］蒋华福:《总体国家安全观的战略体系与思维方法》,《党建研究》2019 年第 6 期,第 40—41 页。

［5］蒋华福:《维护世界公共卫生安全与中国方案》,《当代世界》2020 年第 5 期,第 65—70 页。

［6］《中共中央关于党的百年奋斗重大成就和历史经验的决议》,http://www.gov.cn/xinwen/2021 - 11/16/content_5651269.htm,最后访问日期:2022 年 6 月 16 日。

［7］《中共中央政治局召开会议审议〈国家安全战略(2021—2025 年)〉〈军队功勋荣誉表彰条例〉和〈国家科技咨询委员会 2021 年咨询报告〉,中共中央总书记习近平主持会议》,http://news.china.com.cn/2021 - 11/18/content_77880194.htm,最后访问日期:2022 年 6 月 16 日。

［8］蒋华福:《坚持总体国家安全观,不断完善新时代国家安全法治战略体系》,《上海法治报》2022 年 4 月 15 日。

［9］习近平:《在统筹推进新冠肺炎疫情防控和经济社会发展工作部署会议上的讲话》,http://www.gov.cn/xinwen/2020 - 02/24/content_5482502.htm,最后访问日期:2022 年 6 月 25 日。

［10］《中国共产党第十九届中央委员会第五次全体会议公报》,《党建研究》2020 年第 11 期,第 2—7 页。

［11］习近平:《在庆祝中国共产党成立 100 周年大会上的讲话》,《党建研究》2021 年第 7 期,第 3—10 页。

中国式现代化视角下的国家安全新格局构建

张晓君　马　倩[*]

摘要：中国式现代化的推进需要构建国家安全新格局作为重要保障，两者之间存在密不可分的辩证关系。国家安全新格局作为中国式现代化的题中之义，在领导体制、思想指引、理论基础等方面反映出中国式现代化的内涵特性，两者在统筹发展和安全的战略布局下体现出高质量发展和高水平安全之间的良性互动，同时，我们必须清晰认识到在推进中国式现代化进程中影响国家安全的国际、国内环境存在着各种挑战。在此基础上，站在中国式现代化视角下，以习近平总书记关于推进中国式现代化需要处理好若干重大关系的重要论述为指引，本文从顶层设计与实践探索、战略与策略、守正与创新、效率与公平、活力与秩序、自立自强与对外开放六个方面探索构建国家安全新格局的实践路径。

关键词：中国式现代化；国家安全新格局；统筹发展和安全；百年未有之大变局；中华民族伟大复兴；六对关系

一、问题的提出

中国式现代化与构建国家安全新格局从各自领域研究讨论的角度出发，都有着深刻的历史沿革、理论意义和实践内涵，学界在如何推进中国式现代化或者如何构建国家安全新格局上已经形成了较为丰富的论述，并取

---

[*] 张晓君，西南政法大学国际法学院院长、中国—东盟法律研究中心主任、教授、博士生导师；马倩，西南政法大学国家安全学院博士研究生。

得了一系列研究成果。

　　本文从探讨中国式现代化与国家安全之间辩证关系的侧重点出发,就国家安全工作体现出的现代化特征、中国式现代化与国家安全之间的内在联动、中国式现代化下国家安全面临的挑战,以及中国式现代化视角下国家安全新格局的构建路径进行理论分析和实践探讨,并在习近平总书记重要论述的指引下提出切实可行的路径分析,以期在中国式现代化的视角下构建国家安全新格局,最终以国家安全新格局的构建保障中国式现代化的不断推进。

二、国家安全新格局是中国式现代化的题中之义

　　现代化是一个描述人类社会从传统向现代转型的总体性概念,是一个标识人类文明演进和发展趋势的核心概念,[1]常被应用于刻画人类社会整体性变迁的历史图景与演化逻辑。党的二十大报告对中国式现代化蕴含的中国特色、本质要求和重大原则进行了深刻阐释,打破了欧美发展模式作为现代化发展唯一选择的桎梏,集中反映了新时代、新征程上中国共产党的使命任务。中国式现代化是一个宏大的命题,包含历史逻辑、理论逻辑、实践逻辑的有机统一,从三重维度的视阈出发,可以进一步加深对中国式现代化的理解,而维护国家安全作为中国式现代化的重要保障,其现代化过程成为题中之义。

（一）中国式现代化的维度分析

1. 历史逻辑的维度

　　纵观西方现代化,体现的是以资本为内驱力,集中表现为资本积累、新式机器的采用、经济个人主义和市场扩张,[2]将不可避免地造成社会撕裂、阶层分化、贫富差距拉大、个人与政府矛盾的极速扩张。与此不同的是,中国式现代化走的是属于自己的社会主义现代化道路,在这一进程中不断彰显中华民族的实践自觉,在内生性探索中体现为一种"历史的选择"。[3]中国式现代化是中国共产党领导的社会主义现代化,建立在中国国情之上,建立在中国特色社会主义制度、经济基础、文化根基之上,充分反映出社会主义建设规律和人类发展规律,为中国特色社会主义事业发展不断提供理论活

力和实践动力。

2. 理论逻辑的维度

西方现代化以所谓理性、自由、民主的价值观为主导,否认广大发展中国家、新兴国家对自身发展模式的探索,进而不断演化为霸权主义、强权政治、对外扩张掠夺,企图以"西方中心论"解释现代化发展规律,最终导致全球化多种意识形态上的对立。而中国式现代化是马克思主义基本原理同中国具体实际和中华优秀传统文化相结合的选择,强调的是唯物史观、文化自信,展现出一条新的现代化道路的可能性,意味着为那些与中国一样期望寻求依靠自身发展不断强大的广大国家提供更多的选择,具有广泛的包容性,更重要的是以人民为中心的价值理念,将促进人的全面发展和实现社会进步达到有机结合。

3. 实践逻辑的维度

西方现代化的资本内驱力在实践演进中始终无法克服资本主义基本矛盾,持续不断地陷入党派权力斗争、经济周期危机的恶性循环,恐怖主义愈演愈烈。与此形成鲜明对比的是,中国式现代化彰显出了强大的优势,坚持中国共产党的领导、坚持科学理论指导、坚持党的群众路线得出的宝贵经验,中国式现代化的提出根植于所处的历史方位、现实需求、世界意义,据此做出的战略安排以及总体目标规划为现代化的发展提供了新的途径和方案。从发展趋势综合研判,其为化解剧烈的社会矛盾找到了出路,为解决发展道路上存在的共性问题提供了答案,为创造人类文明新形态提供了范式,必将在世界不断演进的历史进程中得到验证。

(二)国家安全工作的中国式现代化内涵特性

中国式现代化进程下的国家安全工作,其鲜明特点突出反映在既顺应时代潮流,又应对时代之变,贯穿于其中的权威统一的领导体制、高瞻远瞩的战略布局、系统辩证的科学思维、以人民为中心的价值目标。既带有重心着力点,又具有世界视野,是对中国式现代化建设的有力回应。

1. 领导体制的现代化

中国式现代化是中国共产党领导的社会主义现代化,坚持党对国家安全工作的领导是做好国家安全工作的根本遵循。集中体现在坚持党的绝对领导,坚决维护党中央的权威,把党的领导贯穿到国家安全工作各方面、全过程,形成落实党的领导纵到底、横到边、全覆盖的工作格局。党的十八届三中全会成立了中央国家安全委员会,建立了集中统一、高效权威的国家安全领导体制,加强对各项工作的统筹协调,从战略高度进行谋划布局,更进一步凸显出集中力量办大事的显著优势。

2. 思想指引的现代化

2014 年 4 月 15 日,在中央国安委第一次会议上,习近平总书记提出总体国家安全观,成为我们党历史上第一个被确立为国家安全工作指导思想的重大战略思想。[4]党的十九大将总体国家安全观上升到党"治国理政"基本方略的新高度,专列"有效维护国家安全"这一条,并列入党章。2020 年,在中央政治局就切实做好国家安全工作举行第二十六次集体学习上,习近平总书记就贯彻总体国家安全观提出了十点要求,即"十个坚持"。总体国家安全观为发展马克思主义国家安全理论做出了重大原创性贡献,与新时代国家安全实践相生相成,为推动和完善全球安全治理贡献了中国方案。[5]

3. 理论基础的现代化

基于对国家安全领域理论和人才的迫切需求,我国于 2020 年 12 月设立了国家安全学一级学科,目标在于服务国家安全战略、加强对国家安全理论系统化的研究与对国家安全现实问题的积极回应、加快对国家安全人才的培养,形成基础理论研究、前沿战略研究、政策科学研究、技术保障研究相统一、相统筹的交叉学科知识体系。[6]国家安全学一级学科的设立从一开始就具有中国特色和中国气派,其传承了中国传统安全思想、战略文化、马克思系统科学理论,以解决中国所面临的现实安全问题为导向,跳出了西方国家安全理论的藩篱和束缚,为世界安全学提供了新的研究路径。

4. 体系能力的现代化

党的二十大报告明确指出推进国家安全体系和能力现代化,在健全国家安全体系上应充分运用马克思主义科学方法论,既善于抓大格局、全面谋划,又狠抓重点、与时俱进。从总体性出发加强顶层设计,完善国家安全法治体系、战略体系、政策体系等,构建全域联动、立体高效的国家安全防护体系。从重点性出发突出战略谋划,完善重点领域安全保障体系和重要专项协调指挥体系。在增强维护国家安全能力上,建立事前—事中—事后系统的应对能力,增强科技支撑的硬核实力,建立预警机制,做好风险评估以及安全监管,提升防范和化解国家安全风险的能力,加强重点领域安全能力建设,运用科学技术维护和塑造国家安全。

5. 实践领域的现代化

从关注传统安全到统筹传统安全与非传统安全,在总体国家安全观的引领下,不断加深对国家安全领域的总体认识,构建"大安全"理念,坚持推进各领域安全。同时进一步从国家安全的高度去认识各领域的风险转化效应,准确判断各个领域风险的不断集聚、叠加,从而转化影响国家主权、核心利益的临界值,以及风险会带来的外溢效应,使各领域构成一个相互联系和相互作用的统一整体。

三、中国式现代化与国家安全新格局的辩证关系

在党的二十大报告中,统筹发展和安全已经提升到战略部署的高度,中国式现代化与国家安全的互动演绎成为这一部署之下的生动实践。中国式现代化的关键词是"高质量发展",中国共产党领导下的百年奋斗历程所取得的伟大成就足以证明我们拥有实现现代化的能力,中国式现代化已经成为推动世界发展进步的中国方案,也正是这一发展过程要求我们牢牢守住安全底线。在全面建设社会主义现代化国家的新征程上,中国式现代化与国家安全已经走向了深度融合,两者的融合体现了高质量发展和高水平安全的良性互动。

（一）构建国家安全新格局是中国式现代化推进的重要保障

1. 奠定更为有力的基石

在当今世界,要认清国家安全形势,维护国家安全,以立足国际秩序大变局、防范风险、我国发展重要战略机遇期为出发点,[7] 做到把握规律、统筹谋划、战略布局,形成"政治制度保证—思想意识引领—价值理念正确—体系能力完善"的安全架构模式。

应进一步坚持和巩固中国共产党的领导地位,防范化解党的建设面临的风险,将政治安全始终放在首要位置,确保制度不被动摇、意识形态不被颠覆,筑牢推进现代化建设的政治根基;强化思想政治引领,推进理念的不断丰富和完善,以总体国家安全观为根本遵循,认识到从自我安全的局限走

进谋求合作安全的共赢,推动树立共同、综合、合作、可持续的全球安全观,构建普遍安全的人类命运共同体,以实施共建"一带一路"倡议、全球发展倡议、全球安全倡议作为重要的实践平台;贯彻正确的价值理念,以人民安全为宗旨,既站稳新时代国家安全的根本立场,又汇聚维护国家安全的基础性力量;国家安全体系和能力现代化下的构建,形成了系统完备、运行有效的国家安全制度体系,并运用法治思维、科学技术、基层基础等多方面的能力来塑造国家安全态势。这些努力坚定维护了国家主权、安全和发展利益,实现了国家长治久安。在此过程中,关键的国家安全要素成为推进中国式现代化的重要保障。

2. 创建更为广阔的空间

党的二十大报告总结了党和国家事业取得的历史性成就,其中一个重要部分就是维护国家安全,从国家安全和社会稳定两方面进行阐述,肯定了国家安全得到了全面加强,平安中国建设迈向更高水平。我国在政治、经济、意识形态等重点领域经受住各方面的风险挑战,制定通过《中华人民共和国香港特别行政区维护国家安全法》《反分裂国家法》《中华人民共和国反间谍法》等,有力回击了外部势力对我国内政的干涉;稳妥防范化解经济安全风险,历史性地解决了绝对贫困的问题,确保国家粮食安全,推动能源消费和供给革命,保障经济社会发展所需的资源持续、可靠和有效供给;推进关键核心技术攻关和自主创新,意识形态的凝聚力和引领力不断增强;有力应对海上侵权挑衅,维护南海大局稳定;建立健全公共安全体系,坚持和发展新时代"枫桥经验",促进社会和谐,维护公共安全和社会稳定;制定实施《生物安全法》,全链条构建生物安全风险防控和治理体系。[8]一系列生动的实践成果极大拓展了中国式现代化的战略空间,使我国不断获得新的发展动力,成功的经验使中国式现代化的道路更具有吸引力。

3. 对中国式现代化战略空间的维护和塑造

习近平总书记在总结党的百年奋斗"十大历史经验"中提到"坚持敢于斗争",党的二十大报告中也多次提到"斗争精神",这是我们中国共产党的鲜明特色,更是不断筑牢国家安全屏障的强大武器。斗争是解决矛盾和问题的重要手段。发扬斗争精神,敢于斗争,充分体现出我国迎难而上、主动作为,把维护国家安全的主动权掌握在自己手里的底线思维;而善于斗争中则进一步强调了斗争本领,即站在国家安全战略高度的全局谋划,增强塑造国家安全态势的能力,从维护和塑造的角度保障中国式现代化发展的战略空间。

(二)中国式现代化为构建国家安全新格局提供指引

1.丰富理论基础

推进中国式现代化是一项前无古人的开创性事业,必然会遇到各种可以预料和难以预料的风险挑战、艰难险阻,甚至惊涛骇浪。面对推进中国式现代化中可能遇到的国家安全问题,国家安全学应运而生。特有的中国安全问题、中国在世界变化格局中的独特地位,使中国国家安全学在科学研究中产生出一定的自为性和自主性,开始显现出一定的中国特色,即中国国家安全学的知识构造与中国的国家安全实践之间存在着二元张力。[9]

国家安全学的设立正是为了弥合这一张力,不断丰富中国式现代化下国家安全的学科体系、学术体系、话语体系。在学科体系上,国家安全学应完善以问题为导向的建构性、交叉性,加强对古今中外国家安全思想史及发展史、国家安全战略、国家安全治理、国家安全法治、国家安全技术的深度关注和深切思考,以"他向借力"的方式助推交叉学科优势的发挥。在学术体系上,开展对概念的判断、研究对象的指向,以及相关命题、推论、逻辑框架、案例分析、其他分支学科等内容的深入研究,形成系统的论述或较为确切的定义。在话语体系上,提升国家话语权,在破解西方国家安全价值理念和安全困境的难题上提供中国智慧,不再局限于国家安全与个人自由之争,提出中国话语体系下的统筹发展和安全;不再局限于对绝对安全的追求,构建人类命运共同体是实现自身安全和共同安全的最佳路径。

2.完善实践认识

中国式现代化勾勒了全面建成社会主义现代化国家总的战略安排、未来五年的主要目标任务,是全方位、各领域的现代化,必然涉及相关的安全问题。中国式现代化已进入战略机遇与风险挑战并存的关键时期,我们已经充分认识并重视截至目前涉及的 20 个具体重点领域及其相互之间的联系和转化效应。同时我们进一步认识到相对安全、去安全化、泛安全化等重要概念,我国不应以理论证明无法企及的"绝对安全"为国家安全的政策目标,以避免不计成本的安全投入,应统筹兼顾发展和安全的目标,增加有"有相对安全保障的发展成果"，[10]以此为中国式现代化的发展积累必要的资源要素，同时脱离"泛安全化"的陷阱，充分认识每个领域都有自身的安全问题。对上升到影响国家安全的问题，一定是经过统筹研判确定达到风险点，以触及国家利益、核心利益等为标准。人类社会面临的治理赤字、信任赤字、发展赤字、和平赤字等风险有增无减，安全问题的联动性、跨国性、多样性更加突出。[11]各种敌对势力从来没有停止对我国实施西化、分化的图谋，从来没有停止对中国共产党的领导和我国社会主义制度的颠覆破坏活动，妄图破坏我国政治安全稳定。[12]经济全球化遭遇逆流，大国博弈日趋激烈，使我国发展面对更多不利的外部环境。构建国家安全新格局已成为认识和应对实践领域中严峻挑战的必然要求。

四、推进中国式现代化进程下国家安全领域面临的挑战

现代化进程总是充斥着不平衡，发展与矛盾并存，这是现代化的典型特征。2014年4月15日，在中央国家安全委员会第一次会议上，习近平总书记对当前形势作出重要判断："当前我国国家安全内涵和外延比历史上任何时候都要丰富，时空领域比历史上任何时候都要宽广，内外因素比历史上任何时候都要复杂。"2019年5月，习近平总书记在主持召开推动中部地区崛起工作座谈会上指出："领导干部要胸怀两个大局，一个是中华民族伟大复兴的战略全局，一个是世界百年未有之大变局，这是谋划工作的基本出发点。"[13]这也是我们把握国际环境变化与国内环境变化的立足点，我们必须以国际环境和国内环境的视角分析所面临的挑战。

（一）国际环境：百年未有之大变局加速演进

国际战略格局深刻调整，历史虚无主义等错误思潮随时可能改头换面、卷土重来。同时，随着互联网新技术新应用的快速发展，网络意识形态安全的不可控因素、不可知变量显著增多，突出反映在以下几个方面。

1. 全球政治安全在大国博弈与地缘冲突下出现更多风险及不确定性

国际秩序面临诸多挑战，大国关系格局调整、地区秩序变革演进、周边安全形势日益复杂多变，以美国为代表的西方国家与中国之间的摩擦不断升级，美国在印太地区推出并实施"印太战略"，意图构建以遏制围困中国为

目标的政治安全和经济技术的地区网络体系,[14]试图以此煽动"中国威胁论",部分区域安全形势趋于紧张,地域冲突等热点问题难度增大,中国与周边国家在竞争、合作、对抗等多种关系中寻求平衡,对中国主动塑造安全环境的能力提出了新的考验。

2. 经济全球化遭遇逆流

单边主义、保护主义上升势头明显,科技竞争日趋激烈,世界经济复苏乏力和不平衡对中国经济高质量发展形成制约。拜登政府通过签署《芯片与科学法案》、设立对外投资审查机制等方式,意图在经济、科技领域与中国"脱钩断链"、筑"小院高墙",遏制中国高端技术的发展,中美贸易关系在摩擦和曲折中发展,美国制定贸易、数字等关键领域的规则和标准,服务建立排斥、孤立中国的亚太经济秩序,利用其在新兴的数据领域、人工智能领域的技术优势对中国进行遏制打压。

3. 国内价值与西方价值存在结构性矛盾

西方价值观宣扬"普世价值",将其作为意识形态领域斗争的武器,实际上就是推销西方的制度模式,妄图改变中国道路和中国制度,维护自身的霸权地位以及在国际社会中的话语权,使世界各国、各民族的发展道路和模式都以西方资本主义为标准,以否定和取代社会主义核心价值观。

气候变化和生存危机、国际能源和粮食危机、网络空间国家安全态势等非传统安全风险成为新兴安全挑战,在相互流动的时空区域内产生出不同程度的蔓延效应,并将在未来较长时间内成为影响国家安全的重要因素,加剧大国政治与冲突的不确定性。

(二) 国内环境:中华民族伟大复兴战略全局全面推进

党的二十大报告指出,中国共产党的中心任务就是以中国式现代化全面推进中华民族伟大复兴。我国社会结构发生深刻变化、利益格局深度调整,国内改革发展稳定任务更加艰巨、繁重,这一过程面临的挑战是全方位、各领域、深层次的,从中国式现代化五大特征的视角出发,可以进一步明确主要矛盾,聚焦重大问题分析的焦点。

1. 人口规模引发的连锁效应

国家统计局发布的《2022年国民经济和社会发展统计公告》显示,2022

年年末,全国人口达到 141 175 万人,[15] 人口规模巨大是我国的基础性特征,我国目前人口规模已超过现有发达国家人口的总和,相关问题的艰巨性和复杂性前所未有,[16] 最直观的就是涉及人口基数的就业、教育、医疗、住房等社会资源分配压力,以及人民群众多元化的安全需求对经济社会和资源环境承载能力造成的压力。

2. 经济收入的分配

这是人口规模巨大这一特征进一步显现的问题。首先,我国人均 GDP 仍处于较低水平,2022 年,中国人均 GDP 为 12 608 美元,排名世界第 63 位,体现了人口规模巨大所带来的强大的除数效应,增进人均国民收入,达到共同富裕的任务艰巨;其次,我国低收入群体规模庞大,弥合内部收入差距,实现共同富裕难度较大,[17] 以及反映在东西部地域之间、城乡之间的收入差距等,对维持社会公平和实现人民对美好生活的向往提出了更高要求。

3. 物质和精神的协调发展

物质体现经济基础,我国存在经济发展周期性、结构性的矛盾,产业升级、房地产、地方性债务以及中小企业等叠加、累积易形成系统性风险,粮食安全和重要农产品安全受到日趋严峻的环境约束,新兴社会风险日益增多,如何避免掉入"中等收入陷阱"是对我国执政能力的重大考验。一些西方价值观影响着我国社会发展,例如数字环境下网络舆情风险的凸显、理想信念教育的缺失、中华传统文化传承的断层,以及如何解决两者统筹推进、协调发展不平衡等问题。

4. 绿色发展

绿色发展不仅是中国式现代化的特征,而且是新发展理念的基本之义。环境问题已经成为影响群众幸福生活指数的重要因素,环境问题的突出同样引发了经济、社会领域不安全因素的连锁效应,包括我国能源体系对煤炭等化石能源的高度依赖,交通运输结构、用地结构、产业结构等布局的不合理性,以及保护生态环境理念教育的普及程度还远远不够等。

5. 开放与发展方式

对这一问题的分析,不单要从国内环境的视角出发,还应当以解决内外联动问题的思维方式去探讨。在错综复杂的国际环境中,我们面临着外部各种风险的冲击,对外开放水平总体上还不够高,用好国际和国内两个市场、两种资源的能力还不够强,这对我们坚持在维护世界和平与发展中谋求自身发展带来了巨大的挑战。如何始终保持战略定力、提升自主发展的优势与话语权,需要我国在不断对外开放与加强自我能力提升中找到合适的答案。

五、面临挑战,构建国家安全新格局的实践路径

习近平总书记指出:推进中国式现代化是一个系统工程,需要统筹兼顾、系统谋划、整体推进,正确处理好一系列重大关系,[18]并且重点强调了六个方面,习近平总书记对推进中国式现代化如何处理好六对关系的理论逻辑、思想理念以及实践探索的系统阐述,在作用于国家安全新格局的构建上同样具有深刻的指导意义,引领我们用系统思维、辩证思维的方式处理好在国家安全领域中显现出的六对关系,整体把握新时代新征程国家安全的战略部署,抓住战略机遇、有效应对风险挑战,以中国式立场自主探索高水平的安全道路。

(一)顶层设计与实践探索

坚持中国共产党的领导、坚持总体国家安全观作为构建国家安全新格局的顶层设计,发挥着强大的理论优势和实践功效,是以深刻洞察世界发展大势、精准把握时代发展脉搏、以人民为中心建立的体制机制以及明确的思想引领。顶层设计提供了方向指引,其站在战略的高度做出了系统的规划,使我们看得更广、想得更深、谋得更远。在推进国家安全的具体工作中,我们应充分认识到国际局势是风云变幻的,国内环境是复杂多变的,各种"黑天鹅""灰犀牛"事件随时都有可能发生,国家安全的工作不可能完全囊括在预先的规划判断中,如何将顶层设计的意图有效落实与执行,并随着实践进程中的探索而不断完善都是亟待解决的问题。

在体制机制上应建立完善党中央—地方党委—全体公民的全链条责任体系,在思想理念上建立完善总体国家安全观的引领国家安全专业教育—通识教育—在职教育—普适教育的系统教育体系有着现实需要的紧迫性和必要性。党的二十大强调坚持党中央对国家安全工作的集中统一领导,完善高效权威的国家安全领导体制,发挥中央国家安全委员的统领作用,而各

级党委（党组）是维护国家安全的责任主体，是具体抓落实、明确任务的关键环节，以保障公民和组织维护国家安全的权利、义务，形成维护国家安全的整体合力。应深入学习贯彻总体国家安全观，加强对国家安全学科体系、学术体系、话语体系的构建和完善，突出抓好领导干部这个"关键少数"，全面加强国家安全教育，增强全民国家安全意识和素养。

（二）战略与策略

战略的目标在于准确把握事物发展的必然趋势，在国家安全领域谋划战略目标、做出战略部署时，一定要有大视野、大格局，使制订实施的各项重大战略举措成为确保国家安全的强大支撑。2015年，中央政治局召开会议审议通过我国首个国家安全战略文本《国家安全战略纲要》（以下简称《纲要》），2021年，中央政治局召开会议审议《国家安全战略（2021—2025年）》，这是《纲要》时隔7年后党和国家第一部"国家安全战略"，其更加具体、翔实地谋划了国家安全，明确了政治安全、经济安全、社会安全、科技安全、新型领域安全等重点领域，并指出其中的重点任务，更好适应了近年来国际国内安全形势新变化、新挑战，为加快构建新安全格局明确了重点、指明了方向。[19]与此同时，在战略方向明确的情况下，我们同样应当注重发挥策略的灵活性，不断提升配合战略实施的各项具体方式方法，重点体现在对国家安全工作中的五大要素、五个统筹、十个坚持的落实，在统筹传统安全和非传统安全中加强对20个国家安全重点领域的深刻把握，充分认识安全领域相互交织的现实挑战，全力打造能够使战略与策略内在一致、彼此联动、深度契合的长效机制。

（三）守正与创新

守正意味着不迷失方向，不犯颠覆性错误，坚持独立自主，从中国实际出发，毫不动摇地走中国特色国家安全道路，这是建立在中国特有的基本国情、文化传统、历史命运、民族特点基础之上的，是有着不同于世界其他国家安全发展道路的理论和实践的本和源、根和魂，本质上就是中国特色社会主义道路在国家安全上的具体体现，目标在于实现中华民族的伟大复兴，实现人民安全、政治安全、国家利益相统一。捍卫国家主权、安全和发展利益，尤其强调要保障人民利益这一根本政治立场,拥有维护国家安全的强大力量是我们取得胜利的重要保障。同时在面对解决国家安全重大理论和实践问题时,我们必须具有创新意识,积极识变、应变、求变,党的二十大报告将推进国家安全体系和能力现代化以专章方式列出,从健全国家安全体系、增强维护国家安全能力、提高公共安全治理水平、完善社会治理体系四个方面进行了全面系统的阐述,强调以新安全格局保障新发展格局。"新"字的意义就在于要顺应环境形势的变化,着眼于以问题为导向,寻求新的思路和办法,不断丰富理论、组织、战略保障、法律法规、危机管控、风险监测等体系的更新和完善,不断提升情报报送、防范化解重大风险、海外安全保障等能力。

（四）效率与公平

国家安全新格局既有在国家安全工作中提升效率的现实需求,更有实现效率的领导体制以及社会主义制度的优势保障。当前中国面临的安全形势日益复杂,不确定突发事件的发生呈现上升态势,建立快速敏锐的反应机制以及应急处突的实战能力显得尤为重要。国家安全协调机制的建设体现在各方面,应切实加强我国情报工作能力,构建跨领域跨部门的大情报体系,形成上下贯通、运转流畅、反应灵敏的工作体制;完善国家安全风险监测预警体系,及时跟踪掌握有关信息,在各领域国家安全风险发生蔓延并传导之前,及时采取有效响应措施;努力提高危机管控水平,增强前瞻性、预见性,实现快捷高效、符合现代化社会处理危机的模式,并进一步将国家安全协调机制覆盖至20个重点领域,提升各个领域在应对国家安全风险时采取有力措施的能力。

国家安全工作在注重效率的同时关注公平,着力解决人民群众反映强烈的安全问题,努力形成效率与公平兼顾、促进统一的动态性平衡关系,并着眼于安全生产、食品药品安全、防范重特大自然灾害等各个方面,从保障每一位公民安全利益的角度出发,做好维护社会稳定的工作,让人民群众享有被平等保护的权利。

（五）活力与秩序

将活力与秩序的关系放在构建国家安全新格局的领域下思考,强调的是统筹发展和安全、动态平衡两者之间的关系。活力主要涉及经济社会的可持续发展问题,改革、发展、稳定是我国社会主义现代化建设的三个重要支点。改革是经济社会发展的强大动力;发展是解决一切经济社会问题的关键;稳定是改革发展的前提。这就要求我们必须牢牢贯彻把握新发展理念,以创造性思维积极解决发展动力与发展平衡、人与自然关系与内外联动等各种可能会影响国家安全的问题,主动思考、长远谋划,在体制、机制、手段上的不断创新,充分调动全社会参与创造的活力。而秩序则主要关注的是确保中国特色社会主义行稳致远的问题,坚持稳中求进的工作总基调。构建新发展格局要以守住安全发展为底线,在发展过程中更多统筹安全因素,推动国家安全责任制的分解落实,形成协同高效、法治思维、科技赋能、基层治理的安全秩序。

(六)自立自强与对外关系

将国内安全和国际安全、自身安全和共同安全、传统安全和非传统安全一体化统筹推进,不断完善国家安全制度体系,提高运用科学技术保障国家安全的能力,从根本上说,只有自身安全体系和能力构建并完善、确保国内安全处于相对稳定的状态,才能应对国际环境带来的严峻挑战,进行有理有节的斗争。同时面对错综复杂的国际环境,应在国际安全领域积极主动作为,建立以"国际法为基础的国际秩序"、确认以《联合国宪章》为基础和核心的国际法是调整国际关系的权威规则体系、推动建立更加公正合理的国际秩序的时代要求。[20]我们应继续维护联合国的权威以及联合国宪章的宗旨和原则,坚定践行多边主义。中国提出的"一带一路"倡议、全球发展倡议、全球安全倡议等都得到了国际社会的高度认同,为全球应对发展和安全挑战提供了公共产品。未来,我国应继续推动树立共同、综合、合作、可持续的全球安全观,积极塑造外部安全环境,完善全球安全治理体系,加强安全领域合作,引导国际社会共同维护国际安全,建立公正合理的国际新秩序,共同构建普遍安全的人类命运共同体。

六、结语

全面建设社会主义现代化国家、实现中华民族伟大复兴,是中国共产党团结带领中国人民一直以来的奋斗目标与使命任务,同样我们应深刻认识到,在推进中国式现代化的进程中,我们仍面临着各种不可预料的风险挑战,维护国家安全的任务繁重而艰巨。构建国家新安全格局正是从中国式现代化的视角去理解国家安全现代化的内涵和特征要义,深度分析两者之间的辩证关系,剖析在中国式现代化的背景下国家安全面临的国际国内形势,并将习近平总书记提出的处理中国式现代化重要关系的思想理念、方式方法运用于构建国家安全新格局之上,使中国式现代化与构建国家安全新格局在运行机理和实践路径上共益相生,切实做到以新安全格局保障新发展格局,不断开创国家安全工作新局面。

参考文献

［1］赵义良:《中国式现代化与中国道路的现代性特征》,《中国社会科学》2023年第3期。

［2］赵义良:《中国式现代化与中国道路的现代性特征》,《中国社会科学》2023年第3期。

［3］臧峰宇:《马克思的现代性思想与中国式现代化的实践逻辑》,《中国社会科学》2022年第7期。

［4］中共中央宣传部、中央国家安全委员会办公室:《总体国家安全观学习纲要》,学习出版社、人民出版社2022年版,第1页。

［5］中共中央宣传部、中央国家安全委员会办公室:《总体国家安全观学习纲要》,学习出版社、人民出版社2022年版,第10页。

［6］肖晞:《中国国家安全学的自主知识体系探索》,《世界经济与政治》2022年第7期。

［7］中共中央宣传部:《习近平新时代中国特色社会主义思想学习纲要》,学习出版社、人民出版社2019年版,第180页。

［8］钟安:《深入把握新时代国家安全伟大成就》,《求是》2022年第10期。

［9］廉睿、李汉男、金立:《构建中国特色国家安全学:学科、学术与话语》,《情报杂志》2021年第11期。

［10］张宇燕、冯维江:《新时代国家安全学论纲》,《中国社会科学》2021年第7期。

［11］中共中央宣传部、中央国家安全委员会办公室:《总体国家安全观学习纲要》,学习出版社、人民出版社2022年版,第135页。

［12］中共中央宣传部:《习近平新时代中国特色社会主义思想学习纲要》,学习出版社、人民出版社2019年版,第181页。

［13］习近平:《习近平谈治国理政》(第3卷),外文出版社2020年版,第77页。

［14］邹治波、肖河:《大国博弈和地缘冲突中的全球政治安全》,张宇燕:《全球政治与

安全报告(2023)》,社会科学文献出版社 2023 年版,第 2 页。

[15] 王萍萍:《人口总量略有下降,城镇化水平继续提高》,http://www.stats.gov.cn/xxgk/jd/sjjd2020/202301/t20230118_1892285.html,最后访问日期:2023 年 10 月 26 日。

[16] 习近平:《高举中国特色社会主义伟大旗帜,为全面建设社会主义现代化国家而团结奋斗——在中国共产党第二十次全国代表大会上的报告》,人民出版社 2022 年版,第 22 页。

[17] 吕瑛、王莹莹:《深刻把握"人口规模巨大的现代化"的特征和要求》,https://theory.southcn.com/node_984f8c35bf/21b2bed476.shtml,最后访问日期:2023 年 10 月 27 日。

[18] 习近平:《推进中国式现代化需要处理好若干重大关系》,《求是》2023 年第 19 期。

[19] 谢波:《新时代完善国家安全战略体系的逻辑进路》,https://www.cssn.cn/gjaqx/202307/t20230724_5669971.shtml,最后访问日期:2023 年 10 月 24 日。

[20] 蔡从燕:《论"以国际法为基础的国际秩序"》,《中国社会科学》2023 年第 1 期。

总体国家安全观指引下推进新时代国家安全体系和能力现代化的三重逻辑

谢 波 曹亚男*

摘要： 党的二十大报告第 11 部分专章对国家安全做出阐述，提出"推进国家安全体系和能力现代化，坚决维护国家安全和社会稳定"，彰显出总体国家安全观指引下深刻的战略逻辑、制度逻辑、善治逻辑。在中华民族伟大复兴战略全局中谋划国家安全，贯穿统筹发展和安全治国理政重大原则，强调对安全风险的防范化解，体现了战略逻辑；在加快重点领域和重大事项"制度化"，推进国家安全法治、战略、政策等多方面"体系化"的同时，注重国家安全政策制度落地实施的"机制化"，体现了制度逻辑；在明确国家安全和社会稳定关系的基础上，融入善治精神目标，体现了善治逻辑。这三重逻辑对推进新时代国家安全体系和能力现代化具有重大指导意义。

关键词： 总体国家安全观；党的二十大报告；国家安全体系和能力；现代化；新时代

国家安全是民族复兴的根基，社会稳定是国家强盛的前提。[1]党的二十大报告第 11 部分独立成章对"国家安全"作出深刻阐述，明确了新时代新征程国家安全工作的目标任务。习近平总书记在二十大报告中指出："必须坚定不移贯彻总体国家安全观，把维护国家安全贯穿党和国家工作各方面全过程，确保国家安全和社会稳定。"[2]这些重要论述强调了推进国家安全体系和能力现代化的紧迫性和重要性，对维护国家安全和社会稳定做出了全

---

* 谢波，西南政法大学国家安全学院副院长、副教授，法学博士；曹亚男，西南政法大学总体国家安全观研究院助理研究员。

面部署,回应了第二个百年新征程上国家安全工作的目标任务、重点内容等重大课题。进入新时代,推进国家安全体系和能力现代化的提出立足"两个大局",彰显出深刻的战略逻辑、制度逻辑和善治逻辑,具有重大指导意义。

一、推进国家安全体系和能力现代化的战略逻辑:从战略全局把握安全

在治国理政意义上,战略问题带有全局性、根本性,是一个政党和国家必须高度重视的问题。国家安全战略正是筹划和指导国家安全工作的总体构想,其立足全局对国家安全做出谋划,既是治国安邦的重要组成部分,也是维护国家安全的科学指南。党的二十大报告首次在党的全会文件中将"推进国家安全体系和能力现代化,坚决维护国家安全和社会稳定"作为一个独立部分进行系统阐述,[3]充分体现了国家安全的重要性和党对国家安全的战略考量。2015年,中央政治局审议通过我国第一部国家安全战略文本——《国家安全战略纲要》,其对国家安全作出顶层设计的系统规划,从战略上为维护新时代国家安全提供了有力支撑。① 2021年,中央政治局又审议《国家安全战略(2021—2025年)》,进一步强调维护国家安全要树牢总体国家安全观,必须做到"五个坚持",②加快构建新安全格局。其中,所彰显的战略宏图在二十大报告中得到呈现和进一步丰富发展。

(一)在中华民族伟大复兴战略全局中谋划国家安全

首先,新时代我国发展面临的国际国内形势依然严峻。进入新时代的中国从大国走向强国,国际地位与发展水平发生了历史性变化,[4]从中华民族伟大复兴的战略全局看,我们正处在一个非常关键的时期,这一时期国内经济转型与社会转轨相耦合,改革进入"攻坚期""深水区",[5]各种社会问题凸显叠加,社会主要矛盾出现了根本性变化。我国经济社会飞速发展,其在不断满足人民群众物质文化需求的同时,也使人民群众越来越关注更高层

---

① 进入新时代,在党中央集中统一领导下,我国先后制定了 2015 年《国家安全战略纲要》、2016 年《国家网络空间安全战略》、2021 年《国家安全战略(2021—2025年)》,这些国家安全战略对国家安全做出了战略谋划和顶层设计,为开展国家安全工作提供了方向指南。

② 这"五个坚持"分别是:坚持党的绝对领导、坚持捍卫国家主权和领土完整、坚持安全发展、坚持总体战和坚持走和平发展道路。

次的安全环境；国际各种敌对势力与霸权主义企图干涉阻挠中华民族伟大复兴的进程，目前我国的国际地位虽有提升但"将强未强"，前进的道路上仍然充满重大风险。这些来自内部、外部不同领域的安全风险相互交织、高度联动，必须高度警惕，防止引发系统性安全风险。[6]

其次，只有国家安全才能保障民族复兴之路。我们党始终牢记建党的初心和使命，将有效维护国家安全作为不懈追求的目标。习近平总书记在党的二十大报告中庄严宣告："从现在起，中国共产党的中心任务就是团结带领全国各族人民全面建成社会主义现代化强国、实现第二个百年奋斗目标，以中国式现代化全面推进中华民族伟大复兴。"[7]虽然当前我国比任何时候都更加接近中华民族伟大复兴的宏伟目标，但是我们应看到实现目标的过程面临着诸多风险挑战，必然历经艰辛曲折，此时必须要以强有力的国家安全为保障。也是在此意义上，国家安全体系和能力现代化与中国式现代化相互契合、一脉相通，前者可以说是后者的"国家安全版"。党的二十大报告中 91 次出现"安全"一词，且以专章形式对推进国家安全体系和能力现代化做出论述，正是站在全局和战略高度认识把握国家安全和社会稳定地位的必然逻辑。

（二）在统筹发展和安全的重大治国理政原则下把握国家安全

发展和安全如同车之两轮、鸟之两翼，两者间具有深刻的辩证关系，必须始终坚持以总体国家安全观为指引，在系统思维下进行有效统筹。党的十九大报告首次通过党的全会文件在述及总体国家安全观时增加"统筹发展和安全"，并将其上升为党治国理政的"重大原则"。[8]党的十九届五中全会通过《中共中央关于制定国民经济和社会发展第十四个五年规划和二〇三五年远景目标的建议》（简称《建议》）第一次以专章形式对"统筹发展和安全"做出战略部署，并将其作为十四五时期我国经济社会发展的指导思想。[9]党的二十大报告针对国家安全提出新"五个统筹"，与之前不同的是，未把"统筹发展和安全"列入其中，①但这并不意味着它不重要，而是党的十

---

① "五个统筹"是总体国家安全观的核心内涵之一，党的十九届六中全会《中共中央关于党的百年奋斗重大成就和历史经验的决议》中提出的"五个统筹"为：统筹发展和安全、统筹开放和安全、统筹传统和非传统安全、统筹自身和共同安全、统筹维护和塑造国家安全。党的二十大报告中的"五个统筹"为：统筹外部和内部安全、统筹国土和国民安全、统筹传统和非传统安全、统筹自身和共同安全、统筹维护和塑造国家安全，其中前两个统筹的表述有所变化。

九大报告已经将统筹发展和安全作为党治国理政的一个重大原则,将统筹发展和安全上升为更具统摄性的上位原则。党的二十大报告 3 次提及统筹发展和安全,除在第 11 部分强调:"提高各级领导干部统筹发展和安全能力"外,[10] 还在第 1 部分阐述新时代 10 年的伟大变革和第 3 部分提出坚持发扬斗争精神,足以说明发展和安全是事关全局的两件大事,统筹发展和安全是贯穿党和国家事业发展全过程的。

党的二十大报告首次明确"以新安全格局保障新发展格局",[11] 同样蕴含着统筹发展和安全的重大原则理念。"新安全"和"新发展"这两个"新"格局紧密相关,而新安全格局只有与新发展格局相匹配,才能在新发展阶段真正构建起高质量发展和高水平安全良性互动,以及国家安全和社会稳定相互支撑的新安全格局。党的二十大报告的这一重要论述,确定了新征程上国家安全将以构建新安全格局为统领,以高水平安全保障高质量发展。党的二十大报告还提出"确保粮食、能源资源、重要产业链供应链安全",强调"提高防灾减灾救灾和重大突发公共事件处置保障能力""提高市域社会治理能力""加强个人信息保护"等,[12] 这些重要论述从国家安全和社会稳定角度回应了新时代社会主要矛盾转化背景下,人民群众最现实、最迫切的安全需求,其背后蕴含着对战略全局的深刻考量。

二、推进国家安全体系和能力现代化的制度逻辑:以制度机制保障安全

在现代社会中,制度作为上层建筑的有机组成部分,是维护国家安全、实现社会秩序的重要保障。特别是进入新时代后,全面依法治国纵深推进,在国家治理体系和治理能力建设中法治的作用愈发关键,乃"制度之治最基本最稳定最可靠的保障"。[13] 而作为总体国家安全观核心要义之一的"坚持推进国家安全体系和能力现代化"包括"加强法治思维,构建系统完备、科学规范、运行有效的国家安全制度体系"等重要内容。[14] 制度本身所具有的长期性、稳定性等特点与国家安全之内涵高度契合,而完备的国家安全制度体系则构成国家安全体系的关键内容。因此,国家安全迈向制度化、法治化,不仅是推进中国式现代化的重要保障,而且是维护国家安全和社会稳定的时代之需。党的二十大报告第 11 部分同样包含"法治""体系""体制""制度""机制"等字眼,这些重要论述背后蕴含着深刻的制度逻辑。

（一）加快重点领域和重大事项的"制度化"

良法是实现善治的前提条件,完备的国家安全法律制度是国家安全现代化的基础。过去 5 年,在党中央集中统一领导下,我们坚持总体国家安全观,在生物安全、出口管制、香港特别行政区维护国家安全、数据安全、反外国制裁、个人信息保护、反有组织犯罪、反电信网络诈骗等重点领域和重大事项上加快推进立法,与此同时,还强化了国家安全领域的党内法规建设,例如 2018 年通过《党委（党组）国家安全责任制规定》、2021 年出台《中国共产党领导国家安全工作条例》等。这一系列法律法规的制定充分体现了"健全国家治理急需的法律制度、满足人民日益增长的美好生活需要必备的法律制度"的全面依法治国新要求,[15] 从制度层面为维护国家安全和社会稳定提供了全面系统的保障。进入新时代,国家安全面临更加严峻复杂的新形势,其内涵外延、时空领域、内外因素均发生着深刻变化,国家安全重点领域和新型领域不断拓展,这些领域无疑都将成为国家安全的重要阵地和战场。在新征程上,我们必须根据党的二十大报告精神,在重大基础设施、金融、太空、海洋、海外利益、应急管理等重点和新型领域加强制度化、法治化建设,进一步健全完善国家安全重点领域安全保障体系和重要专项协调指挥体系,更加有效地防范、化解和管控重大风险隐患,不断增强塑造国家安全的能力,努力推动建设平安中国。

（二）推进国家安全法治、战略、政策等更多方面的"体系化"

所谓"体系",是指一定范围内或同类事物相互关联而组成的一个整体,其具有整体性、模块化、动态性等显著特点。党的二十大报告在第 11 部分中数次提及"体系"一词（共涉及 12 类体系）,涉及内容十分丰富,包括国家安全法治体系、战略体系、政策体系、风险监测预警体系、国家应急管理体系、重点领域安全保障体系、重要专项协调指挥体系、国家安全防护体系、公共安全体系、生物安全监管预警防控体系、城乡社区治理体系等多项具体内容（见表 1）。有学者指出,防范和治理不同安全风险交杂形成的"风险综合体",需要国家在安全方面进行系统性投入,而指向国家安全体系和能力现代化的治理安排及顺利运转的相关投入则是其中最重要的一类安全投入。[16]可以说,党的二十大报告对国家安全体系的强调也体现了这一点,相关内容贯通国家安全和社会治理两大方面,有着同步维护国家安全和社会稳定的鲜明目标导向。

表1　党的二十大报告第11部分中的"体系"分布

国 家 安 全 体 系	公共安全和社会治理体系
国家安全法治体系	公共安全体系
国家安全战略体系	
国家安全政策体系	
风险监测预警体系	生物安全监管预警防控体系
国家应急管理体系	
重点领域安全保障体系	
重要专项协调指挥体系	城乡社区治理体系
经济、重大基础设施、金融、网络、数据、生物、资源、核、太空、海洋等安全保障体系	
国家安全防护体系	

实际上,就国家安全法治、战略、政策而言,党的十九届五中全会和十九届六中全会在强调国家安全体系和能力建设时,已提出健全完善国家安全战略、政策、法治、人才等相关体系。当前,我们在国家安全法治方面已制定颁布了多部重要领域立法;在战略体系方面形成了专业化、层次化、系统化的国家安全战略,同时将党的绝对领导原则精神体现至国家安全政策体系构建之中。在此基础上,党的二十大报告对这些体系进一步做出了丰富与拓展,科学回应了将国家安全和社会稳定相结合的安全治理目标设计,将更有利于在党和国家工作各方面全过程中贯穿维护国家安全,打造一个追求目标统一、各体系相互影响、共同作用的"大安全"体系,在新时代新征程中实现从整体上对各领域国家安全事务进行统筹规划,有效应对国家安全风险挑战。

（三）注重国家安全政策制度落地实施的"机制化"

如果说政策制度侧重相对宏观的规范建构，机制则更强调微观，侧重于组织运行。正如学者所指出，如果把"体系"比作"身体"，那么，"机制"就是"骨骼"，具有动态灵活性。[17]针对国家安全机制建设，党的二十大报告提出"完善参与全球安全治理机制""强化国家安全工作协调机制""健全反制裁、反干涉、反'长臂管辖'机制""完善正确处理新形势下人民内部矛盾机制"等4类机制。这些国家安全机制与国家安全政策制度相兼容和配套，可以为国家安全政策制度的实施提供更具操作性的机制保障（见表2）。

表2　党的二十大报告提出的国家安全机制与国家安全思想、政策制度的对应关系

总体国家安全观	
党的二十大报告提出的国家安全机制	国家安全理念、政策与制度
参与全球安全治理机制	全球安全观、人类命运共同体等理念；《全球数据安全倡议》《全球发展倡议》《全球安全倡议》等文件内含相关政策
国家安全工作协调机制	《国家安全法》有关国家安全工作机制建设相关规定（例如第45、51条）
反制裁、反干涉、反"长臂管辖"机制	《阻断外国法律与措施不当域外适用办法》（2021年商务部令）等部门规章；《反外国制裁法》等法律
正确处理新形势下人民内部矛盾机制	中共中央、国务院《关于加强基层治理体系和治理能力现代化建设的意见》（2021年4月28日）等政策文件；《信访工作条例》《国家安全法》（例如第29条）等法律法规

通过表2我们不难看出国家安全机制与国家安全理念、政策制度间的对应关系。例如，在政策上我们提出《全球数据安全倡议》《全球安全倡议》，就需要参与与之相关的全球安全治理机制，以保障其实施；还有《反外国制裁法》要顺利实施，在操作层面亦需健全完善的反制裁机制来保障。从党的二十大报告所提到的机制所涉内容看，其既立足中国，又放眼世界，关注国内社会主要矛盾的变化与中国在国际上面对的机遇、挑战，既聚焦当前国家安全热点问题，又把握社会治理焦点问题，将维护国家安全与社会稳定有机统一起来。这些机制的内涵与统筹外部和内部安全、自身和共同安全的总

体国家安全观精髓要义高度契合、一脉相通,从而使总体国家安全观包含了比以往更丰富的内容,可以说,这些重要论述的总体性、丰富性、科学性都是前所未有的。

三、推进国家安全体系和能力现代化的善治逻辑：凸显善治精神目标

在治理理论框架下,作为国家(社会)治理的一种理想状态,善治强调通过政府与公民间的合作互动实现对公共事务的"共同参与治理",这充分体现了公民社会与政治国家间之新型关系,其实质在于权力向社会的回归。在善治模式下,公共领域和私人领域间的界限被模糊,国家与社会依赖性更强,社会组织与私人部门将承担更多的责任。善治蕴含着更高层面的价值追求,其目的是实现公共利益在社会生活中的最大合理化。[18] 党的二十大报告对"国家安全""社会稳定"作出并列表述,又在第 11 部分用"和"字把两者结合起来,将国家安全作为"民族复兴的根基",把社会稳定视为"国家强盛的前提",摆正了"国家安全"与"社会稳定"间的客观关系,这既勾连了国家与社会,又反映出国家安全和社会稳定缺一不可、相互支撑、彼此依赖,而两者间的这种融贯关系正是善治的应有之义。

（一）"国家安全体系和能力"在政策表达中的位置变化呈现出善治逻辑

党的十九大报告较早出现"健全国家安全体系"的表达,该表达放在报告第 8 部分"提高保障和改善民生水平,加强和创新社会治理",此时国家安全并未在整个报告中以独立的专章形式呈现,而仅作为"社会治理"部分的一个方面;与此类似的是,党的十九届四中全会通过《中共中央关于坚持和完善中国特色社会主义制度,推进国家治理体系和治理能力现代化若干重大问题的决定》(简称《国家治理决定》),亦是在第 9 部分论及社会治理时提出"完善国家安全体系"。这些都是将"国家安全体系"摆在社会治理之下,属于社会治理的若干任务之一。然而,党的十九届五中全会通过的《建议》将国家安全体系和能力建设置于第 13 部分"统筹发展和安全,建设更高水平的平安中国"下,虽然在该部分内容中包括了确保国家经济安全、保障人

民生命安全、维护社会稳定和安全等其他几项任务，但此时已经开始将国家安全与社会稳定并列。值得注意的是，2021 年中央政治局召开会议审议《国家安全战略（2021—2025 年）》，除了对国家安全工作作出专门强调外，还提出维护社会安全稳定、注重基层基础等新要求。后来党的二十大报告在很大程度上延续了这种发展变化，在"推进国家安全体系和能力现代化"下包含社会治理的"提高公共安全治理水平""完善社会治理体系"等内容，将社会治理放到国家安全之下（见表 3）。

表 3   "国家安全体系和能力"在党的重要会议文件中所处的位置

时　间	党的重要会议文件	所　处　章　节	具　体　表　述
2016 年 12 月	中央政治局召开会议审议通过《关于加强国家安全工作的意见》	——	加强国家安全能力建设
2017 年 10 月	党的十九大报告	第 3 部分：新时代中国特色社会主义思想和基本方略	加强国家安全能力建设
		第 8 部分：提高保障和改善民生水平，加强和创新社会治理	健全国家安全体系
2019 年 10 月	党的十九届四中全会《国家治理决定》	第 9 部分：坚持和完善共建共治共享的社会治理制度，保持社会稳定、维护国家安全	完善国家安全体系
2020 年 10 月	党的十九届五中全会《建议》	第 13 部分：统筹发展和安全，建设更高水平的平安中国	加强国家安全体系和能力建设
2020 年 12 月	习近平主持中央政治局第二十六次集体学习，并发表讲话	第 9 点要求：就贯彻总体国家安全观提出 10 点要求（"十个坚持"）	坚持推进国家安全体系和能力现代化
2021 年 11 月 11 日	党的十九届六中全会《中共中央关于党的百年奋斗重大成就和历史经验的决议》	第 4 部分：开创中国特色社会主义新时代（第 11 点"在维护国家安全上"）	着力推进国家安全体系和能力建设

（续表）

时　间	党的重要会议文件	所 处 章 节	具 体 表 述
2021年11月18日	中央政治局召开会议审议《国家安全战略（2021—2025年）》	——	全面提升国家安全能力
2022年10月	党的二十大报告	第11部分：推进国家安全体系和能力现代化，坚决维护国家安全和社会稳定	推进国家安全体系和能力现代化；健全国家安全体系；增强维护国家安全能力

在党的政策话语体系中，从把国家安全体系和能力作为社会治理的一部分，到在国家安全体系和能力下阐述社会治理，这种"翻转式"的发展变化至少可以说明三个方面的问题：一是回应了进入新时代国家安全形势日益严峻复杂的客观现实，凸显在当前统筹"两个大局"的背景下，维护和塑造国家安全的特殊重要性；二是进一步拓展了推进国家安全体系和能力现代化的体系与能力建设范围，有助于"切换"看问题的方式，在国家安全中更好地理解和把握社会治理问题，提高维护国家安全和塑造国家安全态势的能力水平；三是公共（社会）安全作为国家安全的重点领域，其追求的一个重要目标是实现社会稳定，切实增强人民群众的安全感，而不管国家安全或社会稳定都依赖基层，必须将矛盾纠纷化解在基层，将和谐稳定创建在基层，夯实基层无疑同善治包含的合法性、透明性、责任性、回应性等要素是相契合的。

（二）推进国家安全体系和能力现代化中融入善治目标追求

广泛吸纳公民参与国家（社会）治理，乃善治的基本要义。[19]党的二十大报告将善治所追求的公民参与式治理下社会安定有序、人民安居乐业的目标，深度融入到推进国家安全体系和能力现代化之中，具体体现在以下两个方面。

一是在"人民"成为党的二十大报告高频词汇的同时（出现105次），作为新时代国家安全根本立场的"坚持以人民安全为宗旨"在党的二十大报告中再次被强调，[20]深刻体现"一切为了人民"的国家安全善治目标追求，[21]特别是党的十八大以来中国特色社会主义进入新时代，我国社会主要矛盾发生深刻变化,由改革开放和社会主义现代化建设时期"人民日益增长的物质文化需要同落后的社会生产之间的矛盾"(1981 年十一届六中全会正式提出),转化为进入新时代以后"人民日益增长的美好生活需要和不平衡不充分的发展之间的矛盾"(党的十九大报告正式提出)。社会主要矛盾的实质性转化对发展和安全均产生了重大而深远的影响,只有在新发展理念下准确把握新发展阶段的新特征新要求,才能真正构建新发展格局,而在新发展格局下,安全在人民对美好生活的向往中的分量会变得越来越重,此时无疑需要着眼于人民群众对安全的迫切需求,不断健全完善社会治理体系,提高公共安全治理能力,以新安全格局保障新发展格局,建设更高水平的平安中国。

二是国家安全必须一切依靠人民,为善治所强调的公民"参与性"、聚合各方力量的"开放性"等要求同样在党的二十大报告中得到了淋漓尽致的体现。例如,"增强全民国家安全意识和素养,筑牢国家安全人民防线""发展壮大群防群治力量""及时把矛盾纠纷化解在基层"表明了维护国家安全和社会稳定重心在基层,力量也在基层,要筑牢国家安全和社会稳定的基层基础,把人民群众作为国家安全和社会稳定的基础性力量,充分发挥其参与治理的能动性、创造性。又如,在社会治理制度健全中"共建共治共享"、社会治理共同体建设中人人"有责""尽责""享有"等重要论述,也都清楚展现了汇聚维护国家安全和社会稳定强大力量,实现国家和社会共治的一面。

四、结语

党的十八大以来,面对复杂多变的国内国际环境,我国始终坚持总体国家安全观,不断完善国家安全领导体制,健全国家安全战略、政策、法治、人才与教育体系。当前"两个大局"相互交织、深度互动,这无疑对新时代推进国家安全体系和能力现代化、维护国家安全和社会稳定提出了更高层次的考验。党的二十大报告关于国家安全的重要论述,奠定了新时代新征程国家安全工作的总基调,清晰彰显了推进国家安全体系和能力现代化的战略逻辑、制度逻辑和善治逻辑,具有重大理论和实践意义。作为一个中国特色社会主义大国,我们在第二个百年新征程上应全面贯彻落实党的二十大报告精神,以总体国家安全观为指导,把国家安全体系和能力现代化推向前进,以新安全格局保障新发展格局,在危机中育先机、于变局中开新局,为确保国家安全和社会稳定营造良好的内外环境。

参考文献

[1] 习近平:《高举中国特色社会主义伟大旗帜,为全面建设社会主义现代化国家而团结奋斗——在中国共产党第二十次全国代表大会上的报告》,人民出版社 2022 年版,第 52 页。

[2] 习近平:《高举中国特色社会主义伟大旗帜,为全面建设社会主义现代化国家而团结奋斗——在中国共产党第二十次全国代表大会上的报告》,人民出版社 2022 年版,第 52 页。

[3] 习近平:《高举中国特色社会主义伟大旗帜,为全面建设社会主义现代化国家而团结奋斗——在中国共产党第二十次全国代表大会上的报告》,人民出版社 2022 年版,第 52 页。

[4] 张蕴岭:《百年大变局:世界与中国》,中共中央党校出版社 2019 年版,第 207—208 页。

[5] 习近平:《关于〈中共中央关于全面推进依法治国若干重大问题的决定〉的说明》,《人民日报》2014 年 10 月 29 日,第 2 版。

[6] 全国干部培训教材编审指导委员会:《全面践行总体国家安全观》,党建读物出版社、人民出版社 2019 年版,第 3 页。

[7] 习近平:《高举中国特色社会主义伟大旗帜,为全面建设社会主义现代化国家而团结奋斗——在中国共产党第二十次全国代表大会上的报告》,人民出版社 2022 年版,第 21 页。

[8] 中共中央宣传部、国家发展和改革委员会:《习近平经济思想学习纲要》,人民出版社、学习出版社 2022 年版,第 140 页。

[9] 马宝成:《统筹发展和安全 筑牢国家安全屏障》,《中国党政干部论坛》2020 年第 12 期,第 41—45 页。

[10] 习近平:《高举中国特色社会主义伟大旗帜,为全面建设社会主义现代化国家而团结奋斗——在中国共产党第二十次全国代表大会上的报告》,人民出版社 2022 年版,第 53 页。

[11] 习近平:《高举中国特色社会主义伟大旗帜,为全面建设社会主义现代化国家而团结奋斗——在中国共产党第二十次全国代表大会上的报告》,人民出版社 2022 年版,第 52 页。

[12] 习近平:《高举中国特色社会主义伟大旗帜,为全面建设社会主义现代化国家而团结奋斗——在中国共产党第二十次全国代表大会上的报告》,人民出版社 2022 年版,第 52 页。

[13]　习近平:《推进全面依法治国,发挥法治在国家治理体系和治理能力现代化中的积极作用》,《求是》2020第22期,第4—7页。

[14]　《习近平主持中央政治局第二十六次集体学习并讲话》,http://www.gov.cn/xinwen/2020-12/12/content_5569074.htm,最后访问日期:2022年11月10日。

[15]　习近平:《论坚持全面依法治国》,中央文献出版社2020年版,第4页。

[16]　张宇燕、冯维江:《新时代国家安全学论纲》,《中国社会科学》2021年第7期,第140—162页。

[17]　王宏伟:《国家安全体系和能力现代化研究》,中国人民大学出版社2022年版,第122页。

[18]　俞可平:《治理与善治》,社会科学文献出版社2000年版,第8页。

[19]　王建国、刘小萌:《善治视域下公民参与的实践逻辑》,《河南师范大学学报(哲学社会科学版)》2019年第3期,第22—29页。

[20]　习近平:《高举中国特色社会主义伟大旗帜,为全面建设社会主义现代化国家而团结奋斗——在中国共产党第二十次全国代表大会上的报告》,人民出版社2022年版,第52页。

[21]　《习近平主持中央政治局第二十六次集体学习并讲话》,http://www.gov.cn/xinwen/2020-12/12/content_5569074.htm,最后访问日期:2022年11月10日。

国家安全治理法治化的理论意涵[*]

周鸿雁^{**}

摘要： 国家安全治理现代化的过程是一个法治化的过程，国家安全治理法治化是推进国家安全治理体系和治理能力现代化的必然要求。在总体国家安全观指引下，我国国家安全治理体系围绕"谁治理""治理什么"和"怎样治理"途径建立，并沿着国家安全治理法治化的方向不断发展。国家安全治理的核心在于"治理"，全球安全治理理论把治理观念引入了国家安全领域，推动了国家安全治理理论的发展。国家安全治理的法治化既是将一切国家安全工作纳入法治轨道的过程，也是国家安全治理模式转型的过程，主要表现为治理体系的制度化、治理形式的常态化和治理方式的规范化。

关键词： 国家安全；治理；国家安全法治；国家安全治理现代化

国家安全治理法治化既是推进国家治理体系和治理能力现代化的重要内容，也是其有力保障。2017年9月，习近平总书记在国际刑警组织第八十六届全体大会开幕式上首次提到"安全治理"，并且强调要"运用先进的理念、科学的态度、专业的方法、精细的标准提升安全治理效能，着力推进社会治理系统化、科学化、智能化、法治化"。[1] 2022年10月，习近平总书记在党的二十大报告中将"国家安全体系和能力全面加强，基本实现国防和军队现代化"作为2035年我国发展的总体目标之一，把"完善国家安全法治体系"作为推进国家安全体系和能力现代化的重要环节，[2] 凸显了法治在国家安

* 本文系教育部哲学社会科学研究重大课题攻关项目"中国国家安全法治建设研究"（项目批准号：16JZD012)的阶段性成果。

** 周鸿雁，武汉大学法学院硕博连读生。

全治理现代化建设中的重大意义。

国家安全治理现代化的过程是一个法治化的过程。法治化作为国家治理现代化的评价尺度和标准,[3]既是国家安全治理发展的必然结果,也是中国国家治理体系和治理能力现代化的实践要求。当前,我国发展进入战略机遇和风险挑战并存、不确定难预料因素增多的时期,国内外安全形势复杂严峻,各种安全风险和安全挑战层出不穷。为了贯彻落实总体国家安全观,加快国家安全法治建设,必须深入理解国家安全治理法治化的理论内涵,把握法治与国家安全治理现代化的关系,更好推进国家安全治理体系和治理能力现代化。

现有围绕国家安全治理问题的研究已取得初步成果,但关于国家安全治理法治化的理论基础有待完善。从理论构成来看,由于国家安全治理是一种将治理理念引入安全领域的跨学科性分析尝试,[4]公共管理学领域的治理理论与国际关系学领域的全球安全治理理论共同构成了国家安全治理的理论基础。把握国家安全治理法治化的理论内涵,需要回到“治理”的理论原点,理解何为国家安全治理,结合法治的理论探讨国家安全法治的基本内涵,分析总体国家安全观指导下国家安全治理法治化的基本表征。本文将沿着“治理—全球安全治理—国家安全治理”的理论路径,阐述国家安全治理法治化的理论内涵与主要特征,为推进国家安全治理体系和治理能力现代化提供理论支撑。

一、国家安全治理的理论基础

国家安全治理的核心在于“治理”,理论基础在于全球安全治理。国家安全治理需要遵循现代国家治理的一般原则和基本方法,包括国家安全治理目标、治理主体、治理方式和治理结构等方面。中国国家安全治理围绕“谁治理”“治理什么”和“怎样治理”等问题展开,并在推进国家治理体系和治理能力现代化的实践中不断发展。

（一）国家安全治理的核心：治理

中国传统政治思想中的国家治理通常指统治者的“治国理政”,即统治者治理国家和处理政务。西方的“治理”概念与中国传统定义有所区别,其原义为控制、引导和操纵,主要被用于与国家公共事务相关的管理活动和政治活动。20 世纪末,西方学者赋予"治理"以政府分权和社会自治的新含义,[5]将其作为一种广泛运用于社会经济等其他活动领域的管理机制。詹姆斯·罗西瑙将治理区别于政府统治,认为治理活动是一种由共同目标支持的活动,包含政府机制和非政府机制。[6]全球治理委员会在 1995 年《我们的全球之家》的研究报告中,将治理定义为或公或私的个人和机构管理共同事务的诸多方式的总和,是使相互冲突或不同利益得以调和,并采取联合行动的持续过程。[7]它有四个特征:一是治理是一个过程,而非一整套规则或一种活动;二是治理过程的基础不是控制,而是协调;三是治理既涉及公共部门,也包括私人部门;四是治理不是一种正式的制度,而是持续的互动。目前,公共管理学关于"治理"的概念仍具争议,但对一些观点达成了基本共识:治理不同于国家中心主义下以权力为导向的传统管理模式;治理是一种多主体、多层级、去中心化的政治管理过程;善治是治理的理想状态;主张用治理代替统治,从而实现公共利益最大化。治理的基本特征主要包括以下内容。

1. 在根本性质上,治理区别于统治

一般认为,治理和统治存在五方面的区别:一是权力主体不同,治理主体是多元的,统治主体则单一;二是权力性质不同,治理多为协商性的,统治是强制性的;三是权力来源不同,治理有国法也有软法,统治只有国法;四是权力运行向度不同,治理是多向的,而统治是由上到下的;五是两者作用所及的范围不同,治理作用于公共领域,而统治作用于政府权力范围。[8]治理和统治虽然都是一种政治管理的过程,最终目的也是维持政策的社会秩序,但从统治走向治理,既是现代民主、法治、平等价值的体现,也是人类政治发展的普遍趋势。

2. 在治理主体上,除了国家之外,公共机构、私人组织和公民个人都可以成为治理主体,并通过正式机制或非正式机制参与治理互动

人类社会长期以来主要由国家承担管理和协调经济生活与社会生活。随着市场经济的发展和公民社会的成熟,国家与社会的关系发生了调整,国家之外的力量被更多地强调,国家中心的地位可能在一定程度上被国家、社会和市场的新组合所替代。[9]在代议制民主国家中,治理结构呈现出多元

化、去中心化和多层次的特征：人民是最根本的治理主体，执政者及其国家机关代替人民主导实施治理行为，其他经济组织、民间社会组织则为参与主体。从统治到治理发展过程中，单一主体变为多元主体，民主和协作不断融入治理，这也有益于扩大公民参与，提升治理绩效。[10]

3. 在治理目标上，善治是国家治理的最终理想状态

善治是公共利益最大化的治理过程，其本质特征就是国家与社会的关系达到最佳状态。国家治理的最终目的是通过政府、市场与社会的相互协调以管理和促进资源的有效配置，并推动社会经济的持续、全面、均衡发展，从而满足社会成员的需求，[11]因此善治也是国家与公民社会协同治理公共事务的过程。按照政治学的一般理解，善治包含十个要素：合法性、法治、透明性、责任性、回应、有效、参与、稳定、廉洁和公正。[12]要实现善治的目标必须建立与社会经济发展、政治发展和文化发展要求相适应的现代国家治理体系，以宪法和法律作为公共治理的最高权威，推动公共权力运行的制度化和规范化，保障民主参与，提高制度运行效率和治理能力。

4. 在治理方式上，法治是现代国家治理的基本方式和重要保障

在国家政治权力运行层面，国家治理是通过国家立法、行政、司法等权力体系的整体运行来实现的。[13]法治作为国家公权力运行和实现的形式，强调秩序、公正、人权、效率等价值，以维护公平正义、保障国家和社会秩序稳定作为基础目标，是一种与人治、专制对立的治国理政方式。法治以"良法"和"善治"为内容，其追求的价值理念与国家治理目标一致。法治也意味着规则治理、制度治理与程序治理，以限制公权力、保障公民权利作为核心理念，要求国家公权力必须在宪法和法律的范围内行使。

需要强调的是，治理作为一种偏重于工具性的政治行为和治国方法，是没有阶级属性和意识形态区别的，它可以与各国不同政治体制相结合。国家治理模式不是只有西方模式，中国的国家治理现代化不等于西方化。习近平总书记指出："一个国家选择什么样的治理体系，是由这个国家的历史传承、文化传统、经济社会发展水平决定的，是由这个国家的人民决定的。"[14]我国与西方国家关于治理模式实际存在两套不同的话语体系，我国的国家治理是一种具有中国特色的国家治理模式，其历史来源、国家治理基本制度、国家治理机构组成、国家治理制度机制和基本手段与西方国家大不

相同。[15]因此,中国的国家治理不是"无需政府的治理",也不是西方所谓的"多一些治理,少一些统治",我们不能直接套用西方国家的治理模式。

(二)全球化进程中的国家安全治理:全球安全治理

国际关系学中的安全治理研究形成于全球化进程的国际安全实践,全球化进程为全球安全治理提供了实践土壤。"全球安全治理"兴起于国际安全研究领域,其背景为20世纪末全球化进程加深和冷战结束后,国际安全环境发生了重大变化,全球范围内的传统和非传统安全威胁和挑战不断增多,使得国际安全认知、安全管理体系以及政策安排发生了由"统治"到"治理"的变革。全球安全治理理论以治理理论为基本架构,将从国家层面的治理理论拓展至国际社会,以推动国家自身的安全治理走向全球安全治理。埃尔克·克拉曼在《安全治理的概念》一文中最早提出"安全治理"概念,用以解释冷战后欧洲与跨大西洋的安全管理模式和结构。她认为冷战后,由国家中心和两大多边组织(北约和欧安会)全盘掌管安全政策,转向为一种由国家和非国家行为体广泛参与的复杂的网络型安全管理安排。[16]随着全球安全治理理论的发展,在马克·韦伯的推动下,全球安全治理被定义为"一种由多种行为体参与的、权威分享的、协调性的管理模式",[17]即全球范围内一种由公共和私人部门协调、管理和规制的正式和非正式机制共同发生作用的管理模式。

全球治理理论认为,全球范围的安全治理与主权国家内部的治理有所区别。全球治理理论从观察全球生活的视角对国内治理进行扩展,其主张依托具有约束力的国际规则,建构一个依托于全球共同价值观的意向性秩序。[18]在其看来,全球治理主体超越了主权国家范围,治理主体间没有一个最高的权威,决策的制定和实施具有去中心化、合约性和非强制性,由此形成了一种迥于主权国家内部的治理模式。安东尼·麦克格鲁认为,全球治理"意味着所有其他组织和压力团体——从多国公司、跨国社会运动到众多的非政府组织——都追求对跨国规则和权威体系产生影响的目标和对象"。[19]

具体而言,全球安全治理理论包括以下内容:一是在治理主体上,由于全球安全治理存在于全球、地区、国家以及地方等多个层面,国家不再是中心权威或唯一的权威来源,各参与主体形成了一种独立分散、自治自主、合作协调的新型互动机制。[20]各主体在参与全球安全治理中以"善治"作为共同目标,即在相关利益攸关者的参与、协调、配合下,以符合民主、法治和人权等相关原则的方式,满足不同行为体的多样化安全需求。二是在治理结构上,全球安全治理体系是多边、多层次、多行为体的治理网络,[21]既不存在类似于主权国家的强制手段和统治行为,也不面临政府、市场和公民社会系统间的协调问题。三是在治理机制上,全球安全治理理论格外重视国际法的作用。其主张各国以国际法作为维护国际安全的基本依据和保障,依靠国际社会的合作建立国际组织或国际机构,执行共同约定,以解决国家之间的冲突。全球安全治理理论倡导建立一整套国际安全合作协调机制,以政治、法律、经济、社会、文化、教育等非军事和综合性方式作为基本手段,协商解决生态环境、国际经济和跨国犯罪等全球安全问题。

我国的总体国家安全观与全球安全治理理论的部分主张具有相似性。总体国家安全观强调共同、综合、合作、可持续的全球安全观,既重视维护内部安全,又重视维护外部安全;既注重维护自身安全,又注重维护共同安全;既重视传统安全因素,又重视非传统安全因素。我国倡导建立国际安全合作机制,通过和平手段而非军事手段保障世界和平与稳定。在国际政治实践中,我国积极践行总体国家安全观的理念,不断完善全球安全治理机制,推动"一带一路"倡议,开展向第三世界国家实施援助计划,积极响应和遵守联合国等国际组织的倡导和国际法规则,通过对话协商以和平方式解决国家间的分歧和争端。

（三）国家安全治理的理论内涵

从定义上看,由于国家内部的"治理"与全球层面的"治理"有所区别,"国家安全治理"的概念存在广义和狭义两种解释。广义的国家安全治理是指协调管理和政府规制,包含"统治"和"治理"两种维度,既包括国家的公权力行为,又包括非国家主体针对传统安全和非传统安全领域问题的民主参与和民主协商。而狭义的国家安全治理仅包含后者,即将"治理"与"统治"相区别,单指除了国家以外的多元主体对国家安全事务的参与管理。狭义的"国家安全治理"概念是多数全球安全治理论者持有的观点,崔顺姬和余潇枫认为,治理作为适用于非传统安全领域的新兴维护手段,是一种柔性的能力建构。[22]葛蕾蕾则认为国家安全治理是指国家安全相关主体在制定和执行国家安全政策过程中的协同与合作活动。[23]

笔者认为,对于一国内部的国家治理而言,应采取广义的概念,即国家安全治理包括政府规制和多元主体参与。国家安全作为国家治理的重要领域,应保留"国家"在治理体系中的主导作用与核心地位。由于国家安全属于公共产品,其依赖于执政党和国家的权威力量,不能过于强调多元主体参与治理,而应发挥国家在安全领域的主导作用,以国家强制性手段为保障。在我国,作为首要治理主体的"国家"不仅包括政府,而且包括执政党,国家安全治理表现为中国共产党领导下的多主体治理与民主参与。因此,根据广义的概念,我国国家安全治理可以定义为:为了维护国家安全利益,中国共产党领导人民对国家安全事务进行科学、民主、依法和有效的治国理政的过程。从实践来看,中国国家安全治理是多方面、多领域、全过程的总体性治理,具有以下特征。

1. 国家安全治理主体以执政党和国家为主导,以其他主体为补充

国家安全领域的治理虽然也有社会治理、公民参与的因素,但不能一味强调多元化、去中心化。[24]维护国家安全与国家的治理过程密不可分,特别是在维护政治安全、军事安全等传统国家安全领域,主要依靠政府通过运用公共权力、分配公共资源来提供国家安全公共产品。[25]而在非传统安全领域,可以通过扩大社会组织和公民个人的民主协商和民主参与,提高公众参与维护国家安全的积极性。因此,我国国家安全治理更多的是"国家治理",呈现为集中统一、高效权威、多元共治的治理结构,国家安全治理的有效运行有赖于党的领导、政府主导、社会协同、公众参与的协调配合。[26]

2. 国家安全治理以人民安全作为根本宗旨,以推进国家安全治理体系和治理能力现代化为首要目标

总体国家安全观以人民安全为根本宗旨,既充分体现以人民为中心的国家安全理念,也明确国家安全工作应顺应民心、尊重民意,更在维护和塑造国家安全实践中获得前进动力。[27]在国家治理现代化进程中,需要以公共权力运行的制度化和规范化、民主化、法治、效率、协调这五个要素作为现代化的衡量标准。[28]这包含两个方面内容,即国家安全治理体系现代化和

国家安全治理能力现代化。国家治理现代化最终以善治为理想状态,要实现这一目标,必须实现安全主体的多元化、安全内涵的多样化和治理方式的合作化,维护以人民安全为核心的国家安全。

3. 国家安全治理涵盖总体国家安全观多领域多层次的安全领域

总体国家安全观从"大安全"理念出发,把安全治理对象由传统安全事务范围扩大到非传统安全事务范围,把安全治理层次从地方安全、主权国家安全扩展到区域安全、共同安全和全球安全。其中,安全治理事务涉及政治安全事务、军事安全事务、国土安全事务、经济安全事务、社会安全事务、文化安全事务、科技安全事务、网络安全事务、生态安全事务、资源安全事务、核安全事务、海外利益安全事务、太空安全事务、深海安全事务、极地安全事务、生物安全事务等重点领域,形成"以人民安全为宗旨,以政治安全为根本,以经济安全为基础,以军事、文化、社会安全为保障,以促进国际安全为依托"的国家安全治理格局。

4. 国家安全治理以法治作为基本方式和重要保障

法治既是治国理政的基本方式,也是国家治理现代化的重要标志。在现代化的话语体系中,法治是国家安全治理体系现代化必不可少的内涵和标准。[29]推进国家安全治理现代化的关键在于推进国家安全治理的法治化,基础的目标是要实现由政策管理向法治治理的转变。国家和社会治理能力的法治化升级以两个显著标志作为评价标准:一是权力运行法治化程度的提高,即实现"把权力关在制度的笼子里";二是权力主体能熟练运用法治思维和法治方式解决社会矛盾。[30]推进国家安全治理法治化,要求善于运用法治思维和法治方法,完善国家安全法律规范体系和制度机制,为国家安全治理提供制度保障。

5. 以多元治理、综合治理、法治治理和开放治理作为国家安全治理的基本形态

国家安全治理模式指在国家安全治理过程中治理主体在国家安全不同领域、不同层面中实施治理行为的一般方式,包括组织体系、制度机制、法律程序、文化价值等表现形式。党的十八大以来,我国国家安全治理实践取得了显著效果,治理模式由单一治理主体向多元治理主体、强制治理向综合治理、行政治理向法治治理、封闭治理向开放治理转变,[31]推动了总体国家安

全观的新型治理形态和治理格局的形成。

二、国家安全治理法治化的基本含义

党的十八大以来，党中央把全面依法治国作为党领导人民治理国家的基本方略，并将其纳入"四个全面"战略布局予以有力推进。随着国家治理体系和治理能力现代化建设加快，国家治理观逐渐成熟，法治与国家治理愈加密不可分。坚定不移地走中国特色社会主义法治道路，在法治轨道上推进国家治理体系和治理能力现代化是全面深化和推进改革历史进程的关键。

（一）国家安全领域的法律之治

在本质上，国家安全治理的法治化是指将一切国家安全工作纳入法治轨道的过程。"法治化"不是一个空泛的政治口号，而是法治理念在国家安全工作中具体运用的现实过程。从国家安全法治的基本内涵看，推动国家安全治理法治化必须从认识上把握以下内容。

1. 不管在传统国家安全领域还是在非传统国家安全领域，都需要法治

根据国家安全威胁的来源区分，维护国家安全主要包括公开领域和隐蔽领域。公开领域涉及传统国家安全和非传统国家安全领域，而在政治安全、军事安全等传统国家安全领域，存在以情报与反情报、间谍与反间谍、窃密和反窃密为焦点的特殊斗争，呈现出政治性和隐秘性的特征。[32]这主要是因为隐蔽领域的国家安全活动涉及国家主权安全、政权安全和其他核心利益，一旦公开，可能泄露国家重大机密，从而使国家利益遭受严重威胁，但这并不意味着国家安全立法仅能停留在公开领域，更不意味着开展国家安全活动可以无视宪法法律的规定、将领导人的个人意志凌驾于法律之上或者免受立法机关和司法机关的监督。近代以来，世界各国的法治历史实践表明，即使国家处于紧急状态或者战争状态，也必须遵守宪法和法律的规定，而这要求建立完备且全面的国家安全法律规范体系。即使国家安全面临重大威胁，行政长官不得不临危受命并发号施令时，也必须依据宪法和法律的规定，采取合法措施手段，在法律所允许的行政自由裁量空间内行使权力。

2. 政策和法律共同作为国家安全治理工具，两者并不是非此即彼、对立冲突的治理手段

法律的治理手段与政策性的管理手段并不是互为代替的关系，以制定政策、传达和执行上级命令为主的管理手段与强调公开性、限制性、程序性的法律之治并不冲突。依法治理也不意味着用法律手段取代军事手段、行政手段和经济手段。政策和法律作为调整社会关系的两种手段，两者既发挥着其独特的作用，又相互补充、相互协调，[33]在国家安全机关开展行政管理和维护国家安全中共同发挥着重要作用。

3. 国家安全领域并不是"法外之地"，国家安全机关权力受宪法和法律的制约，公民个人有权依据法律维护自身的合法权利

由于国家安全领域属于政治敏感区域，相对于其他国家治理领域更容易发生侵犯公民权利的情况，因此更加需要发挥法治限制权力和人权保障的作用。[34]国家安全治理的法治化要求国家公权力在开展国家安全工作的过程中，做到有法可依、依法行政，在宪法和法律范围内行使权力，避免权力滥用，实现个人安全和国家安全的统一。在处理涉及危害国家安全的刑事犯罪案件时，国家安全机关应遵循刑事诉讼法的规定，依法保障犯罪嫌疑人获得辩护等权利。

由于长期受传统国家安全观的影响，国家安全活动被认为具有极强的隐蔽性和政治性，且国家安全立法规定的内容相对概括和抽象，给政策性治理保留了较大空间，导致国家安全领域中重政策、轻法律的现象突出，国家安全管理活动过于强调决策、命令和政策的工具性作用，而弱化了法律在传统安全领域和非传统安全领域中的保障作用。

许多国家安全法治的历史实践表明，维护国家安全需要面对如何保护公民权利、平衡公民权利和国家权力的课题，任何一个安全领域都应受到法律的规范和调整。[35]第二次世界大战以所谓"国家安全"为名的大屠杀、暗杀行为给人类社会带来了深重灾难，这也促使许多国家确立了法治国家的基本原则，树立了限制权力、捍卫和保护人权等法治理念。为了防止国家安全的权力被随意滥用，美国、英国、德国等国家纷纷确立了各自的国家安全法治模式，构建了具有自身特色的国家安全法律制度体系。在一些国家，维护国家安全作为国家保护义务还被纳入司法保障体系，例如德国联邦宪法法院在"大监

听违宪判决""预防性远程通信监控违宪判决"和"航空安全法违宪判决"中都有对个人基本权利与国家安全保护义务、维护自由与保障安全的权衡。[36]

随着全球范围内国家安全法治实践的不断发展,法治化的国家安全治理模式形成了一系列标准和原则:建立一个完备的结构严谨、体例科学的国家安全法律规范体系,凡是涉及维护国家安全、需要由法律调整和保障的社会关系领域,都应制定相应的法律、行政法规、地方性法规和各种规章,使国家安全各方面工作都有法可依;在宪法和法律框架下设立一套强大、权威且有效运作的国家安全领导和组织体制,完善国家安全机构的职能设置,促进国家安全决策的有效执行;以宪法和法律作为国家安全机关开展工作的依据,运用法治思维和法治方式解决国家和社会发展中的重大和复杂问题;实现国家安全治理体系法治化和治理能力法治化,制定完善的国家安全法律和政策生成机制、国家安全法律实施管理制度和国家安全法律监督制度。当前,各国愈发重视国家安全法治建设,国家安全治理法治化成为当今世界各国现代化改革进程的普遍趋势和共同经验,为我国国家安全治理现代化建设提供了理论和实践借鉴。

(二)法治化下我国国家安全治理模式的转型

国家安全治理法治化要求国家安全的治理理念、治理体系、治理结构和治理方式实现法治化转型,从而在一定程度上影响了国家安全治理模式的构成。国家安全治理需要以法律制度作为工作框架和基本保障,并依靠法治的方式实现国家安全治理体系和治理能力现代化。

1. 治理范围由传统安全领域到非传统安全领域的扩大

国家安全治理法治化是全面的、总体的、系统的法治化,涉及国家安全的各个领域。在总体国家安全观的指导下,国家安全的要素从政治、军事领域拓展至经济、社会、生态等多个领域,覆盖了从传统安全到非传统安全的多个方面。

2. 治理层次由社会治理、国家治理到全球治理的延伸

随着中国综合国力和国际地位的不断提升,其在国际社会发挥的作用以及所承担的责任也越来越大。国家安全治理法治化要求统筹内部安全和外部安全、自身安全和共同安全,将促进国际社会的共同安全作为维护国家

安全的重要工作部署,推动国家安全治理从国家内部的治理、地方的治理、区域性的治理向国家外部的治理、共同的治理和全球的治理转变。

3. 治理体系由单一性到结构化的转变

我国传统的国家安全组织体制以国家安全职能机关作为国家安全治理的唯一主体,其他国家机关、社会团体和公民处于从属地位。2013 年成立的中央国家安全委员会打破了这种单一性、分散性的治理体系,形成了在中央国家安全委员会领导下集中统一、高效权威、多元治理的国家安全体系主体框架。随着《国家安全法》将维护国家安全的职责主体范围进一步扩大至党、政、军、民、社会的共同参与,[37] 建立以主动治理、合作治理和追责治理为特征的国家安全治理格局成为国家安全治理法治化的必然要求。

4. 治理方式由依政策管理到依法律治理的发展

中华人民共和国成立后,中国共产党执政方式经历了从主要依靠政策到既依靠政策又依靠法律,再到主要依靠法律的转变。[38] 由于国家安全领域涉及国家重大利益,政策主导的行政管理长期占据主导作用,混淆了政策与法律的界限,重政策轻法律等现象长期存在。随着国家安全法律的完善和健全,要求正确认识和处理政策与法律的关系,既要求注重用党的政策指引法律的制定和实施,又要求党的政策不能违反宪法和法律。[39]

从我国发展实践来看,目前我国国家安全体系和能力建设还处于初始阶段,价值观安全、信息安全等领域的国家安全治理危机仍然存在,非政府部门治理主体的参与作用有限、安全治理效果不佳等现象突出。在国家治理现代化的实践推动和总体国家安全观的指导下,中国国家安全治理法治化转型成为历史必然。国家安全从人治走向法治、从"管理"走向"治理",要求运用法治思维和法治方式开展国家安全工作,推进中国特色国家安全法律制度体系建设,全面提升国家安全工作的法治化水平。

三、国家安全治理法治化的主要特征

国家安全治理法治化既是国家安全治理发展的必然结果,也是我国国家治理体系和治理能力现代化的实践要求。在总体国家安全观的指导下,我国国家安全治理法治化过程呈现出由传统的局部管理到总体的综合性治理、由分散式的管理到结构化多层次的治理、由政策性管理到依法律治理的特点。概括起来,主要体现在治理体系的制度化、治理形式的常态化和治理方式的规范化三个方面。

（一）制度化作为国家安全治理体系现代化的必然趋势

国家治理体系的制度化是国家治理法治化的直接体现。国家安全领域的制度化是指一切关于国家安全的事项都以制度的形式呈现,包括国家安全治理主体、治理客体、治理事务、治理权能、治理程序、治理评价等方面有运行良好的制度体系作为依据。法律之治的核心在于制度之治,实现制度之治要求将国家安全治理的所有内容都纳入法律规范体系和制度体系,以法律制度作为支撑依据,实现国家安全治理的规范化运行。

国家安全治理体系是一个制度体系。国家治理制度体系包括规范社会权力运行和维护公共秩序的一系列制度和程序,涉及国家和社会生活的方方面面。[40]国家治理的各项制度最终都要汇总于并表现为法律制度体系,即法治化的制度体系。[41]国家安全制度体系在形式上包括国家的行政安全、经济安全和社会安全等,在内容上涵盖政治制度、经济制度、文化制度、社会保障制度、生态环境制度、网络安全制度、核安全制度等。促进安全治理从部分安全到总体安全,从地方安全、国家安全到共同安全的发展,都需要以国家安全法律制度体系作为支撑依据。

在总体国家安全观的指导下,我国国家安全治理的法律体系不断完善,国家安全制度建设不断完善。在纵向上,形成了由"有关国家安全的宪法条文＋国家安全基本法＋国家安全具体领域的专门性立法＋散布于各部门法或单行法中有关国家安全的规定"四层次体系性结构的国家安全法律规范体系。[42]从横向来看,这种立法体系呈现为伞形格局,即以《宪法》及宪法相关法为统筹驾驭全局(伞面),《国家安全法》贯穿整体引领方向(伞轴),凸显《反间谍法》《反恐怖主义法》的依托作用(伞柄),辅之《刑法》《人民警察法》《保密法》等子法律(伞称),[43]构成了当前国家安全制度体系的基本态势和既成格局。近年来,我国国家安全立法取得了一系列重大成果,立法机关先后修改和制定了《反间谍法》《国家安全法》《网络安全法》《核安全法》《中华人民共和国香港特别行政区维护国家安全法》和《全国人民代表大会关于建立健全香港特别行政区维护国家安全的法律制度和执行机制的决定》等重要法律。

现阶段我国的国家安全立法虽然取得了很大的进展,国家安全制度建设基本能够满足维护国家安全的需要,但依然存在立法空白和制度空缺。一些重要国家安全领域,例如生物、太空、极地、深海、海外利益保护与海外军事行动等领域,亟待立法和制度填补。推进国家安全治理体系现代化,必须把国家安全制度建设放在关键位置,发挥国家安全领域制度之治的优势,善于运用制度优势应对风险挑战冲击,促进制度建设和治理效能更好地转化和融合。

(二) 常态化作为国家安全治理形式的发展方向

常态化治理是国家安全治理现代化进程中的重要特征。法治相较于人治的一个重要优势就在于法治具有稳定性和长期性。历史经验证明,法治是制度之治、稳定之治和长久之治,制度具有根本性、全局性、稳定性、长期性的特征。[44]在法治基础上形成的社会秩序具有长久稳定性,治理内容不因个人的意志而随意变动,治理方式不因领导人的更替而变更,治理效果不因个人能力的大小而发生改变。这就要求国家安全治理形态是长期的、稳定的、一般化和常态化的治理,而不是短暂的、不确定的、针对特殊状态和特殊领域的非常治理。

常态化治理要求由特定状态、特定领域的非常治理转向常态状态下的一般性治理。中华人民共和国成立以后,运动式管理和政策性管理曾一度成为党和国家开展国家安全领域工作的主要方式。改革开放以后,民主法制逐渐受到重视,国家安全领域的制度体系开始建立,国家安全治理模式逐步形成。但国家安全治理仍然围绕政治安全和国防军事安全领域展开,紧急状态和应急状态依然是国家安全行政应对和管理的主要方面。虽然这种针对特定状态和特定领域的非常态化治理在一定程度上为我国国防动员和应急管理工作积累了制度和管理经验,但是相比紧急状态、应急状态等特殊时期的国家安全面临重大威胁的情况,国家安全活动更多的是在正常状态下维护国家安全的常态化工作。因此,建立长期性、普遍性和稳定性的国家安全治理机制是国家安全治理法治化的必然要求。

在总体国家安全观战略指导下,常态化的国家安全治理离不开完善的国家安全治理体系,包括具有中国特色的国家安全法律体系、组织体系和制度体系。完善的国家安全法律体系是长期治理的前提,有效的国家安全组织体系是工作开展的核心,科学的制度体系是稳定治理的保障。面对传统和非传统国家安全的威胁和挑战,过去使用政策和行政命令方式的非常态治理模式已不能适应新时代国家建设及全球国际竞争的需要,必须依靠法律和制度的方式建立常态化的治理模式,将维护国家安全作为常态化工作展开。

（三）规范化作为国家安全治理方式变革的必由之路

国家安全治理的规范化是推进国家治理体系和治理能力法治化的实践要求。规范化的国家治理方式已经成为世界范围内普遍的历史潮流和必然趋势。自 1947 年美国出台《国家安全法》以来,世界上许多国家纷纷效仿,并颁布了国家安全相关的专门法律,形成了各具特色的国家安全法律体系。部分国家还将维护国家安全的内容列入了宪法条文。例如,《俄罗斯联邦宪法》第 55 条规定:"人和公民的权利和自由只有在为了维护宪法基础、道德、健康、其他人的权利和合法利益、保证国防和国家安全所必要时,才能由联邦法律予以限制",[45]从宪法层面为维护国家安全提供了根本法依据。

当前,各国逐步建立了国家安全决策机制、国家安全领导组织体制和国家安全法律监督制度等,国家安全治理规范化成为现代国家安全治理的主要趋势。例如,美国已构建了一套相对成熟和完善的国家安全制度规范体系,包括国家安全机构的组织、运作和决策机制,内部与外部的监督和制约机制,以及情报管理制度、保密制度、国防军事制度、对外投资国家安全审查制度、网络安全制度等具体安全领域的管理制度,为其维护国家安全的稳定奠定了制度基础。俄罗斯在进入 21 世纪后,对全球化、信息化时代新型全球性非传统安全威胁进行了有效应对,[46]以《2020 年前俄罗斯国家安全战略》作为俄罗斯国家安全保障领域最高层次的指导性文件,在信息网络安全、生物安全、国际贸易安全等领域建立了与时俱进的国家安全制度体系。2010 年,在卡梅伦政府的推动下,英国设立了国家安全委员会,并公布了《不确定时代的强大英国:国家安全战略》报告,将国际恐怖主义、网络攻击和大型网络犯罪、重大事故和自然灾害、涉及英国及其盟国的国家间军事危机列为英国面临的四大主要安全威胁,确立了"大国家安全"战略,[47]并贯彻至国家安全治理当中。综合来看,国家安全治理的精细化、系统化和规范化是现代国家治理的共同经验。

对于我国而言,国家安全治理体系需要沿着规范化、精细化的方向不断发展。在国家安全治理法治化的道路上,针对新时代我国国家安全面临的威胁和挑战以及国家安全治理特点,我国应遵循总体、全面、兼顾、适度、平衡、顺势与合作等原则,坚持推动国家安全治理模式改革,促进由单一治理主体向多元治理主体转变、强制治理向综合治理转变、行政治理向法治治理转变、封闭治理向开放治理转变,以积极应对国家安全领域的新情况和新问题。

四、结论:法治化是推进国家安全治理现代化的必由之路

随着国家治理观、总体国家安全观和法治观逐渐成熟,把一切国家安全工作纳入法治的轨道是推进国家治理体系和治理能力现代化的关键。一方面,国家安全法治是一种最优的国家安全治理方式,相对于其他治理方式具有明显优势;另一方面,法治作为我国维护国家安全的基本方式,符合我国全面依法治国的时代要求,是国家安全从管理走向治理的必然选择。国家安全治理法治化是从政策之治走向法律之治的必由之路,是国家安全治理现代化的基本表征,是推进国家安全治理现代化的前提和保证。新时期推进国家治理体系和治理能力现代化,必须深入理解和把握国家安全治理与法治的关系,坚持总体国家安全观的指导思想,在全面依法治国的战略部署下开展国家安全法治建设,健全完善国家安全法律规范制度,维护法的规范秩序和基本精神,保障国家安全。

参考文献

[1] 习近平:《坚持合作创新法治共赢,携手开展全球安全治理》,《人民日报》2017年9月27日,第2版。

[2] 习近平:《高举中国特色社会主义伟大旗帜,为全面建设社会主义现代化国家而团结奋斗——在中国共产党第二十次全国代表大会上的报告》,《人民日报》2022年10月26日,第1版。

[3] 莫纪宏:《国家治理体系和治理能力现代化与法治化》,《法学杂志》2014年第4期,第22页。

[4] 王伟光:《把治理引入国家安全领域——安全治理研究评介》,《国际关系研究》

2014 年第 1 期,第 30 页。

［5］王浦劬:《国家治理、政府治理和社会治理的含义及其相互关系》,《国家行政学院学报》2014 年第 3 期,第 12 页。

［6］俞可平:《论国家治理现代化》,社会科学文献出版社 2015 年版,第 18 页。

［7］蔡拓:《全球治理的中国视角与实践》,《中国社会科学》2004 年第 1 期,第 94 页。

［8］俞可平:《推进国家治理体系和治理能力现代化》,《前线》2014 年第 1 期,第 5 页。

［9］王诗宗:《治理理论及其中国适用性——基于公共行政学的视角》,浙江大学博士论文,2009 年,第 39 页。

［10］许耀桐、刘祺:《当代中国国家治理体系分析》,《理论探索》2014 年第 1 期,第 11 页。

［11］俞可平:《治理与善治》,社会科学文献出版社 2000 年版,第 1—15 页。

［12］俞可平:《中国的治理改革(1978—2018)》,《武汉大学学报(哲学社会科学版)》2018 年第 3 期,第 49 页。

［13］王浦劬:《国家治理现代化:理论与策论》,人民出版社 2016 年版,第 46 页。

［14］习近平:《完善和发展中国特色社会主义制度,推进国家治理体系和治理能力现代化》,《人民日报》2014 年 2 月 18 日,第 1 版。

［15］胡鞍钢:《中国国家治理现代化》,中国人民大学出版社 2014 年版,第 101—105 页。

［16］崔顺姬、余潇枫:《安全治理:非传统安全能力建设的新范式》,《世界经济与政治》2010 年第 1 期,第 87 页。

［17］崔顺姬、余潇枫:《安全治理:非传统安全能力建设的新范式》,《世界经济与政治》2010 年第 1 期,第 88 页。

［18］陈承新:《国内"全球治理"研究述评》,《政治学研究》2009 年第 1 期,第 119—121 页。

［19］［英］戴维·郝尔德等:《全球大变革:全球化时代的政治、经济与文化》,杨雪冬译,社会科学文献出版社 2001 版,第 70 页。

［20］王伟光:《把治理引入国家安全领域——安全治理研究评介》,《国际关系研究》2014 年第 1 期,第 24—26 页。

［21］李东燕:《全球安全治理与中国的选择》,《世界经济与政治》2013 年第 4 期,第 46 页。

［22］崔顺姬、余潇枫:《安全治理:非传统安全能力建设的新范式》,《世界经济与政治》2010 年第 1 期,第 88 页。

［23］葛蕾蕾:《改革开放以来我国国家安全治理政策变迁的社会演化论分析》,《学术论坛》2022 年第 2 期,第 93—102 页。

［24］王林:《国家安全治理体系与治理能力现代化探究》,《上海法学研究》2021 年第 1 卷,第 43—44 页。

[25] 张慧君、景维民：《国家治理模式构建及应注意的若干问题》，《社会科学》2009 年第 10 期，第 12 页。

[26] 傅丽、梁丽萍：《国家安全治理体系现代化的观念与制度分析——以国家意识形态安全治理为视角》，《甘肃政法学院学报》2018 年第 6 期，第 101 页。

[27] 蒋华福：《新时代国家安全治理体系的理论逻辑、实践逻辑与思维方法》，《国家安全研究》2022 年第 3 期，第 123 页。

[28] 俞可平：《推进国家治理体系和治理能力现代化》，《前线》2014 年第 1 期，第 6 页。

[29] 傅丽、梁丽萍：《国家安全治理体系现代化的观念与制度分析——以国家意识形态安全治理为视角》，《甘肃政法学院学报》2018 年第 6 期，第 101 页。

[30] 陈金钊：《提升国家治理的法治能力》，《理论探索》2020 年第 1 期，第 23 页。

[31] 李文良：《新时代中国国家安全治理模式转型研究》，《国际安全研究》2019 年第 3 期，第 53 页。

[32] 李竹：《国家安全立法研究》，北京大学出版社 2006 年版，第 16—17 页。

[33] 段钢：《论政策与法律的关系》，《云南行政学院学报》2000 年第 5 期，第 51 页。

[34] 江必新：《构筑总体国家安全法治格局》，《人民法治》2016 年第 8 期，第 7 页。

[35] 李竹：《国家安全立法研究》，北京大学出版社 2006 年版，第 137 页。

[36] 王贵松：《论法治国的安全观》，《清华法学》2021 年第 2 期，第 36 页。

[37] 杨宗科、张永林：《中国特色国家安全法治道路七十年探索：历程与经验》，《现代法学》2019 年第 3 期，第 11 页。

[38] 李贵敏：《从政策到法律：中国共产党执政依据的转型》，《河南师范大学学报（哲学社会科学版）》2005 年第 3 期，第 49 页。

[39] 张文显：《法治化是国家治理现代化的必由之路》，《法制与社会发展》2014 年第 5 期，第 10 页。

[40] 俞可平：《推进国家治理体系和治理能力现代化》，《前线》2014 年第 1 期，第 4 页。

[41] 张文显：《法治与国家治理现代化》，《中国法学》2014 年第 4 期，第 18 页。

[42] 周叶中、庞远福：《论国家安全法：模式、体系与原则》，《四川师范大学学报（社会科学版）》2016 年第 3 期，第 90 页。

[43] 李志鹏：《总体国家安全观法治化刍议》，《江南社会学院学报》2016 年第 1 期，第 9 页。

[44] 王利明：《中国为什么要建设法治国家》，《中国人民大学学报》2011 年第 6 期，第 63 页。

[45] 朱福惠：《世界各国宪法文本汇编·欧洲卷》，厦门大学出版社 2013 年版，第 215 页。

[46] 蒋文军、李晶：《俄罗斯国家安全立法和实践》，《现代世界警察》2020 年第 8 期，第 21 页。

[47] 许超：《英国国家安全委员会的建立、运作及展望》，《江南社会学院学报》2018 年第 1 期，第 19 页。

政治安全风险防控法治化问题研究
——以聚焦"四大检察"为视角[*]

政治安全风险防控法治化问题研究
——以聚焦"四大检察"为视角[*]

牛正浩[**]

摘要： 党的十九届四中全会《决定》指出，坚持人民安全、政治安全、国家利益至上有机统一。政治安全是国家安全的根本与前提。检察机关作为我国政法机关的重要组成部分，应坚决贯彻落实习近平新时代中国特色社会主义政法思想，坚持总体国家安全观，在新时期将工作重心聚焦于"四大检察"主责主业，依法行使检察权，监督和保障法律正确实施，守卫国家利益与社会公共利益，通过法治化途径坚决维护国家政治安全，防范和化解政治安全领域的重大风险。

关键词： 政治安全；总体国家安全观；防范化解重大风险；社会矛盾；四大检察

一、总体国家安全观视角下检察机关维护政治安全的使命担当

（一）总体国家安全观的基本内涵

国家安全既是定国安邦的重要基石，也是我国的核心利益之所系。总体国家安全观是以习近平总书记为核心的党中央在十八大以后对于国家安全理论的重大创新和科学论断，[1]既是习近平新时代中国特色社会主义思想的重要内容，也是当前我们开展维护国家安全、防范和化解政治领域重大

---

* 本文系山东省聊城市法学会 2020 年度专项课题研究项目"政治安全风险防控法治化问题研究"科研项目资助成果。

** 牛正浩，首都经济贸易大学法学院讲师，主要研究方向：国家安全法学、刑事诉讼法学。

风险工作的根本遵循。

党的十八届三中全会决议决定成立中央国家安全委员会(简称中央国安委),并以此为中心,以便建立集中统一、高效权威的国家安全体制,加强对国家安全工作的领导。2014年4月15日,中央国安委成立,习近平任委员会主席;同日,中央国安委召开第一次会议,习近平发表重要讲话,首次提出并系统阐述了总体国家安全观的基本内涵、指导思想与贯彻落实的原则等重要内容。总体国家安全观的基本内容是:坚持总体国家安全观,就是要坚持"以人民安全为宗旨,以政治安全为根本,以经济安全为基础,以军事、文化、社会安全为保障,以促进国际安全为依托"的中国特色国家安全道路。[2]根据我国《国家安全法》,国家安全是指国家政权、主权、统一和领土完整、人民福祉、经济社会可持续发展和国家其他重大利益相对处于没有危险和不受内外威胁的状态,以及保障持续安全状态的能力。①

根据总体国家安全观的上述基本内涵和国家安全的基本概念,学界普遍认为,国家治理体系和治理能力现代化各项工作也要在总体国家安全观的指引之下开展,增强底线意识和风险意识,既要防止"黑天鹅",又要警惕"灰犀牛",不断提升防范化解重大社会风险的能力和水平。[3]我们一方面要不断坚持中国共产党的领导,用习近平新时代中国特色社会主义思想武装头脑、指引行动,增强"四个意识",做到"两个维护";另一方面,应当加强对社会治理、政治文明建设的理论和方法等的创新实践与革故鼎新,不断适应中国特色社会主义实践的新要求,回应时代向我们提出的新挑战、新任务。

(二)政治安全是总体国家安全观的核心要义

政治安全是一个内容涵盖范围极广的概念,有的学者将军事安全、社会安全以及金融安全等因素也归纳进政治安全的内涵范围之内。诚如英国政治学家巴瑞·布赞所言,政治安全相较于其他安全领域具有更高、更广泛的囊括性,任何方面的安全问题最终都能导致或演化形成政治领域的风险隐患。[4]笔者不认同上述理论,布赞的理论显然是基于西方传统安全观而阐述的,带有明显的西方自由主义意识形态色彩,即西方政治学所普遍认同的有

---

① 《中华人民共和国国家安全法》第2条。

意扩大国家安全范围、泛化政治安全的外延理论，打着"维护平等自由民主"等所谓普世价值的幌子，公然干涉或入侵其他主权国家，忽视和践踏别国的政治安全。

事实上，我们所讨论的"政治安全"，应当建立在尊重和保障人民安全的基础上，而且不能将政治安全的概念过于泛化、扩大化理解。不同领域的风险存在着一定的"飞去来器"[5]般的传导效应，但并不意味着任何国家政治、经济、社会、文化等方面的安全问题本身均可被归于政治安全的范畴。将所有的风险都视为政治风险，反而不利于对政治风险的科学预防、精准把控。对于政治安全的解读，应当结合总体国家安全观的基本理论加以分析研究。

关于"政治安全"的内涵与外延自 20 世纪 90 年代至今，我国理论界和法学理论界从不同方面和侧重点均进行了诸多颇有意义和启发性、建设性的探讨。较有代表性的学者包括：杨建英教授从维稳的角度出发，认为政治安全的核心就是维护政治稳定和社会安定；[6]马宝成教授从意识形态安全的角度讨论发现，政治安全的核心内容包括维护我国主权、政权、社会主义制度和意识形态安全，主要任务是坚持党的领导，坚持马克思主义的指导思想地位；[7]梁艳菊教授从开放系统秩序论角度考察，认为政治安全是国家政治制度对社会矛盾的动态吸收调适，从而解决社会问题，消弭不安定因素，从而达到动态平衡与良性互动的状态。[8]笔者认为，上述观点都从不同侧面对政治安全的性质进行了描述性的概括分析，但较为片面，作为我国国家安全学的创始学者，刘跃进教授的观点较具有代表性和综合性，即政治安全是国家在政治方面免于国家内外和政治内外各种因素侵害和威胁的客观状态，[9]既是总体国家安全观的核心要义，也是国家安全的命脉之所在。我国政治安全主要包括的内容应当限于国家主权完整独立、党的执政安全、中国特色社会主义制度安全、共产主义意识形态安全四个方面。[10]

（三）检察机关在国家安全法治体系中的角色定位

我国《宪法》及《人民检察院组织法》规定，检察机关是国家法律监督机关，依照法律规定独立行使检察权。①《人民检察院组织法》对于检察权的

---

① 《中华人民共和国宪法》第 134、136 条；《中华人民共和国人民检察院组织法》第 2 条第 1 款。

权能进行了进一步细化的明确规定；根据该法相关内容，检察权包括如下权能：追诉犯罪，维护国家安全和社会秩序，维护个人和组织的合法权益，维护国家利益和社会公共利益，保障法律正确实施，维护社会公平正义，维护国家法制统一、尊严和权威，保障中国特色社会主义建设的顺利进行。① 根据我国法律对于检察机关的上述职权定位可以看出，检察机关承担着通过检察权的行使，维护国家安全、国家利益和社会公共利益，保障社会主义建设顺利进行的责任。因此，检察机关维护国家安全既是其法定职责，也是检察权的基本权能。

党的十八大以来，随着国家安全制度体系建设不断完善发展，我国目前已经形成以中央国安委为坚强领导核心的较为完备的分工协作机制。根据《国家安全法》的有关内容，中央国安委负责统一决策和议事协调，研究制定、指导实施国家安全战略和有关重大方针政策，统筹协调国家安全重大事项和重要工作，推动国家安全法治建设。② 在中央国安委的统一领导下，我国各政法机关分工负责、相互配合、相互协调，共同维护国家安全。具体而言，有关军事机关、国家安全机关以及公安机关的特定部门，例如国内安全保卫部门、网络安全保卫部门等，承担着依法搜集有关情报信息，依法行使侦查、拘留、预审和执行逮捕等以侦查权为主的职权；人民法院依法行使审判权，人民检察院依法行使检察权，打击、惩治危害国家安全的犯罪活动。③ 笔者认为，《国家安全法》主要是关于防控国家安全刑事犯罪的规定，对于检察机关而言，主要属于"刑事检察"范畴；而在司法实践中，检察机关在其他工作方面也肩负着维护国家安全特别是政治安全的职责。

（四）检察机关应聚焦"四大检察"切实维护国家政治安全

坚持党的领导、坚持社会主义制度、确保党的执政安全是检察机关维护政治安全的根本任务。[11] 检察机关的主责主业又被称为"四大检察"，包括四个领域：刑事检察、民事检察、行政检察与公益诉讼检察。如前所述，除了刑事检察领域的惩罚打击危害国家安全特别是政治安全犯罪[12]之外，检

---

① 《中华人民共和国人民检察院组织法》第 2 条第 2 款。
② 《中华人民共和国国家安全法》第 5 条。
③ 《中华人民共和国国家安全法》第 41、42 条。

察机关在其他三个主要工作领域,对于维护国家政治安全也存在着明确的法律渊源、制度依据和司法实践,在诉讼法学理论上亦具备充分的法理正当性。检察机关充分利用四大检察职能,在维护国家政治安全工作中大有可为。

首先,在检察领域,我国《刑事诉讼法》明确规定了检察机关对于司法人员职务犯罪,例如滥用职权罪、徇私枉法罪、枉法裁判罪等犯罪行为的侦查权;《民事诉讼法》明确规定了检察机关对于生效民事裁判文书的抗诉权与提出再审检察建议权。通过上述规定,检察机关具有贯穿审判、执行活动全流程、全方位的监督权。通过行使上述检察监督权能,检察机关能够有效促进审判活动的公平公正,避免纠纷由于得不到公正处理而进一步激化为社会舆情事件甚至极端事件,将积累的社会矛盾通过司法程序得以化解,从而优化党群关系,维护党的执政安全。

其次,在行政检察领域,我国《行政诉讼法》《行政处罚法》《行政复议法》等行政法律法规明确规定了检察机关对于政府依法行政的监督权利,通过行政检察建议和行政抗诉,纠正有错误的行政裁判文书,促进政府依法行政,不断优化完善我国行政机关做出各种行政行为的制度体系建构,有效减少因"合村并居"等行政机关征地拆迁补偿等问题造成的群众信访类群体性事件,增强人民群众的安全感、获得感、幸福感,提升人民群众对于政府依法行政的满意度,有效维护中国特色社会主义制度安全,促进以各级政府为主导的国家治理体系和治理能力现代化进程。

对于公益诉讼检察领域,自 2015 年全国人大常委会决定通过试点开展公益诉讼起,2017 年《行政诉讼法》正式确立了检察行政公益诉讼制度;2018 年在《英雄烈士保护法》中增加对于侵害英雄烈士姓名权与荣誉权等行为提起公益诉讼的规定。随着检察公益诉讼范围不断拓展,我国已经形成了涵盖生态环境和资源保护、食品药品安全、国有财产保护、国有土地使用权出让、英雄烈士姓名、肖像、名誉、荣誉保护等领域的"4+1"检察公益诉讼新格局。

二、新时代背景下我国政治安全领域面临的各类风险与挑战

习近平总书记指出,每一代人都有每一代人的长征路,每一代人都要走好自己的长征路。[13]部分国家尤其是西方发达国家为了避免承担制度失灵

的苦果,借机向外转嫁疫情带来的国内矛盾,导致贸易保护主义、单边主义不断抬头,尤其是以特朗普政府为代表的右翼势力不断扩张,使我国发展面临愈加复杂多变的政治安全问题。各种敌对势力对于我国的分化战略从未停止,甚至有愈演愈烈之势:台海局势不断紧张升温,中美南海冲突日益明显,印度公然在班公湖越线,美国政府通过实体名单等国内法手段不断干预和封杀华为、中兴、字节跳动等我国高新技术企业,等等。

面对我国政治安全领域当前各种风险与挑战,为了走好我们这一代人的长征路,为下一代人在历史的接力跑中跑出一个好成绩,我们应当结合社会实践,对于各类政治风险加以认真分析和把握,并采取法治化手段对重点领域尤其是重大政治风险加以应对防控,这也是时代赋予我们的历史使命与责任。本文所讨论的政治安全仅指国内政治安全。笔者将根据近期调研发现的问题较为集中、风险程度较高的领域加以概括梳理,并以"四大检察"为视角,为检察机关维护政治安全提供思路。

（一）危害国家安全犯罪呈技术化、分散化、隐蔽化特征,打击难度增加

党的十八大以来,特别是中央国安委成立以来,在以习近平总书记为核心的党中央坚强领导下,我国对于危害国家安全犯罪及恐怖活动犯罪保持高压打击态势,国家安全机关与检察机关、审判机关共同陆续查办和惩处了多批诸如进行间谍活动、颠覆国家政权、刺探我国家秘密的犯罪嫌疑人,[14]威胁国家政治安全和人民安全的发案率已呈大幅下降趋势。[15]危害国家安全犯罪目前呈现以下三个特点。

1. 技术化程度较高

危害国家安全犯罪分子与西方敌对势力进行勾连的方式或渠道更加先进,利用"暗网"传递信息和刺探国家秘密;[16]借助区块链技术加密的、去中心化的比特币等虚拟货币加以交易、买卖武器情报等;[17]利用各种高科技新媒体发布歪曲和丑化我国社会主义制度、攻击党和政府的言论。[18]上述危害国家安全的犯罪行为,给国家安全机关以及作为公诉机关的检察机关造成了新的挑战。

2. 分散化特征明显

随着国家安全机关对于危害国家安全犯罪的打击力度不断增强,虽然

危害国家安全犯罪逐渐呈现出由境外组织统一安排策划，但在境内安排犯罪分子实施的犯罪区域极度分散化、犯罪模式非接触化。依托互联网技术例如微信、QQ等即时通信软件平台及其群组的相对封闭性，全国各地危害国家安全的犯罪分子可以突破地理隔离，实现快速串联，在监管机关有效识别之前在全国范围内实施犯罪活动，犯罪行为的分布具有极度不规律性，导致对于新时期危害国家安全犯罪的空间防控难度增加。[19]

3. 隐蔽化层次更深

危害国家安全犯罪往往涉及间谍活动、秘密情报刺探与监听活动、煽动策划组织实施颠覆国家政权活动等极为隐秘的行为，且互联网科技的高度发达使得大多数犯罪均可依托互联网进行实施，尤其是区块链技术应用于人工智能领域的今天，在技术上难以完成对于全部IP地址犯罪行为的实时监控。危害国家安全犯罪活动往往是境内外联合实施，在主流计算机软件尤其是办公软件均为美国开发而容易包含程序"后门"漏洞且互联网根服务器绝大多数被美国和英国等发达国家所控制的情况下，[20]对于在境外组织实施的针对我国内地进行的国家安全犯罪活动及时惩处存在一定难度。

危害国家安全犯罪上述三个特征决定了国家安全机关和检察机关对于新时期政治安全保卫的工作面临着新挑战。检察机关应当从做强刑事检察、提高对于危害国家安全犯罪的办案质效、增强对于相关领域法律问题的研究等方面出发，充分依托司法实践经验的特长，为国家安全机关侦查办理有关案件提供法理支撑和司法实践制度供给。国家安全机关的主要工作特性决定了其主要擅长通过技术手段对犯罪行为加以侦查打击，检察机关与国安机关在打击犯罪过程中的相互配合、相互协助，并通过指导侦查、提前介入侦查等既有程序，可以在侦查环节有效帮助国家安全机关高效完成对于起诉证据的固定、侦查试验的工作，使国家安全机关的工作更有针对性、专业性和高效性，从而保障对危害国家安全犯罪的打击。

（二）转型期社会矛盾纠纷风险大量累加，民事纠纷成为主要呈现形式

社会公平正义是影响社会共同体各阶层、各群体协调与否的关键问题，并可能成为决定整个社会安全稳定与否的关键问题。[21]而社会公平正义的最根本体现就是人民法院审判和执行工作能否始终秉持公平正义的基本原

则,让人民群众在每一个司法案件中感受到社会的公平正义。人民法院作为社会矛盾和争议解决的中心,在多元化纠纷解决机制中应起到核心作用。随着我国社会主义民主与法治建设的不断发展,公民的法治观念和法律意识不断增强,大多数矛盾与争议诉诸法院。民事审判占人民法院审判案件的大多数,如果无法得到公正处理,将会对我国政治安全造成消极影响。

第一,一方面,民事案件如不能得到公正处理,将直接导致大量社会边缘化群体、[22]失意群体的形成,成为社会不安定因素。研究显示,在社会边缘化群体及失意群体[23]中,刑事案件甚至极端社会事件的发生率要高于普通人群。另一方面,在经历法院一审、二审乃至再审申诉程序后,若当事人仍未能服判息诉,在心中无法产生对于法院裁判的信任感与公平正义感,其往往会走上信访甚至非法信访的道路,[24]最终将小的矛盾升格为大的社会矛盾,对政治安全造成消极影响,不利于党中央提出的"矛盾不上交、就地解决纠纷"的"枫桥经验"的贯彻落实。

第二,对于通常意义较为敏感的民事"四类案件",①一旦处置不当,则会影响社会稳定和政治安全。民事"四类案件"所导致的政治安全风险有宏观与微观的区别,宏观政治安全风险可能引发系统性政治安全隐患。而微观上的政治安全风险,多以市域乃至县域治理作为观察范围和视角,涉及某些特定地区的政治经济发展秩序。

第三,许多社会矛盾与纠纷主体将披着民事诉讼案件的"外衣"而不属于法院行使司法管辖权的案件拉入司法程序中,以达到不法目的。民事案由制度是一项重要的诉讼制度,如果不属于《民事案由规定》的案件类型,法院一般不直接予以受理。事实上,社会治理问题是一个系统工程,需要各方社会力量予以协同治理,并非司法机关包办代替。对于上述案件,检察机关应通过民事监督检察及时予以化解纠正。

(三)征地拆迁等群体性事件频发,金融监管等重点领域风险水平较高

群体性事件既是国家维稳工作的中心,也是观察政治安全风险形成

---

① "四类案件":涉及群体性纠纷,可能影响社会稳定的;疑难、复杂且在社会上有重大影响的;与本院或上级法院的类案判决可能发生冲突的;有关单位或者个人反映法官有违法裁判行为的。参见最高法院《关于完善人民法院司法责任制的若干意见》(法发〔2015〕13号)第24条。

和变迁的重要窗口,近年来,治安概念逐步发展为我国社会主义治理体系与治理能力现代化语境中的重要政治概念。在上述关键领域,行政机关与行政相对人的关系较为紧张,张力明显而弹性不足,使得干群关系的处理面临一定的挑战。在"压力型体制"的作用下,上级行政机关迫于经济增长的要求,向基层政府"层层加码",导致个别地区的基层政府在政策执行和贯彻落实中央大政方针的过程中,出现了不同程度背离政策初衷的异化现象。

山东省作为农业大省,各地基层政府在农村安排实施了"合村并居","合村并居"又称"撤村并居""农民上楼",主要是指通过开展农村社区化建设,将农村居民通过集中居住,将宅基地收归国有并给予农民补偿,将土地统一进行经营或建设的政策。[25]根据权威学者观点,合村并居是在国家土地政策、社会主义新农村建设与社区发展三种政策力量所相互协调配合下共同推动完成的大型社会改造项目,且在山东大部分县(市)区得以顺利开展进行,[26]取得了丰硕成果。但是据人民法院生效裁判文书认定的事实,在推动该项政策过程中,极个别县市行政机关存在着一些行政违法现象。①对于上述行政违法行为,行政相对人往往诉诸行政诉讼程序加以救济。

除了传统意义上典型的政府拆迁征地补偿等焦点领域之外,对于其他领域,诸如金融证券监管领域、行政监管机构不作为或者违法行为的情况时有发生。由于这些争议多发生在金融领域,故极易导致金融风险与政治风险的联动传导,从而引发多级放大效应。此外,行政机关对于某些特定行业的准入性监管与行政许可等行为,诸如采矿权、采砂权、探矿权等,由于涉及重大区域性利益的协调与统筹,也容易引发某些特定区域内的政治风险。对于行政机关面临的上述政治风险与挑战,只有不断提高依法行政的水平、维护行政相对人的合法权益和社会的公平正义,才能从根本上有效解决该领域政治安全问题。检察机关通过行政抗诉与检察建议,能够间接监督行政机关依法行政,纠正违法行政裁判,从而有助于化解因政府征地拆迁补偿、行政审批与许可等行为带来的次生政治安全问题。

---

① 参见山东省高级人民法院(2018)鲁行申 161 号行政裁定书、山东省高级人民法院(2019)鲁行终 863 号行政裁定书、山东省聊城市中级人民法院(2020)鲁 15 行终 36 号行政判决书、山东省临沂市中级人民法院(2019)鲁 13 行终 102 号行政裁定书。

（四）网络安全与互联网治理形势严峻，意识形态冲突斗争局面较为复杂

我国社会主义制度和马克思主义意识形态工作中面临的最为突出的问题是"网络边疆"[27]的治理体系与治理能力现代化。如何"依法治网"，在互联网"赛博空间"[28]中鼓励良性政治参与、维护意识形态安全、对网络舆情进行正向引导、营造风清气正的互联网舆论氛围，是摆在我们面前的一项重大的时代课题。随着社会发展进步，传统纸质媒体诸如报纸、杂志以及电视新闻等传播媒介之中的意识形态斗争较容易发现、预防和控制，而依托互联网"推手"进行的舆论绑架、攻击炒作、网络暴力、侵犯个人信息、蓄意抹黑党和政府的形象、散布阴谋论和西方所谓"自由民主思潮"等错误言论等敌对行为，传播速度极快，且传播影响面较传统媒体而言也更为广泛。

基于新媒体和网络媒体的上述特征，我国始终高度重视互联网治理视角下的舆论媒体意识形态斗争工作。正如习近平总书记所指出的，互联网是当前宣传思想工作的主阵地，这个阵地如果我们不占领，人家就会去占领。[29]而一旦意识形态阵地被敌对势力侵入，将会导致人民群众的价值观混乱，造成社会动荡，不利于我国的长治久安。苏联解体在一定程度上就是因为在意识形态领域出现了问题，即"在世界观和国际政治观皈依西方自由主义意识形态，最终招致苏联的毁灭"。[30][31]

当前，我们意识形态领域工作的中心就是坚持以习近平新时代中国特色社会主义思想为指导和根本遵循，继续巩固坚持互联网疆域中马克思主义在意识形态领域的指导地位，不断强化和捍卫全党和全国各族人民团结奋斗的思想基础。检察机关应当从以下两方面作为出发点，维护我国意识形态安全，防范和化解意识形态领域的重大风险：一方面，将《英雄烈士保护法》第 25 条确立的检察公益诉讼作为主要抓手，对于危害英烈名誉、歪曲我国革命历史史实等行为，及时提起检察公益诉讼，来捍卫英烈名誉尊严，保障意识形态稳定。事实上，检察机关积极主动提起公益诉讼维护烈士名誉、保障我国主流意识形态安全的做法已得到党中央的高度肯定与评价，并被编入有关教材中。[32]要更好地发挥法律的权威性惩治和威慑作用，借助于英烈人格权保护的检察公益诉讼途径，是一柄"更利的刀"。[33]

另一方面,对于利用互联网制造舆论错误导向的网络"推手"以及其背后的有关势力,针对其裹挟舆论并散布政治谣言,攻击党和政府的行为,以及在网上侵犯公民尤其是杜撰有关党政领导干部与社会其他新闻人物的失实信息,损害公民人格尊严、个人信息权利等行为,检察机关应当积极开展公益诉讼领域外的探索,利用公益诉讼的利剑和盾牌,与其他国家机关诸如网信部门、国家安全机关、宣传部门以及公安机关等协同配合,开展公益诉讼,营造互联网天朗气清的舆论环境,为意识形态和政治安全创造一个美好的网络空间。

三、检察机关维护重点领域政治安全的使命担当与具体措施

作为政法机关,检察机关是捍卫人民民主专政的政治机关,因此始终要坚持讲政治、坚持政法姓"党"、坚持党对政法工作的绝对领导是新时代包括检察机关在内的政法机关一切工作的最高原则。[34]当前我国面临诸多政治安全的风险和挑战,检察机关应当切实做到"不忘初心、牢记使命",以坚决维护习近平总书记党中央的核心、全党的核心地位,坚决维护党中央权威和集中统一领导作为最高政治原则,以忠诚履行自身职责使命、开展好"四大检察"主责主业作为中心任务,积极捍卫我国政治安全,防范和化解前述重点领域内的重大政治风险。

习近平总书记多次强调,政法机关应当履行好四项主要任务:维护国家政治安全、确保社会大局稳定、促进社会公平正义、保障人民安居乐业。[35]因此,作为政法机关的检察机关,应当聚焦"四大检察"主责主业,切实履行好政法机关上述四项主要任务,将维护国家政治安全作为首要任务加以落实。具体而言,应当从下列具体措施出发,通过法治途径,完善有关体制机制,将维护重点领域政治安全的目标落实到位。

（一）刑事检察：研究解决危害政治安全犯罪疑难问题,完善相关刑事程序,从严惩治并起诉危害政治安全的犯罪行为

危害我国政治安全的犯罪行为主要是指我国《刑法》分则第一章的有关罪名,重点包括以下犯罪活动：背叛国家罪、分裂国家罪、煽动分裂国家罪、武装叛乱暴乱罪、颠覆国家政权罪、煽动颠覆国家政权罪、叛逃罪、间谍罪、

为境外窃取刺探收买非法提供国家秘密情报罪、资敌罪等。[1] 对于上述犯罪活动,近年来国家安全机关和公安机关始终处于高压打击态势,但是由于程序仍不完备、与发达国家相关制度对比(见图1、图2),依然存在着较多需要进一步填补的"程序性留白",亟须检察机关通过法治化途径加以完善补充,以织密打击危害政治安全犯罪的"法网"。经过调研发现,惩治较为集中的问题主要包括四方面:一是危害政治安全类犯罪立案侦查标准较为模糊,罪与非罪边界不明确;二是检察机关在国家安全机关侦查活动中介入有限,不利于从法律专业角度指导后者圆满完成侦查程序;三是我国目前现行法律体系对于危害政治安全类犯罪存在着立法规范缺失,检察机关追诉犯罪受到制约;四是在提起公诉后,危害政治安全犯罪普遍较为敏感,证明标准较一般案件高,公诉机关办案难度较大。据此,在刑事检察领域,应当从以下四方面入手加以完善。

1. 完善危害国家安全犯罪的追诉标准,进一步实现立案追诉"有规可循"

2008 年以来,最高人民检察院与公安部联合制定了一系列追诉标准及其补充规定,使《刑事诉讼法》关于公安机关管辖的犯罪类别的刑事追诉标准得以充分明确细化,[2]也使得公安机关在办理刑事案件时对于是否依法启动立案、侦查程序的尺度标准得以统一,检察机关在审查提起公诉时具备了充分的制度依据,然而在国家安全部门负责办理的危害国家安全尤其是政治安全犯罪程序中,并没有可参照实施的立案侦查标准可资参考与执行。例如,我国《国际刑事司法协助法》规定,未经主管机关同意,为境外组织或个人收集证据的属于禁止行为,学者认为触犯该法的罚则属于治安行政处罚,而上述行为与刺探国家秘密情报类犯罪并无明确区别,导致司法实践的困惑。立案标准关系出罪与入罪的界限,也是行为人是否承担刑事责任的红线,因此应当在制度上予以明确,实现依法惩治危害政治安全犯罪与尊重和保障被追诉人基本权利的统一。

---

[1] 《中华人民共和国刑法》第 102—113 条。
[2] 上述司法规范性文件包括:《最高人民检察院、公安部关于公安机关管辖的刑事案件立案追诉标准的规定(一)》(公通字〔2008〕36 号)、《最高人民检察院、公安部关于公安机关管辖的刑事案件立案追诉标准的规定(二)》(公通字〔2010〕23 号),《最高人民检察院、公安部关于公安机关管辖的刑事案件立案追诉标准的规定(三)》(公通字〔2012〕26 号),以及若干补充性或修改性规定。

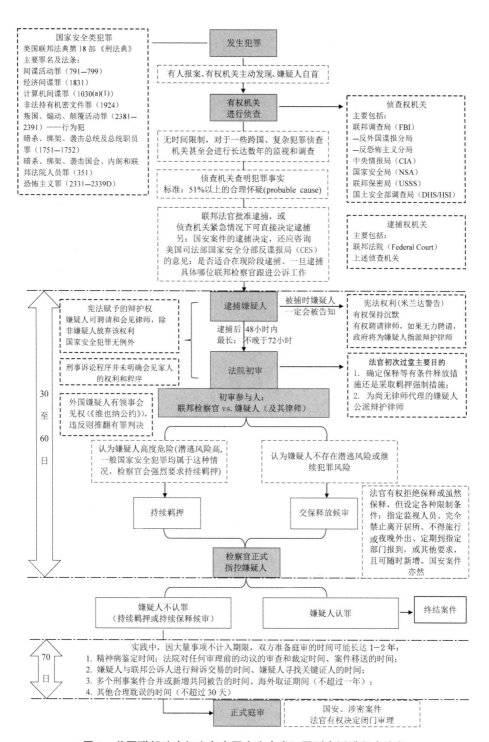

图1 美国联邦政府打击危害国家安全类犯罪刑事诉讼程序流程

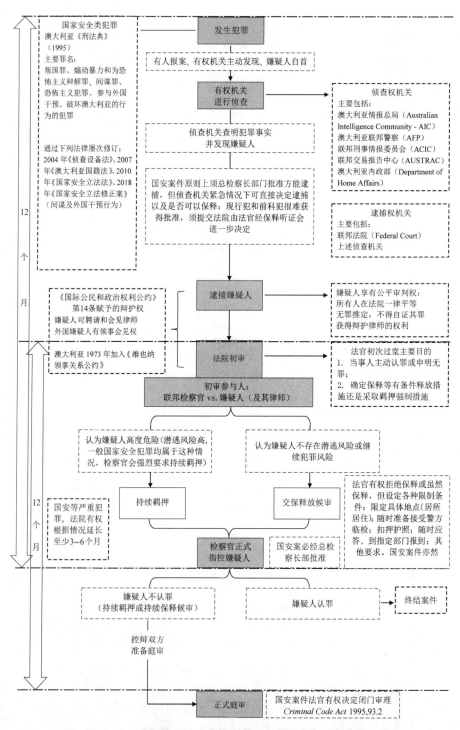

图 2　澳大利亚联邦政府打击危害国家安全类犯罪刑事诉讼程序流程

2. 与国家安全机关共同建立检察机关提前介入侦查程序,实现依法协助与监督侦查活动的统一

我国关于检察机关在侦查机关办案过程中提前介入侦查环节的历史可追溯至 20 世纪 90 年代。当时最高人民检察院认为,检察机关对于重大刑事案件提前介入侦查有助于及时了解案情、熟悉证据,可以加快办案速度,提高办案质量。① 随着我国社会主义法治进程不断发展,理论界和司法实务界对于检察权的定位、检察权与侦查权的关系认识不断加深,以及非法证据排除规则的要求不断提升,我国各地陆续形成了刑事案件中侦查机关主动邀请检察机关提前介入侦查程序或者检察机关依职权主动介入侦查活动的工作惯例。检察机关提前介入重大刑事案件的工作模式具备程序法理基础和法律依据,即检察机关行使侦查监督的相关职权。然而,目前我国尚无刑事诉讼程序规定检察机关提前介入侦查的宏观制度设计和具体程序框架,在"诉讼监督、指控犯罪和权利保障"三位一体的新时代刑事检察格局[36]视野下,应当适时与国家安全机关、公安机关共同探索建立健全提前介入危害政治安全犯罪侦查活动,对收集证据、适用法律提出意见,并切实履行检察机关的法律监督职责。

3. 最高人民检察院应与最高人民法院共同制定颁布有关司法解释,对我国政治安全犯罪现行规范体系加以补充、细化

学界认为,当前我国现行刑事法律法规体系对于危害国家安全犯罪尤其是政治安全犯罪呈现制度缺失和规制不力之态势。[37]立法的上述空白与规范缺失,直接制约着我国国家安全机关、公安机关、检察机关和审判机关对危害我国国家安全犯罪的打击力度和效能。一方面,由于法律文本本身的滞后性,诸如所谓"侵略行为""恐怖行为"以及"煽动颠覆行为"等法律术语,法律文本及有关司法解释均未加以明确规定,故应当由最高人民法院和最高人民检察院共同结合司法实践情况,通过司法解释予以明确。另一方面,对于许多立法术语的理解与适用,往往涉及个案的司法裁量问题,尤其是关于"武装叛乱"与"武装暴乱"的界定与区分问题、"背叛"的情形和行为模式问题等,应当通过最高人民检察院与最高人民法院共同制定关于惩治

---

① 最高人民检察院《关于充分发挥检察职能坚决打击拐卖妇女、儿童和强迫、引诱、容留妇女卖淫的犯罪,积极配合查禁取缔卖淫嫖娼活动的通知》,1991 年 1 月 11 日发布,现已失效。

某类特定政治安全犯罪的司法解释，并进一步完善、明确和细化。

4. 提高认罪认罚从宽制度在危害政治安全犯罪中的适用力度，促进量刑建议精准化、规范化、智能化

由于危害政治安全犯罪的政治性、隐蔽性、特殊性，公诉机关在指控犯罪行为时往往面临核心关键证据缺失、难以形成较为完整的证据链条的问题。对此，应当从认罪认罚从宽制度的适用作为出发点加以解决。2020年9月4日，最高人民检察院与中国刑事诉讼法学研究会共同举办了"国家治理现代化与认罪认罚从宽制度"研讨会。根据本次会议基本精神，各级检察机关应当在今后的工作中加大认罪认罚从宽制度的适用力度和范围，同时借助信息技术尤其是人工智能技术实现量刑建议的精准化、规范化、智能化。[38] 对于危害政治安全犯罪，也应当适当扩大对于认罪认罚从宽制度的适用力度和范围，在被告人真诚认罪、悔罪的情况下，适当减轻对于此类犯罪人的量刑幅度，在一定程度上减轻检察机关的办案压力，完成对危害政治安全犯罪的起诉和审判工作，实现国家安全机关、审判机关与检察机关良性协作的同时，增强对危害政治安全类犯罪的打击治理效能。

（二）民事检察：以民事精准检察监督为出发点，加强民事全流程监督，积极参与多元解纷机制，及时化解社会矛盾纠纷

对于以民事纠纷案件存在的社会矛盾化解工作，检察机关应当从如下几个角度出发，以民事检察监督权能为中心，强化对民事诉讼各环节的全流程检察监督，并且主动融入地区社会综合治理和多元纠纷化解工作，以便及时化解民事矛盾纠纷、维护社会稳定，防止社会矛盾激化威胁国家政治安全。

1. 以民事检察精准监督为中心，着力化解民事疑难陈年积案

检察机关的民事抗诉及再审检察建议程序作为民事诉讼活动的最后一道监督防线，既是民事司法救济最后的程序，也是绝大多数长期积累的民事诉讼疑难案件所必然经历的诉讼阶段。对于民事检察申诉，如果检察机关处理得当，将在一定程度上令当事人服判息诉，不会进入后续的信访环节。而对于大量的民事检察监督申请来说，检察机关既无精力做到事无巨细，也不可能越俎代庖地替代法院行使审判权。民事检察工作是"四大检察"中的

重要工作,但是由于民商事专业人才较少,民事检察监督是检察机关的短板。[39]对此,笔者认为,一方面,应当运用互联网人工智能和大数据等技术,对民事个案监督中发现的问题进行汇集分析,精准制定司法解释或司法规范性文件,"以点带面"地促进解决某一类民事案件的司法理念与导向性问题。[40]另一方面,各地检察机关应结合当地频发的民事案件常见问题,有重点地开展专项监督实现精准发力,化解陈年积案和多次申诉、信访类案件。

2. 充分运用检察权能,加强对人民法院的民事审判过程性监督

虽然抗诉及再审检察建议是检察机关对于民事监督的主要环节,但将民事监督重心适当"前移",从根源上减少错案的发生是促进"以审判为中心"司法改革的必然要求,这也是民事检察实务工作的主流发展趋势。通常认为,民事检察监督权是一种消极被动的权利,主要表现在检察机关启动民事检察监督程序必须要在裁判文书生效后进行,以体现检察权对人民法院行使审判权的充分尊重。[41]但是事后监督并不代表检察机关就一定要在民事案件裁判文书生效之后才能予以"事后介入",或只能监督裁判文书本身而不能监督裁判过程是否符合法定程序。人民法院行使审判权的过程本身是否遵循程序法规定,虽然并不决定着最终裁判结果的公正与否,但是出于正当程序理论的观点,民事审判活动的严格依法规范进行将大大减少不公正裁决的产生概率。

3. 重点关注对民事执行活动监督制度的构建,保障胜诉利益及时兑现

在"切实解决执行难"语境下,人民法院生效裁判文书所产生的既判力和执行力应当得到被执行人和全社会的尊重和执行。有学者基于实证研究认为,"执行不能""执行迟延""消极执行"等现象严重损害了民事生效裁判文书的公信力,[42]也容易引发因胜诉利益无法兑现而产生的社会矛盾。对于当前人民法院执行工作存在的执行不规范等问题,需要检察机关通过民事执行监督检察工作予以纠正和监督。肖建国教授认为,在执行程序运转依然主要靠当事人加以推动的情况下,我国客观上需要从外部引入并强化作为公共利益代表的检察机关的民事执行法律监督机制。[43]由于我国《民事强制执行法》正处于立法草案审议阶段,应当借助强制执行立法的契机,在以下领域引入民事执行检察监督程序:一是在查找财产方面,应当设置检察机关监督保障财产线索查询的规定;二是在人民法院涉嫌非法侵害被

执行人的人格权与财产权时，应当赋予检察机关监督的权利；三是对于人民法院消极行为，应当适时加以督促和建议。

4. 秉持"枫桥经验"的精神内核，主动参与社会多元解纷机制构建

党的十九届四中全会提出，要完善正确处理新形势下人民内部矛盾的有效机制，坚持和发展新时代"枫桥经验"。[44]新时代"枫桥经验"被赋予了全新的时代内涵和鲜明特征，即党建统领、人民主体、自治法治德治"三治结合"、共建共治共享、平安和谐。党建统领是根本保证，人民主体是价值核心，"三治结合"是核心要义，共建共治共享是基本格局，平安和谐是目标效果。笔者认为，"枫桥经验"的精神内核是尊重人民主体地位，发动群众，依靠群众，就地解决矛盾。[45]笔者认为，民事检察监督工作的基本任务目标就是通过保障纠纷的顺利化解，维护社会稳定和政治安全。因此，检察机关应当在民事检察监督工作中始终秉持"枫桥经验"的精神内核，参与社会多元化纠纷解决机制的构建，主动与行政机关、人民法院协调配合，共同推动社会安定和谐、人民生活安居乐业。新时代检察机关发扬秉持"枫桥经验"的一个例证是山东聊城检察机关建立的"白云热线""白云工作室"。"白云热线"是以退休检察官白云同志参与建立的接待信访群众的机制，开创性地打造了全域信访方式，畅通了群众的意见表达途径，被誉为"枫桥经验的传承"、检察版的"枫桥经验"，[46]有效促进了社会矛盾纠纷的多元化解。

（三）行政检察：实质性化解群体性行政争议，推进法治政府建设

行政检察在我国社会主义法治体系中扮演着至关重要的角色，通过行政审判监督程序，检察机关可以促使集体性行政争议的化解，并且可以通过检察建议或抗诉等方式监督、保障和促进行政机关依法行政，从而减少因政府不作为或乱作为引发的群体性事件，维护我国政治安全。具体而言，检察机关应主要从以下两方面推动行政检察工作高水平开展，使行政监督检察工作真正成为促进依法行政、推进法治政府建设的重要制度渊源。

1. 做实行政检察，通过法治实质性化解行政争议，妥善解决群体性事件

所谓"行政争议的实质性化解"是指经过相应的经济程序后，不再存在或者产生异议。[47]人民检察院切实做好行政检察既是通过法治化路径防范和化解重大群体性事件为代表的行政争议的最优解，也是缓解或消弭重大

政治安全隐患的必由之路。通过法治化路径实质化解行政争议，一方面，应当在推进行政检察监督过程中充分注重司法过程论，强调和重视有针对性地、因地制宜地充分灵活选择多样化的检察监督路径和方式。检察机关要重视来自行政机关、行政相对人和人民法院等各方的有效信息和线索，在认真履行调查核实的基础上，依法提起行政抗诉或提出纠正行政违法行为的检察建议等。另一方面，应当通过与社会各界力量进行联动协作，共同化解群体性行政争议。例如浙江检察机关通过积极参与社会治理，全省60个检察院与相应的法院和政府会签"行政争议协作化解"文件，[48]促进了行政争议实质性化解工作高效开展，真正实现了"案结事了政和"的社会治理效果。

2. 依法监督行政机关实施行政行为的关键环节，切实推进法治政府建设

现有理论界和实务界认为，检察机关在推进法治政府建设方面的主要方式有直接方式和间接方式。直接方式是指通过向行政机关发送检察建议来协助和督促行政机关依法实施行政行为，依法履行自己的职权和责任，但直接方式是一种较为柔性的制度设计，并不具备强制效力。间接方式是指通过对行政诉讼提起抗诉等刚性程序，监督行政机关特定行政行为的合法性，从而间接督促行政机关的行政行为必须严格履行法定程序，否则将面临败诉的不利后果。事实上，行政检察监督还有第三条途径，即对于行政非诉执行的监督。[49]上述三种行政检察监督途径均应当对其中所涉及的行政行为的关键环节，诸如征地拆迁、关键领域的行政许可等重要环节进行动态监督，以推进法治政府建设。

（四）公益诉讼检察：积极稳妥拓展检察公益诉讼案件范围，切实维护公共利益，并督促行政机关依法履职

公益诉讼检察是近年来检察机关新增的业务领域。目前，我国检察公益诉讼主要包括两类：民事检察公益诉讼和行政检察公益诉讼。民事公益诉讼对于维护我国意识形态安全领域具有重要意义：一方面，《英雄烈士保护法》已经将侵害烈士荣誉、名誉等行为纳入民事检察公益诉讼的范围之内；另一方面，检察机关通过积极、稳妥探索公益诉讼外的案件，可在维护互联网安全、公民个人信息安全等不特定多数人利益的领域内大有可为。对于行政检察公益诉讼，目前我国《行政诉讼法》以及有关司法解释将其范围

限定于生态环境和资源保护、食品药品安全、国有财产保护、国有土地使用权出让等领域，就此形成了"4＋1"的公益诉讼范围格局。根据相关程序性司法解释，可将我国现行公益诉讼程序流程概括为图3所示。

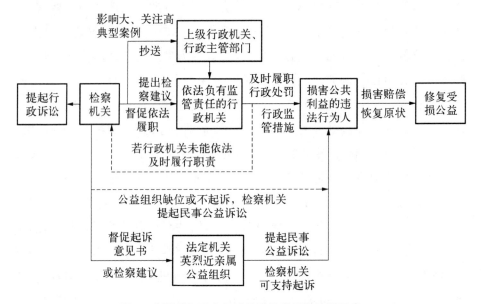

图3　我国现行民事行政检察公益诉讼流程示意

笔者认为，为开展通过公益诉讼程序确保对于维护政治安全的法治化探索，检察机关应当结合其自身在既有领域诸如烈士保护、国有资产转让与土地出让等领域的实践经验与探索成果，积极作为、创新思想，依托检察机关公共利益维护者与国家法律监督者的二元属性与双重身份定位，[50]适时将检察公益诉讼发展为维护国家政治安全、确保国家核心利益与发展利益不受侵害的重要法治化途径。在公益诉讼领域开展维护政治安全工作，需要从以下两个方面入手。

1. 在维护政治安全等公共利益领域积极扩展检察公益诉讼办案范围

根据党中央对于公益诉讼制度在全面依法治国领域中的规划定位，以及最高人民检察院的统一决策部署，在新时期检察机关公益诉讼工作中，应当注意积极探索公益诉讼案件范围的拓展，充分发挥检察公益诉讼的制度效能，切实维护我国国家利益以及不特定多数人的社会公共利益，具体而言，政治安全领域中涉及的国家利益类型包括国家的政治稳定、维护良好社会秩序、执政党政权的稳定、意识形态安全、互联网舆论安全和其他方面的网络安全、网络个人信息保护等。同时,在上述场域内,检察机关需要及时予以补位,与国家安全机关共同配合,充分发挥检察公益诉讼的制度优势,单独提起民事公益诉讼,或者在提起刑事诉讼的同时合并提起附带民事公益诉讼,以修复受损的国家利益和社会公共利益,防止上述领域的公共利益受到侵害。值得注意的是,对于不特定多数用户个人信息和隐私的利益保护,已经得到了最高人民检察院的认可,[51]检察机关应当以此作为一个良好的开端,凭借公益诉讼在维护国家安全领域所具备的天然制度优势及充分的理论正当性,尽快开展科学探索。

2. 充分利用诉前检察建议,督促行政机关切实履行维护政治安全的职责

事实上,针对行政检察公益诉讼,绝大多数案件集中解决于诉前行政检察建议阶段,即绝大多数行政机关在检察机关向其发送有关督促或纠正行政违法行为的检察建议之后都会及时整改落实。[52]因此,笔者认为,行政检察公益诉讼对于行政机关的监督或者督促主要体现在诉前检察建议的环节。因此,对于检察机关在履行职责过程中发现的部分行政机关不作为或者违法作为,导致国家政治安全遭受威胁产生风险的,应当及时发送诉前检察建议,避免造成实质性损害后果的发生。

对于行政检察建议监督方式应当从以下三点加以把握:一是国家安全机关侦查危害国家政治安全的犯罪行为时,属于侦查监督范畴,不属于行政检察监督领域。二是发现其他机关没有及时履行维护国家政治安全的行政主体责任,典型的情况诸如国家保密机关没有及时履行保密安全义务,导致部分国家秘密被刺探或监听的,此时应当向其及时发送检察建议。上述线索既可源于公民的控告举报,也可源于检察机关办理刑事案件所知悉获取的情况。三是应当尊重行政机关的判断权,即行政法的谦抑性原则,避免出现越俎代庖的情况发生。

四、结语

笔者结合国家安全学基本理论及相关司法实践情况,阐述了政治安全概念的内涵与外延,详细分析了当前我国政治安全领域所面临的重大风险与挑战,主要包括:一是危害国家安全犯罪呈技术化、分散化、隐蔽化特征,

打击难度增加。二是转型期社会矛盾纠纷风险大量累加,民事纠纷成为主要呈现形式。三是征地拆迁等群体性事件频发,金融监管等重点领域风险水平较高。四是网络安全与互联网治理形势严峻,意识形态冲突斗争局面较为复杂。

对于上述四方面政治安全的重大风险挑战,笔者结合检察机关的"四大检察"主责主业,有针对性地提出了符合司法规律和实际情况的法治化规制方案:一是在刑事检察领域,研究解决危害政治安全犯罪疑难问题,完善相关刑事程序,从严惩治并起诉危害政治安全犯罪行为。二是在民事检察领域,以民事精准检察监督为出发点加强民事全流程监督,积极参与多元解纷机制,及时化解社会矛盾纠纷。三是在行政检察领域,实质性化解群体性行政争议,推进法治政府建设。四是在公益诉讼检察领域,积极稳妥地拓展检察公益诉讼案件范围,切实维护公共利益并督促行政机关依法履职。检察机关作为政治机关,应当始终坚持维护党的绝对领导,保障政治安全,为社会主义法治建设不断贡献"检察智慧",为国家和人民提供高质量、高水平、高标准的"检察产品"。

参考文献

[1] 全国干部培训教材编审指导委员会:《全面践行总体国家安全观》,人民出版社、党建读物出版社 2019 年版,第 1 页。

[2] 习近平:《在中央国家安全委员会第一次会议上的讲话》,《人民日报》2014 年 4 月 16 日,第 1 版。

[3] 李培林:《总体国家安全观指导下的社会治理》,《社会治理》2017 年第 5 期。

[4] [英]巴瑞·布赞等:《新安全论》,朱宁译,浙江人民出版社 2003 年版,第 193 页。

[5] 成伯清:《"风险社会"视角下的社会问题》,《南京大学学报(哲学·人文科学·社会科学版)》2007 年第 2 期。

[6] 杨建英:《政治制度安全:国家安全的核心》,《国家安全通讯》1999 年第 12 期。

[7] 马宝成:《总体国家安全观:一项战略学的分析》,《公安学研究》2020 年第 3 期。

[8] 梁艳菊:《论政治安全与政治稳定、政治发展的关系》,《内蒙古社会科学(汉文版)》2001 年第 6 期。

[9] 刘跃进:《政治安全的内容及在国家安全体系中的地位》,《国际安全研究》2016 年第 6 期。

[10] 全国干部培训教材编审指导委员会:《全面践行总体国家安全观》,人民出版社、党

建读物出版社 2019 年版,第 71—72 页。

[11] 中共中央宣传部:《习近平新时代中国特色社会主义思想三十讲》,学习出版社 2018 年版,第 257 页。

[12] 刘跃进:《新时期总体国家安全观指导下的中国国家安全战略目标及措施》,《江南社会学院学报》2015 年第 4 期。

[13] 习近平:《在纪念红军长征胜利 80 周年大会上的讲话》,《人民日报》2016 年 10 月 22 日,第 2 版。

[14] 徐隽:《国家安全部公布一批危害国家安全典型案件》,《公民与法》2020 年第 4 期。

[15] 李凤梅:《危害国家安全罪的规范缺失及立法补正》,《法商研究》2017 年第 5 期。

[16] 王佳宁:《"暗网"对国家安全的危害》,《网络安全技术与应用》2016 年第 9 期。

[17] 吴昉昱:《二次违法性视野下比特币的刑法规制》,《贵州警官职业学院学报》2015 年第 6 期。

[18] 吴江、张小劲:《极端宗教意识形态研究——以〈达比克〉为对象的分析》,《政治学研究》2016 年第 6 期。

[19] 单勇、阮重骏:《城市界面犯罪的聚集分布与空间防控——基于地理信息系统的犯罪制图分析》,《法制与社会发展》2013 年第 6 期。

[20] 王文通、胡宁:《DNS 安全防护技术研究综述》,《软件学报》2020 年第 7 期。

[21] 吴忠民:《社会公正与中国现代化》,《社会学研究》2019 年第 5 期。

[22] 徐晓军、张楠楠:《社会边缘化的"心理—结构"路径——基于当代中国失独人群的经验研究》,《社会学研究》2020 年第 3 期。

[23] 贾俊强:《当前个人极端暴力事件研究分析——以"失意群体"为视角》,《河南财经政法大学学报》2014 年第 1 期。

[24] 左卫民:《"诉讼爆炸"的中国应对:基于 W 区法院近三十年审判实践的实证分析》,《中国法学》2018 年第 4 期。

[25] 陈靖:《城镇化背景下的"合村并居"——兼论"村社理性"原则的实践与效果》,《中国农村观察》2013 年第 4 期。

[26] 张秀吉:《农村社区化建设中的利益多元与治理——以齐河县农村合村并居为例》,《山东社会科学》2011 年第 2 期。

[27] 许开轶:《网络边疆的治理:维护国家政治安全的新场域》,《马克思主义研究》2015 年第 7 期。

[28] 王金水:《公民网络政治参与与政治稳定》,《中国行政管理》2011 年第 5 期。

[29] 杨卫敏:《论习近平关于知识分子问题的战略思维》,《统一战线学研究》2017 年第 3 期。

[30] [俄]尼古拉·雷日科夫:《大国悲剧:苏联解体的前因后果》,徐昌翰译,新华出版社 2010 年版,第 12—17 页。

[31] [美]约翰·刘易斯·加迪斯:《遏制战略——冷战时期美国国家安全政策评析》,

时殷弘译,商务印书馆 2019 年版,第 11 页。

[32] 全国干部培训教材编审指导委员会:《全面践行总体国家安全观》,人民出版社、党建读物出版社 2019 年版,第 5 页。

[33] 关尔:《打通公益诉讼渠道捍卫英雄尊严》,《检察日报》2016 年 10 月 24 日,第5 版。

[34] 习近平:《坚持以人民为中心的发展思想,履行好维护国家政治安全、确保社会大局稳定、促进社会公平正义、保障人民群众安居乐业的主要任务》,《人民日报》2018 年 1 月 23 日,第 1 版。

[35] 王佩连:《习近平总书记政法工作重要论述研究》,《福建警察学院学报》2019 年第5 期。

[36] 洪浩、朱良:《论检察机关在刑事审前程序中的主导地位》,《安徽大学学报(哲学社会科学版)》2020 年第 4 期。

[37] 李凤梅:《危害国家安全罪的规范缺失及立法补正》,《法商研究》2017 年第 5 期。

[38] 孟植良、杨绒:《国家治理现代化与认罪认罚从宽制度研讨会召开》,http://society.people.com.cn/gb/n1/2020/0905/c1008 - 31850452.html,最后访问日期:2020 年 9 月 5 日。

[39] 贺恒扬:《守正出新:检察权理论重述的时代意蕴》,《西南政法大学学报》2019 年第 6 期。

[40] 庄永廉等:《做强民事检察工作的方略》,《人民检察》2019 年第 17 期。

[41] 覃攀、张力:《检察机关"事中介入"民事诉讼制度研究》,黄河、冯小光:《新时代民事检察的理论与实践:第十五届国家高级检察官论坛论文集》,中国检察出版社2019 年版。

[42] 牛正浩、尹伟:《论执行工作"一案双查"制度的实践与完善——基于 J 省三级法院应对消极执行的实证研究》,《法律适用》2020 年第 11 期。

[43] 肖建国:《中国民事强制执行法专题研究》,中国法制出版社 2020 年版,第 210 页。

[44]《中共中央关于坚持和完善中国特色社会主义制度,推进国家治理体系和治理能力现代化若干重大问题的决定》(2019 年 10 月 31 日中国共产党第十九届中央委员会第四次全体会议通过),《人民日报》2019 年 11 月 6 日,第 1 版。

[45] 李少平:《传承"枫桥经验",创新司法改革》,《法律适用》2018 年第 17 期,第 4 页。

[46] 刘勇、王伟林、刘舒媛:《打造新时代检察版"枫桥经验"》,《中国检察官》2018 年第9 期。

[47] 杨建顺:《用好行政检察权,促进行政争议实质性化解》,《检察日报》2020 年 7 月29 日,第 7 版。

[48] 浙江省人民检察院:《彰显"重要窗口"担当,实质性化解行政争议》,《检察日报》2020 年 8 月 29 日,第 2 版。

[49] 姜明安:《行政检察监督在新时代依法治国伟大工程中的地位与作用》,《人民检

察》2019 年第 Z1 期。

［50］潘剑锋、郑含博：《行政公益诉讼制度目的检视》,《国家检察官学院学报》2020 年第 2 期。

［51］孙传玺、崔雪：《侵犯公民个人信息刑事附带民事公益诉讼案件难点破解》,《中国检察官》2020 年第 14 期。

［52］胡卫列、田凯：《检察机关提起行政公益诉讼试点情况研究》,《国家检察官学院学报》2017 年第 2 期。

国家安全立法前瞻性若干问题研究*

郭永辉 李 明**

摘要：经济全球化进程带来的负面影响、现代科技发展、改革开放中的利益调整与分割引发的社会矛盾是我国开展国家安全立法前瞻性研究的现实需求。国家安全立法前瞻性研究需要处理好国家安全的局部与整体、现实与长期安全、战术与战略性威胁、外部与内部安全环境、传统与非传统安全等关系。国家安全立法前瞻性研究要紧盯国际政治大环境，诸如敌对或不友好国家战略、科技发展新趋势、宗教活动新动向、新兴社会组织等，并采取专业与社会相结合、开源与秘密情报相结合的方式，建设社会动态监控分析平台，明确阶段性关注重点，进行相关预测，包括进出口管制内容预测等，作为研究方法，开展国家安全立法前瞻性研究。

关键词：国家安全；立法；国家战略；前瞻性研究

国家安全是定国安邦的基石，是"国之大事"。近年来，随着国际形势的不断变化，我国经济和政治地位在国际社会得到不断提升，以美国为首的西方反华势力从政治、经济、文化、科技等领域对我国进行破坏，中国国家安全面临的风险和挑战也日益突出。如何维护我国国家安全、确保国家政权稳定和经济健康的有序发展是当前我国国家安全立法前瞻性研究亟须解决的问题。面对当今世界正处于百年未有之大变局的实际，我们应准确理解、科

---

* 本文系 2020 年度新疆法学会研究课题"坚持以新时代党的治疆方略为指导，完善依法治疆、依法治理机制研究"（项目编号：XF2020A01）的阶段性成果。

** 郭永辉，西北政法大学反恐怖主义法学院（国家安全学院）教授、博士生导师，主要研究方向：国家安全法学、反恐怖主义法学；李明，西北政法大学涉外研究中心、国家安全学院讲师，主要研究方向：国家安全法学、反恐怖主义法学。

学把握、深入贯彻总体国家安全观，切实采取有力措施维护国家安全。[1]通过开展国家安全立法前瞻性研究，可以有效应对当前我国国家安全面临的风险挑战，牢牢把握国家整体安全，切实保障我国国家安全从被动走向主动，为中华民族伟大复兴事业提供坚实的国家安全立法保障。

一、国家安全立法前瞻性研究的现实需求

国家安全是伴随国家产生而出现的一种社会现象，从古至今，国家安全一直处在发展变化之中，到了当代，其发展变化的速度进一步加快，内容和形式越来越丰富、问题越来越复杂。[2]随着我国社会的不断发展和进步，国家安全的内涵和外延也不断丰富，面临的风险和挑战不断增多，开展国家安全立法工作前瞻性研究是维护国家安全的现实需求。

（一）中华人民共和国成立以来国家安全的历史经验需要开展国家安全立法前瞻性研究

国家安全作为独立的概念和研究起步较晚，数十年的经验表明，我国的国家安全在日益复杂、剧烈变动的国际国内环境中，因对国家安全立法前瞻性研究不足，导致我国在维护国家安全方面有不少教训；此外，国家安全法律体系相关领域的缺失，使我国国家安全在不同领域受到不同程度的损害。由于我国国家安全立法工作的滞后性，对此类行径研究前瞻性不够，影响了国家政权的安全和社会稳定。

（二）保障中华民族伟大复兴进程需要开展国家安全立法前瞻性研究

改革开放以来，我国社会主义事业取得了翻天覆地的变化，经济得到前所未有的进步和发展，已成为仅次于美国的世界第二大经济体，综合国力和军事力量得到大幅提升。因社会制度、意识形态的差异，以美国为首的西方国家不会也不愿看到中国社会主义事业向好发展。相反，会千方百计地阻碍中国向前发展。随着近年来中国综合实力和国际影响力的不断增强，境外敌对势力对中国的遏制情绪日益高涨。在涉及中国"反恐"议题上，西方国家的"双重标准"表现得更为明显，既千方百计地让中国加入国际反恐行动，意图让中国在反恐活动中承担更多的"国际责任"，又对中国的反恐政策和法律指指点点。在反恐双重标准下,美国插手我国的地区冲突、边界矛盾等,严重影响了我国国家安全。此外,美国主导打造了日韩澳"铁杆盟友",加强同东盟国家的盟友与伙伴关系,构建与印度的新型战略伙伴关系,通过竞争和包围的方式阻碍中国复兴之路。上述事例表明,中华民族伟大复兴道路面临的国际环境不容乐观,境外敌对势力势必从经济、政治、文化等安全领域对我国进行阻挠,我国应从法律层面做好应对和处置。

（三）经济全球化进程的负面影响需要开展国家安全立法前瞻性研究

改革开放以来,中国主动融入全球化进程,以前所未有的速度、广度和深度面向世界开展全方位、多层次的对外交流合作,各方面都取得了引人注目的成效。在政治方面,当前的经济全球化是资本主义主导下的全球化,具有不可否认的意识形态性,并深刻地表现为"客观的全球化进程"与"西方主观的全球化战略"的对立统一。[3]在全球化浪潮的推动下,西方敌对势力运用意识形态渗透的手段西化、分化我国的企图从来没有停止,长期通过各种途径、平台与我国主流意识形态争夺话语权,试图颠覆我国的社会主义政治制度,实质是企图通过宣扬和美化资本主义制度、西方政治模式和普世价值理念来否定中国的政治体制,最终达到颠覆中国社会主义制度的目的。[4]在经济方面,全球化的进程除了给我国经济带来强劲的动力外,也给我国部分产业带来一定威胁和挑战,或多或少地威胁着我国的经济安全。例如,我国民族工业领域的汽车、纺织、葡萄酒等行业面临着国外优势资本的挤压,危害到了我国国家经济安全。面对全球化给我国政治和经济带来的负面影响和威胁,如果不针对性地开展国家安全立法前瞻性研究,随着全球化的不断推进,势必将危害我国政权和经济领域的国家安全。

（四）科技的发展需要开展国家安全立法前瞻性研究

2019年1月21日,习近平总书记在省部级主要领导干部坚持底线思维,着力防范化解重大风险专题研讨班上提出:"要加快科技安全预警监测体系建设",突出强调了科技安全监测预警的重要意义。[5]当前,在世界百年未有之大变局时代,新一轮科技革命浪潮正席卷全球,科技发展方兴未艾。自改革开放以来,中国科技事业得到很大的发展,但相对于西方发达国家来讲,我国科技发展总体水平还处于落后态势,突出表现在科技核心技术、关键部件制造等方面落后于美国等西方国家,在国际商贸活动中常常被"卡脖子",严重威胁国家科技安全。例如,2018 年 4 月 16 日,美国商务部发布公告称:美国政府在未来 7 年内禁止中兴通讯向美国企业购买零部件、软件等敏感产品;从 2019 年 5 月开始,美国对华为的制裁措施全面升级,将华为列入实体名单,部分国家例如澳大利亚、英国等也开始拆除华为在本国的 5G 设施设备。这表明西方一些发达国家为保住本国科技优先地位,不惜想方设法地打压中国高科技企业,企图将中国科技领头优势企业扼杀在摇篮中。上述事例表明,我们要提前研判科技发展和西方敌对国家利用科技优势对我国国家安全的影响,综合开展国家安全立法前瞻性研究,通过制定法律、不断强化和引导科技创新和发展,缩短与发达国家间的距离,并正确运用法律与相关国家进行斗争,尽快摆脱科技安全领域的"卡脖子"现象。

二、国家安全立法前瞻性研究需妥善处理的相关关系

2019 年 10 月 31 日,党的十九届四中全会指出:"当今世界正经历百年未有之大变局,我国正处于实现中华民族伟大复兴关键时期。"国家安全是国家生存和发展的前提和基石,面对百年未有之大变局,开展国家安全立法前瞻性研究需要处理好以下几组重要关系。

（一）处理好国家安全整体与局部的关系

总体国家安全观擘画了维护国家安全的整体布局,实现了对传统国家安全理念的重大突破,深化和拓展了我们党关于国家安全问题的理论视野和实践领域,标志着我们党对国家安全问题的认识达到了新的高度。[6]国家安全整体和局部关系辩证统一、缺一不可。当前,我国国家安全体系由政治、经济、国土、军事、文化等 12 项内容组成,随着社会的发展,国家安全的内涵和外延还将不断拓展,国家安全的内容也将越来越丰富。目前,反映我国国家整体安全的《中华人民共和国国家安全法》已于 2015 年 7 月 1 日起施行,其他诸如社会、网络、经济、生物等局部安全领域的法律也相继出台,例如《反间谍法》《反恐怖主义法》《网络安全法》《国家情报法》《中华人民共和国香港特别行政区维护国家安全法》《反外国制裁法》等。随着社会的发展,国家安全领域必然会不断制定、颁布单行法律来保障国家整体安全。因此,开展国家安全立法前瞻性研究要在总体国家观的指导下,正确处理好国家安全整体与局部的关系,按照先急后缓的原则与时俱进地完善国家安全领域的法律。

（二）处理好现实安全、近期安全、中期安全、长期安全的关系

国家安全是个历史范畴,不同时期国家安全的内涵具有不同内容,在当今世界大变局中,我们要对国家安全的内涵和构成进行认真分析,全国人大及其常委会可将国家安全构成要素按照现实安全、近期安全、中期安全、长期安全进行分类,认真开展国家安全立法前瞻性研究,确保国家安全法律体系科学有效地建构和完善。同时,中央国家安全委员会可牵头组织国家安全领域内的相关专家,制定完善《国家安全战略纲要》,将我国战时与和平时期、传统安全与非传统安全、近期安全与中长期安全等内容分门别类地进行梳理。通过梳理,找准问题与矛盾产生的症结,按照系统论的思想,通盘设计、规划我国国家安全体系,确定现实安全、近期安全、中期安全、长期安全的内容,明确路线图、工作任务和责任部门。《国家安全战略纲要》按照长期战略（50—100 年）、中期规划（20—50 年）、近期计划（5—20 年）的方式制定,妥善处理现实安全、近期安全、中期安全、长期安全间的关系,不仅可以保障我国国家安全立法既有长远的战略思谋,而且能够用最短的时间适应动态的国际、国内安全形势变化,防患于未然,争取战略主动权。事实证明,前瞻性越长远,战略性就会越扎实;国家安全的主动性越强,回旋的余地也越大。

（三）处理好战略威胁和战术威胁的关系

在国家安全治理中,基于不同目标定位,战略与战术具有不同的功能作用。战略具有宏观、原则、长远的特点;战术体现在微观、具体、现实方面。当前,我国国家安全既面临着战术性安全威胁,又面临着战略性安全威胁。在战略性威胁方面,以美国为首的西方国家针对我国制定了长期的战略规划。首先,从意识形态方面西化中国,用所谓的民主思想来动摇国民的思想,开展颜色革命。其次,利用自身优势对中国进行全面遏制,进而实施战

略合围,打击中国的经济命脉,损害社会秩序。最后,美国在中国开展内部分裂斗争,或支持代理人国家与中国开战,最终达到其战略目标。面对上述安全威胁,我们应审时度势,根据实际,在国家安全立法层面既要战略对战略、战术对战术,又要有针对性地制定应对措施,例如对于美国细化分化中国的战略,我们要通过立法,从战略层面进行反击,不断夯实执政之基;针对美国的抹黑中国的战术威胁,我们要揭露美国的目的和做法,针锋相对地开展战术斗争。国家安全立法前瞻性研究要求我们深谙国家战略深层意图,牢固树立总体国家安全观,深入调查研究,实现国家安全战术政策与战略方向的有机统一。

（四）处理好外部安全与内部安全环境的关系

习近平指出:"贯彻落实总体国家安全观,必须既重视外部安全,又重视内部安全,对内求发展、求变革、求稳定、建设平安中国,对外求和平、求合作、求共赢、建设和谐世界。"[7]目前,从中国国家安全来看,外部安全威胁源于外国的军事入侵,以及国外对中国的经济封锁和制裁;内部安全威胁主要表现在国家分裂势力扰乱社会秩序。任何外部的安全威胁都要通过内部因素来发挥作用。当前内部安全环境是国家安全保障的重点,只有处理好国内安全问题,才能有效应对外部安全环境的威胁。因此,开展国家安全立法前瞻性研究要统筹好内部环境和外部环境的关系,通过国家安全立法确保国内安全得到有效保障的前提下,一致应对国外安全环境的威胁,进而维护我国国家整体安全。

（五）处理好传统安全与非传统安全的关系

国家安全中的传统安全和非传统安全各有特点。传统安全一般指政治安全和国防安全;非传统安全则指随着社会的发展,产生了网络、科技、生物、能源等方面的安全,非传统安全与传统安全不同,具有普遍性和突发性的特点,立法部门如不进行重视和研判,很可能危及传统国家安全。近年来,习近平总书记高度重视非传统安全,指出"恐怖主义、网络安全、重大传染性疾病、气候变化等非传统安全威胁持续蔓延",[8]明确要"统筹应对传统和非传统安全威胁"。[9]上述论断为开展国家安全前瞻性研究提供了正确导向。打击国内外恐怖主义活动,不仅需要国内警察力量,而且需要强大的军队作为后盾,来保障国家安全。此外,非传统安全问题的妥善处理也会促进传统安全。[10]我们应通过国家安全立法严厉打击基因编辑、传播病毒等影响非传统安全的违法行为,确保传统安全中国家政权稳定和国家安全的工作目标。厘清和处理好传统和非传统国家安全之间的关系,有利于实现国家安全立法前瞻性研究的效果和目标。

三、国家安全前瞻性研究的内容

我国国家安全前瞻性研究要立足国家政治关系大环境、科技发展趋势以及社会舆论等内外因素,实现保障国家安全的目标。

(一)紧盯国际政治关系大环境,开展国家安全立法前瞻性研究

近年来,我国综合实力不断增强,国际社会的影响力也不断增大,中国的声音在国际舞台的话语权得到不断提升。但国际政治环境仍存在对我国发展起阻碍作用的因素,我们应保持清醒的认识。[11]例如,以美国为首的西方国家为了维护自身的霸权和优势地位,通过战略围堵、结盟打压等方式对我国进行压制,直接影响了我国国家整体安全,具体包括从政治诬陷、经济制裁、文化渗透、民族关系破坏等多方面,对我国国家安全构成极大威胁,这种状况将伴随着中华民族伟大复兴的进程持续存在。2020年,新冠疫情暴发后,中国政府集全国之力不仅控制了疫情的蔓延,而且还在最短的时间内恢复了经济发展,取得了举世瞩目的成绩。然而,以美国为首的一些西方国家受资本主义社会制度和价值观念等影响,不断抹黑中国疫情防控措施,形成反华联盟持续对中国进行围攻,在美国的鼓动下,欧盟27国对我国采取制裁措施,这是欧盟30年来首次对中国实施制裁行动,而且制裁手段相当苛刻。[12]此外,个别国家不断挑起领土争端,对我国整体国防安全带来极大的威胁。面对当前国际政治关系大环境,如果不提前开展国家安全立法前瞻性研究,我国国家安全就容易表现出"灭火队"式的应对,在某些方面陷入被动,甚至导致难以挽回的后果。鉴于此,国家安全立法前瞻性研究一定要紧盯国际政治大环境,认真分析现状及未来发展趋势,并结合国家安全的构成和内涵,有针对性地对国家安全总体趋势进行预测,尤其是预测好近期和

长期的国家安全面临的趋势，提出切实可行的工作对策，为中华民族的伟大复兴提供安全保障。

（二）紧盯敌对以及不友好国家战略，开展国家安全立法前瞻性研究

近年来，中国在经济、军事、外交方面取得的重大成就，在一定程度上给美国等西方国家造成了巨大的心理压力。美国国家安全战略自 2012 年至今，工作重心由反恐战争向遏制中国发展和大国竞争方面转变，尤其是特朗普政府上台后，其 2017 年的《美国国家安全战略》点名指责中国在知识产权、外交、军事等领域的做法，将中国界定为战略竞争对手，并在经济、科技、人文交流领域采取极端措施遏制中国的崛起，试图在经济上与中国全面脱钩。2021 年 3 月 25 日，美国总统拜登在白宫召开的首场记者会上就表明，美国绝不允许中国超越美国，同时还承诺在他的任期内，将阻止中国超越美国。此外，拜登政府的国务卿也明确：美国已经将中国定义为"美国唯一的全面敌手与竞争者"。[13] 在 2021 年 6 月 13 日的 G7 峰会中，参会国家对中国横加指责，将与中国交往的原则定为"竞争、合作、对手"，这预示着在将来一段时间内，我国与西方国家的关系仍然处于一个僵持的局面。以上情况表明，面对美国和欧盟的战略转变，中国国家安全面临的压力将不断增大，亟须重视和有效应对。此外，东北亚国家和东盟国家安全战略也是影响我国国家安全的重要因素，这就要求我国在国家安全立法相关领域需要通过科学的前瞻性研究做好相应的研判，以应对外部挑战和威胁。

（三）紧盯科技发展新趋势，开展国家安全立法前瞻性研究

党的十八大以来，中国科技实力明显增强，无论科技投入、基础条件，还是核心技术都取得了较好成就。但是，我们也要清醒地看到，以美国为首的西方国家在关键核心技术，例如半导体芯片、生物芯片技术、加速器技术等重要领域，不断遏制和打压中国高科技企业，企图将中国相关企业扼杀在这一领域，中兴和华为等中国企业在美国的遭遇就是突出表现。近年来，以美国为首的一些西方国家利用互联网、关键技术的优势，通过秘密及开源情报的手段，不断窃取我国基础信息，严重影响我国基础信息的安全。值得关注的是，目前国际贸易的结算平台惯例是利用美元进行结算，一旦中美发生严

重冲突,美国就可以借此影响我国国际贸易结算,到时我国的经济命脉就会被美国牢牢抓住,后果将不堪设想。随着科技的发展,人工智能技术普遍应用于社会各个领域,这些人工技术的应用给社会带来便利的同时也会引发侵权、伦理等诸多社会问题。如果不提前针对高新科技的动态及趋势开展国家安全前瞻性研究,将会对我国国家整体安全带来重大风险。

（四）紧盯新兴社会组织及其扩张,开展国家安全立法前瞻性研究

改革开放以来,尤其是党的十八大以来,我国各类社会团体、基金会和社会服务机构等社会组织进入了大发展、大繁荣的黄金时期。据统计,全国登记在册的社会组织已超 90 万家,总数量比党的十八大以前几乎翻了一番,且遍布所有行业和各领域。[14]这些社会组织在医疗、慈善、行业管理、矛盾纠纷化解等方面起到了积极正面的推动作用,有助于社会秩序稳定和经济发展。但是,个别社会组织打着"国家""人民"等旗号从事诈骗、非法集资、传销等非法业务,甚至沦为国外间谍组织收集我国关键领域情报信息,严重危害了国家安全。近年来,国外非政府组织在我国境内活动较为频繁,往往披着慈善的外衣,暗地里传输西方价值观,企图开展"颜色革命",一些境外非政府组织借助各种话题对我国公民实施分化、瓦解,严重影响了我国民族地区国家安全和社会稳定。同时,由于该类组织的国家属性导致其以社会公益和慈善活动之名,从事文化渗透、情报搜集、制造骚乱等活动,进而威胁我国国家安全。此外,新型的科技企业掌握着大量的公民个人信息和国家基础信息,一旦这些数据落入敌对国家手中,不仅将威胁公民个人信息安全,而且会给我国整体安全带来极大的损害。

（五）紧盯社会舆论新动态,开展国家安全立法前瞻性研究

意识形态从来都是国家安全的重要"防护堤",也是危害国家安全的关键载体,所以,社会舆论的动态是我们观察国家安全的窗口。当前,我国社会矛盾正处于一个较为敏感和脆弱的时期,国外通过培植和寻找政治代理人,向中国进行民主人权方面的隐性渗透,在输入西方学术观点的同时也输入西方国家政治理念,散布反马克思主义的错误观点,借此否定马克思主义在中国的主导地位。[15]当前,我国相当数量的"公知"借助自媒体平台,利用

自身影响力传播西方价值观思想，或者借助社会发生重大事件的时机，发表有损党和政府形象的负面舆论，在社会上造成很坏的影响，在一定程度上危害了国家安全。西方反华势力主导的媒体，例如美国之声、BBC、路透社等机构运用"双重标准"有选择地对中国进行各种歪曲性报道。此外，国内部分媒体和非主流媒体为了吸引阅读量和关注度，也通过断章取义的方式报道社会敏感事件，甚至对报道内容的真实性不加核实，导致被别有用心的人煽动炒作，在社会上引发严重舆情。面对国外的意识形态的渗透，我们应该有针对性地引导和教育，须警惕青年群体容易步入西方国家设下的"颜色革命"棋局，成为"颜色革命"的主力军。综上，社会舆论新动态是意识形态安全的重要组成部分，我们需要开展国家安全立法前瞻性研究，找出社会舆论面临的风险和挑战，制定针对性措施，以维护意识形态领域的安全。

（六）紧盯我国社会发展宏观战略规划，开展国家安全立法前瞻性研究

党的十八以来，我国高度重视国家安全工作，党的十八届三中全会和十九届五中全会中都明确了国家安全的重点。我国"十三五"规划明确提出，到 2020 年，我国生态环境质量总体改善，生态安全屏障基本形成，从而将生态安全提升到了一个高度，同时分析研判了中国面临的形势，提出了传统和非传统安全的重要性，并在社会安全、科技安全、国民安全等领域进行了规划。党的十九届五中全会审议通过《中共中央关于制定国民经济和社会发展第十四个五年规划和二〇三五年远景目标的建议》（以下简称《建议》），其中涉及国家安全、网络安全的相关内容有多处。[16]2015 年 1 月，中共中央政治局审议通过《中国国家安全战略纲要》，强调在总体国家安全观的指导下开展国家安全工作，做好国家安全整体工作。我国社会发展宏观战略规划内容丰富、涉及面广，国家安全既是其中关键的内容，也是国家宏观战略诸多内容关系中的基础性因素，作用十分突出。所以，国家战略不能缺少国家安全内容，国家安全也不能成为空中楼阁，脱离国家战略。未来应将国家安全中的具体领域例如社会安全、政治安全、网络安全、生态安全等事项纳入国家社会发展战略规划，明确工作重点和目标，协调全社会力量统筹推进，确保在规定的时间达到预期目标。

四、国家安全立法前瞻性研究的方法

（一）建立专业与社会机构相结合的国家安全立法前瞻性研究机制

总体国家安全观构建的国家安全体系内容丰富、体系严密。因此，进行国家安全前瞻性研究，需要动员、利用社会方方面面的力量和智慧。当前，除专门立法机关外，我国国家安全研究的专业机构有国务院发展研究中心国际合作局以及其他一些国家安全研究部门和机构，为国家安全立法前瞻性研究奠定了专业的基础。但是，单靠专业的国家安全研究机构开展国家安全立法前瞻性研究，可能会出现覆盖面及其力量不足等问题。党的十八大以来，习近平总书记高度重视中国特色新型智库建设，智库建设被提升到国家战略高度。2014年，教育部印发《中国特色新型高校智库建设推进计划》，对高校智库建设做出全面部署。[17] 2017年，随着国际国内反恐形势的变化，国内各大学反恐研究机构纷纷成立，例如西北政法大学、中国人民公安大学、西南政法大学均成立了相关机构，集中研究国家安全和反恐怖主义问题，立足学校自身反恐优势，制定智库发展规划，通过用活人才、建好基地、做实课题的方式，打造高质量的国安研究智库。因此，开展国家安全立法前瞻性研究，我们应鼓励社会力量，尤其是高校智库积极参与国际、国内重大问题的研究、立法调研、政府政策制定，力争在国家安全前瞻性研究方面，完成若干具有重要价值和重大影响的研究成果，提出切实可行的政策建议，为国家安全立法前瞻性研究集思广益。

（二）建立国家安全开源情报和秘密情报相结合的研究体系

情报对于一国国家安全来讲起着十分重要的作用，从某种程度上说，情报关系国家的生死存亡。目前从情报的收集方式看，可以分为开源情报和秘密人力情报。秘密人力情报是情报工作的主要内容，处于情报系统中的核心地位。随着科技和传媒的快速发展，各国的基础信息会通过各种媒介在社会上传播，这类海量信息中隐含着一些国家和地区的重要情报，开源情报收集工作的对象和目标就是这类信息。此外，开源情报收集具有风险和成本小的特点，西方国家极为擅长应用该类情报收集手段，与秘密情报信息收集相结合，实现维护国家安全的目标。因此，开展国家安全立法前瞻性研究中需要建立国家安全秘密情报和开源情报工作相结合的工作机制,不断完善国家安全情报立法,在开展秘密情报工作的基础上,对国外的报纸、电视、书籍、网络等资料进行技术性收集和分析研判,形成有价值的开源情报,切实提升国家安全情报的质量。

(三)运用系统科学的手段,建立社会动态监控分析平台

系统原理是现代管理科学的一个基本原理,该原理要求把所研究的对象作为一个系统来看,探讨其组成要素、结构、联系和功能。毛泽东同志在《矛盾论》中提出:"唯物辩证法的宇宙观主张从事物的内部、从一事物对他事物的关系去研究事物的发展,即把事物的发展看作事物内部的、必然的、自己的运动,而每一事物的运动都和它的周围其他事物互相联系着或互相影响着。"[18]国家安全立法前瞻性研究不仅需要用平面的、历史的方法进行,而且需要运用唯物辩证法,结合系统、科学的手段进行立体的研究,对政治、文化、经济、军事等现实与潜在、表象与深层、宏观与微观等影响国家安全的事项进行串联分析,把握内在规律,优化联系组合,进而提升国家安全系统整体功能和目标。大数据时代为这一切的实现提供了现实的基础,例如网络搜索引擎、基于网络算法技术的定向发布、社交网络技术、量子计算及通信技术、网络游戏、电商平台等社会信息安全等领域,如果管理不当,一旦数据泄露,必将威胁我国国民安全,甚至还会威胁国家安全。突出事例是"滴滴出行"App存在严重违法违规收集使用个人信息问题,国家互联网信息办公室依据《中华人民共和国网络安全法》,通知应用商店下架"滴滴出行"App,要求滴滴出行科技有限公司严格按照法律要求,参照国家有关标准,认真整改存在的问题,切实保障广大用户个人信息安全。[19]随后,国家互联网信息办公室又对"运满满""货车帮""BOSS直聘"等网络平台进行网络数据安全审查。个人信息安全关系国家安全,对敏感数据进行有效管理和保护、确保我国数据信息绝对安全是国家安全立法前瞻性研究需要关注的重要内容。我国可通过国家安全中的信息安全和审查立法,不断完善法律制度体系,强化重点信息平台的管控,具体措施是将国内重点信息企业平台的源代码向国家专门机关开放,由国家互联网信息办公室组织相关部门对企业平台的源代码资源进行审查,对社交数据访问权限进行管理,严防国

内数据资源安全失控,导致影响国家安全的数据违法出境的现象出现,全面维护我国网络数据安全。

（四）开展进出口管制和外国投资国家安全审查

近年来,无论是特朗普政府还是拜登政府,其对华战略方向基本保持一致,即在政治、经济、科技领域对中国进行阻遏、制裁,严重威胁了我国国家安全。随着中美贸易摩擦的全面升级,美国不断升级对华为的技术封锁。美国对华实施、加强制裁或者放松、结束制裁都服务于其特定时期的对华战略和政策目标。[20]针对以美国为首的西方国家频繁利用"卡脖子"领域的技术对中国进行制裁和管制,我国国家安全立法前瞻性研究应对我国现有进出口管制的行业和领域进行仔细梳理,找出自身存在的漏项、弱项,并做好应对,尤其在关键领域制造业上,通过国家安全立法前瞻性研究,用法律的手段引导支持相关企业大力发展芯片、光刻机、大飞机技术等产业,努力摆脱当前核心科技领域受制于人的困境。同时,对国外进口我国的大豆、葡萄酒、铁矿石等商品有步骤、分阶段进行反制,以确保我国经济和科技领域的安全。近年来,国外资本源源不断地进入我国,带动了我国部分领域长足发展,但是资本的逐利性也给我国国家安全带来了一定的威胁,如果不进行安全审查,则有可能危害国家经济安全。通过国家安全立法前瞻性研究,将外资审查的机构和审查程序充分法律化,可做到既尊重外国投资者权益,又吸引投资以发展经济之本国利益,不断提高我国审查程序的透明度和可预见性,进而保障我国经济领域国家安全。[21]

（五）立足国情积极实施国家安全危机转化工作

当前我国既处于"重要战略机遇期",同时也处于"重大风险期",国家安全相关领域的风险和挑战日益突出,国家安全未知的威胁不断呈现。面对当前的严峻形势,我们要立足国情,通过积极的国家安全立法,及时开展有效应对,并认真寻求危机转化的契合点,将危害国家安全的影响降到最低。同时,可以将危机转化成维护国家安全的契机,以弥补国家安全的空白,例如"滴滴出行"公司绕过国家相关部门监管,在美国上市的事件,给我国国家安全带来了严重威胁,面对这一危机事件,国家互联网信息办公室根据《中华人民共和国网络安全法》,将其在应用商城下架,并暂停新用户注册。同时,国家互联网信息办公室根据《网络安全审查办法》会同公安部、国家安全部、自然资源部、交通运输部、税务总局、市场监管总局等部门联合进驻滴滴出行科技有限公司,开展网络安全审查。今后,诸如此类危害国家安全的危机事件还会发生,我们应提前做好国家安全危机事件预测准备,尤其对今后可能产生的新产业、新产品的审核、注册、股份变化、企业改制等都应该有国家安全内容的专门审查程序,应不断完善国家安全领域尤其是非传统安全领域的立法及配套制度体系,确保一旦发生危害国家危机事件时能迅速行动,将危机转化为维护国家安全的机遇,将危害国家安全的影响降到最低。

五、结语

在总体国家安全观的统领下,我国国家安全法律体系日趋完善,为国家安全部门维护国家安全工作提供了相应法律依据。随着中国国际地位的不断上升,我国国家安全面临的风险和挑战日益突出,国家安全面临的压力也随之增加。针对当前国家安全现状,我国应关注国际关系、科技发展、舆论动向,正确处理国内外安全关系与传统和非传统安全关系,积极开展国家安全立法前瞻性研究。通过利用科学有效的研究方法,构建从国家空间层面全方位、系统的路径方法。将长期、中期、近期的国家安全的前瞻性研究成果通过科学严谨的方式立法,切实有效维护我国的国家安全。

参考文献

[1] 洪岳、卢红飚:《习近平总体国家安全观与新时代国家安全工作》,《三明学院学报》2020年第3期,第8—14页。

[2] 刘跃进:《刘跃进国家安全文集》,中国经济出版社2020年版,第7页。

[3] 李大光:《国家安全》,中国言实出版社2016年版,第35页。

[4] 寇鹏飞、陈宪良:《总体安全观视域下的新时代国家意识形态安全的现实考量》,《思想政治教育研究》2020年第6期,第60—64页。

[5] 李辉、曾文、刘彦君、冯树勋、孙依萱、樊彦芳:《面向科技安全的科技情报监测与分析系统构建研究》,《情报理论与实践》2021年第6期。

[6] 高祖贵:《深刻理解和把握总体国家安全观》,《鄂州日报》2020年4月17日,第6版。

[7]《习近平主持召开中央国家安全委员会第一次会议,强调坚持总体国家安全观,走

中国特色国家安全道路》,《人民日报》2014 年 4 月 16 日。

[8] 习近平:《决胜全面建成小康社会,夺取新时代中国特色社会主义伟大胜利——在中国共产党第十九次全国代表大会上的报告》,https://www.gov.cn/zhuanti/2017 - 10/27/content_5234876.htm,最后访问日期:2020 年 1 月 1 日。

[9] 习近平:《决胜全面建成小康社会,夺取新时代中国特色社会主义伟大胜利——在中国共产党第十九次全国代表大会上的报告》,https://www.gov.cn/zhuanti/2017 - 10/27/content_5234876.htm,最后访问日期:2020 年 1 月 1 日。

[10] 蒋敏:《论非传统安全威胁及其治理》,《实践与跨越》2018 年第 1 期,第 118—126 页。

[11] 王宇君、赵丽华:《国际环境与中国和平发展研究初探》,《前沿》2014 年第 1 期,第 26—27 页。

[12]《三十年首次制裁中国! 欧盟 27 国大动作惊动全球,中方强硬表明态度》,https://www.163.com/dy/article/G66KONA30535NL17.html,最后访问日期:2023 年 5 月 10 日。

[13]《拜登改口:中国是美国唯一的敌人和竞争者,美军要搞"绝地反击"》,https://www.163.com/dy/article/G6NQBQJP05428SS2.html,最后访问日期:2023 年 5 月 10 日。

[14] 刘俊海:《铲除非法社会组织滋生土壤的重大举措》,《中国社会报》2021 年 3 月 31 日,第 1 版。

[15] 吴传毅、金庭碧:《我国意识形态安全受到的战略威胁》,《世界社会主义研究》2019 年第 4 期,第 87 页。

[16] 王军:《以系统思维审视"十四五"时期网络安全工作》,《中国信息安全》2021 年第 1 期,第 83—84 页。

[17] 王诗苇:《充分发挥高校智库在国家治理中的作用》,《中国社会科学报》2020 年 6 月 18 日,第 2 版。

[18]《毛泽东选集》(第一卷),人民出版社 1991 年版,第 301—302 页。

[19]《关于下架"滴滴出行"App 的通报》,http://www.cac.gov.cn/2021 - 07/04/c_1627016782176163.htm,最后访问日期:2023 年 5 月 10 日。

[20] 龚婷:《特朗普政府对华制裁措施探析》,《和平与发展》2020 年第 3 期,第 38—57、133—134 页。

[21] 王东光:《外国投资国家安全审查制度研究》,北京大学出版社 2018 年版,第 45 页。

论《国家安全法》的功能及修法建议[*]

党东升[**]

摘要： 2015 年颁布的《国家安全法》具有两项基本功能：一是将总体国家安全观法律化；二是统领新时代国家安全立法。总体国家安全观是不断发展完善的思想理论体系，新时代国家安全立法也在不断推进，《国家安全法》应不断修改完善。鉴于《国家安全法》的特殊功能和地位，应由全国人大启动修法工作，将《国家安全法》确立为国家安全领域的基本法律。总体修法思路可考虑大修、中修和小修三种方案。重点修改内容包括：将"统筹发展和安全"写入法律；完善维护国家安全的任务；明确监察委员会维护国家安全的职责；加强地方维护国家安全的职责；增设监督检查和法律责任专章；等等。

关键词： 总体国家安全观；国家安全法律制度体系；国家安全法；基本法律

2015 年颁布的《国家安全法》是我国国家安全领域首部综合性、全局性、基础性法律，是新时代国家安全法治建设所取得的重大立法成果。不过，由于该法不是由全国人大审议通过，因此，不是国家安全领域的基本法律。学界主流观点认为，应由全国人大启动修法程序，尽快将《国家安全法》修改为国家安全领域的基本法律。[1]对于修法工作如何具体展开，现有研究

* 本文系国家社科重大课题"新时代国家安全法治的体系建设与实施措施研究"（项目批准号：20&ZD191）和教育部人文社科专项项目"总体国家安全观引领下的中国国家安全实践研究"（项目批准号：20JD710019）的阶段性成果。

** 党东升，华东政法大学中国法治战略研究中心国家安全研究院副研究员。

尚少,本文尝试就此进行初步探讨。总体来看,《国家安全法》可考虑大修、中修和小修三种方案,至少应完成两项任务:一是将总体国家安全观的重要发展写入法律;二是对《国家安全法》的部分内容进行必要的修改。

一、《国家安全法》的基本功能

从新时代国家安全工作全局来看,2015 年《国家安全法》主要承载了两项基本功能:一是将总体国家安全观法律化;二是统领新时代国家安全立法。

(一)总体国家安全观的法律化

新时代国家安全工作显著区别于历史上任何时期,所取得的成就前所未有。总体国家安全观既是新时代国家安全工作的重大战略成果,也是新时代国家安全工作的根本遵循和行动指南。2014 年 4 月 15 日,习近平总书记在第一次中央国家安全委员会会议上创造性提出总体国家安全观,为新时代国家安全工作提供了强大思想武器。党的十九大把坚持总体国家安全观确立为坚持和发展新时代中国特色社会主义的基本方略。《中共中央关于党的百年奋斗重大成就和历史经验的决议》高度评价新时代国家安全工作,确立了总体国家安全观的历史地位。党的二十大进一步提升国家安全工作在党和国家事业全局中的战略地位,对坚定不移地贯彻总体国家安全观做出了新的战略部署。

总体国家安全观是马克思主义国家安全理论中国化的最新成果,是中国共产党和中国人民捍卫国家主权、安全、发展利益百年奋斗实践经验和集体智慧的结晶,在中国共产党历史上第一次形成了系统完整的国家安全理论。[2]总体国家安全观是中国共产党就新时代国家安全工作提出的系统主张。通过法定程序将总体国家安全观转变为国家意志和法律法规,对全面贯彻落实总体国家安全观具有重要意义。

1. 明确总体国家安全观的指导地位

《国家安全法》第 3 条规定:"国家安全工作应当坚持总体国家安全观,以人民安全为宗旨,以政治安全为根本,以经济安全为基础,以军事、文化、社会安全为保障,以促进国际安全为依托,维护各领域国家安全,构建国家安全体系,走中国特色国家安全道路。"

2. 确立基于总体国家安全观的新型国家安全领导体制

2013 年 11 月,党的十八届三中全会决定成立国家安全委员会,以加强对国家安全工作的集中统一领导。2014 年 4 月 15 日,习近平总书记在中央国家安全委员会第一次会议上强调:"中央国家安全委员会要遵循集中统一、科学谋划、统分结合、协调行动、精干高效的原则,聚焦重点,抓纲带目,紧紧围绕国家安全工作的统一部署狠抓落实。"[3] 对此,《国家安全法》予以确认和巩固。该法第 4、5 条规定:"坚持中国共产党对国家安全工作的领导,建立集中统一、高效权威的国家安全领导体制";"中央国家安全领导机构负责国家安全工作的决策和议事协调,研究制定、指导实施国家安全战略和有关重大方针政策,统筹协调国家安全重大事项和重要工作,推动国家安全法治建设。"

3. 将总体国家安全观的重要论述写入法律

例如,《国家安全法》第 3 条关于中国特色国家安全道路、第 8 条关于"四个统筹"、第 10 条关于共同安全等内容,都直接来自总体国家安全观的相关论述。

4. 将总体国家安全观的相对安全、动态安全、可持续安全思想写入法律

例如,《国家安全法》第 2 条有"关国家安全"的定义明确规定了相对安全和可持续思想,第 34 条将动态安全思想写入法律。

5. 将总体国家安全观中有关维护重点领域安全的重要论述写入法律

《国家安全法》设置"维护国家安全的任务"专章,将总体国家安全观中有关政治安全、人民安全、国土安全、军事安全、经济安全、金融安全、资源安全、能源安全、粮食安全、文化安全、科技安全、网络信息安全、社会安全、生态安全、核安全、极地深海太空安全、海外利益安全等重点安全领域的重要论述写入法律。

6. 将总体国家安全观中有关国家安全治理体系和能力建设的重要论述写入法律

《国家安全法》设置"维护国家安全的职责""国家安全制度"和"国家安全保障"三个专章,对国家安全治理体系作出规定,这些内容很多都来自总体国家安全观,或者体现了总体国家安全观的精神。

（二）统领新时代国家安全立法

在总体国家安全观指引下，党的十八届四中全会提出加快推进国家安全法治建设，构建国家安全法律制度体系的总体目标。《国家安全法》作为国家安全领域的综合性、全局性、基础性法律，另一个基本功能就是发挥对新时代国家安全法律制度体系的统领作用，引领和推动重点领域立法。

总体来看，《国家安全法》的统领作用主要通过三种方式体现：一是《国家安全法》确立的总体国家安全观的指导地位以及新时代国家安全领导体制，在后续国家安全立法中都得到体现和延续。二是《国家安全法》中有关"维护国家安全的任务"的原则性规定，对重点安全领域立法发挥了推动作用，提供了重要指引。三是《国家安全法》中有关国家安全治理的框架性安排，为后续重点安全领域立法提供了重要指引。

党的十八大以来，在中央国家安全领导机构的推动下，在《国家安全法》的统领下，我国国家安全立法步伐显著加快，取得了前所未有的发展成果。除《国家安全法》之外，近年我国在国家安全法律制度体系建设方面取得的重要成果包括："维护国家政治安全的反间谍法、国家情报法、密码法；维护经济安全的出口管制法；维护军事安全的国防法、兵役法、人民武装警察法、军事设施保护法、国防交通法、海警法；维护国土安全的陆地国界法；维护社会安全的反恐怖主义法、境外非政府组织境内活动管理法；维护网络安全的网络安全法、数据安全法、个人信息保护法；维护生物安全的生物安全法；维护核安全的核安全法。另外，全国人大常委会还制定反外国制裁法，反制个别国家对我国的遏制打压；制定香港国安法，建立健全香港特别行政区维护国家安全的法律制度和执行机制。"[4]

二、修法必要性及总体思路

从《国家安全法》的基本功能定位来看，随着总体国家安全观内涵的变化，以及国家安全立法的进展，为了继续发挥其功能，必须进行必要修改。

（一）回应总体国家安全观的重大发展变化

总体国家安全观不是一成不变的，而是不断发展完善的思想理论体系。总体国家安全观正式提出于 2014 年 4 月 15 日，其后经历了不断调适、丰富和完善的过程,尤其是 2020 年 12 月 11 日,习近平总书记提出贯彻总体国家安全观的"十个坚持",对总体国家安全观的核心要义进行了系统阐释。党的二十大又进一步提升了新时代国家安全工作的战略地位,为总体国家安全观注入新内涵。对于 2015 年以后总体国家安全观的诸多发展成果,需要通过修改《国家安全法》加以巩固。例如,2015 年《国家安全法》第 8 条第2 款规定了国家安全工作的"四个统筹",即"统筹内部安全和外部安全、国土安全和国民安全、传统安全和非传统安全、自身安全和共同安全",这是对2015 年以前总体国家安全观相关论述的法律确认。此后,习近平总书记对国家安全工作应当统筹的事项和内容又有许多新的论述,包括"统筹发展和安全""统筹维护安全和塑造安全""统筹开放和安全""统筹各领域安全"等,尤其是"统筹发展和安全",已经确立为我国治国理政的重大原则和经济社会发展的基本原则,是总体国家安全观进一步发展完善的重大理论成果。党的二十大报告提出统筹发展和安全,以新安全格局保障新发展格局。党的二十大同时修改党章,将统筹发展和安全写入党章。对此,应当在《国家安全法》中加以确认。此外,《中共中央关于党的百年奋斗重大成就和历史经验的决议》将总体国家安全观的统筹思想概括为"五个统筹",即统筹发展和安全、统筹开放和安全、统筹传统安全和非传统安全、统筹自身安全和共同安全、统筹维护国家安全和塑造国家安全。习近平总书记在党的二十大报告中提出"六个统筹",即统筹外部安全和内部安全、统筹国土安全和国民安全、统筹传统安全和非传统安全、统筹自身安全和共同安全、统筹维护安全和塑造安全、统筹发展和安全。这些统筹思想哪些需要转化为法律,需要在修法时一并考虑。

(二)回应国家安全立法的重要进展

《国家安全法》是新时代国家安全领域综合性、全局性、基础性法律,在国家安全法律制度体系中居于统领地位。其统领地位的主要体现方式是对有关内容作出原则性规定,其他国家安全法律在此基础上进一步作出更加全面细致的规定。反过来说,其他国家安全法律所规定的主要内容在《国家安全法》中应有一定体现。

总体来看,2015 年《国家安全法》与其他国家安全法律规范的这种总分式联系主要通过"维护国家安全的任务"这一章来实现。2015 年以后制定的很多国家安全领域法律法规,都是围绕某个重点安全领域的任务展开,在文字表述和具体内容上能够看到较为直接的与《国家安全法》之间的联系。不过,仍有一些重要立法成果,在《国家安全法》中缺少必要的规定。例如,《个人信息保护法》既是数字时代维护个人信息安全的重要法律,也是新时代国家安全立法的重大成果。从国家安全角度来看,《个人信息保护法》的本质是个人信息安全保护法。在总体国家安全观视域下,个人信息安全属于人民安全范畴,在《个人信息保护法》实施的背景下,可以在人民安全范畴中作出明确规定。《国家安全法》第 16 条规定:"国家维护和发展最广大人民的根本利益,保卫人民安全,创造良好生存发展条件和安定工作生活环境,保障公民的生命财产安全和其他合法权益。"由此可见,在人民安全的法律表述上,目前《国家安全法》仅明确规定了公民的"生命财产安全"。为了加强对公民信息安全的保护,发挥《国家安全法》对《个人信息保护法》的统领作用,可考虑将公民的"信息安全"写入《国家安全法》。2020 年 10 月 17日,全国人大常委会审议通过《生物安全法》,对生物安全风险防控体制、重点事项和任务、生物安全能力建设等作出系统规定。目前,《国家安全法》中还没有生物安全的相关表述,对此,亟须修改《国家安全法》,对维护生物安全作出原则性规定。此外,我国《数据安全法》已经单独立法,目前《国家安全法》中仅在网络信息安全中提到了数据安全,应当通过修改法律,对维护数据安全的任务单独作出原则性规定。

（三）回应监察体制改革和国家机构的重大变化

全面从严治党是新时代重大战略部署,监察体制改革是落实全面从严治党的重大改革举措。监察体制改革的一项重大制度性成果是增设监察委员会。2018 年《宪法修正案》确立了监察委员会的宪法地位,将其作为我国新的国家机构。2018 年 3 月 20 日,第十三届全国人大一次会议通过《监察法》,对监察机关及其职责、监察范围和管辖、监察权限和程序、反腐败国际合作等作出规定。

监察委员会作为行使国家监察职责的政治机关和专责机关,对维护和塑造国家安全尤其是政权安全、制度安全具有重要意义,发挥了不可替代的作用。毛泽东同志曾在 1945 年提出，跳出治乱兴衰历史周期律的第一条道路，即实行民主。2021 年 11 月 11 日，习近平总书记提出，中国共产党找到了第二条道路，即自我革命。[5]2022 年 10 月，党的二十大修改党章，将党的自我革命永远在路上，不断健全党内法规体系，强化全面从严治党主体责任和监督责任，一体推进不敢腐、不能腐、不想腐等内容写入党章。

增设监察委员会是推进党的自我革命的战略性、基础性制度安排，各级监察委员会是维护和塑造国家政权安全、制度安全的关键力量。由于《国家安全法》制定于监察委员会设立之前，无法对监察委员会维护国家安全的职责作出规定。对此，只有通过修法增补相关规定。

（四）解决《国家安全法》与其他法律的协调问题

2015 年的《国家安全法》是在总体国家安全观指引下制定的一部国家安全领域综合性、全局性、基础性法律。该法确立了总体国家安全观的指导地位，确立了新时代国家安全工作领导体制、基本原则、主要任务、相关部门职责、国家安全制度、国家安全保障体系等，在我国国家安全法律体系中居于统领性地位。从法典化视角来说，未来如果编撰国家安全法典，《国家安全法》应当成为我国国家安全法典的"总则"部分。不过，由于 2015 年的《国家安全法》系由全国人大常委会审议通过，从法律位阶上看，不仅低于《反分裂国家法》《国防法》等国家安全领域专门法律，而且低于《刑法》《行政处罚法》《监察法》《外商投资法》等其他国家安全相关法律，故不能有效发挥《国家安全法》的统领功能，不利于国家安全法律制度体系的优化完善，给相关法律间关系的协调以及国家安全的执法、司法工作带来了一系列问题。

（五）进一步明确国家安全领导机构及其办公室职责的需求

虽然 2015 年的《国家安全法》对中央国家安全领导机构及其职责作出了原则性规定，但并未对地方国家安全领导机构及其职责，以及国家安全领导机构办公室的职责作出规定。新时代国家安全工作内涵日益丰富，涉及领域日益宽广，国家安全治理任务日益复杂，亟须国家安全领导机构更好发挥领导协调和组织动员作用。如何进一步明确国家安全领导机构及其办公室的职责、通过制度来保证国家安全领导机构相关职责的落实、更好发挥地方国家安全领导机构及其办公室的作用、完善国家安全领导机构与承担国家安全职责的有关机构的关系,笔者认为可以通过修法进一步完善。

（六）进一步推进国家安全治理体系和能力现代化的需要

党的二十大提出中国式现代化,对推进国家安全治理体系和能力现代化做出战略部署。2015 年的《国家安全法》设置国家安全制度、国家安全保障专章,对国家安全治理体系和能力建设作出规定。从近几年国家安全法实施情况看,相关制度和保障措施的实施效果存在一定不足,国家安全治理体系和治理能力现代化仍需进一步推进,也需要进一步发挥《国家安全法》的保障和引领作用,尤其是在地方层面,如何深入推进国家安全治理体系和能力现代化,需要在《国家安全法》中作出更加完善的规定。

（七）总体修法思路

《国家安全法》可考虑大修、中修和小修三种修法思路。

第一,大修是指根据我国国家安全形势任务、总体国家安全观、国家安全战略、国家安全法律制度体系等的变化,对《国家安全法》作出全面系统修改。具体包括：将《国家安全法》确立为国家安全领域的基本法律;对《国家安全法》的章节体系作出必要调适和完善;将总体国家安全观的核心要义全面转化为法律;对国家安全、国家利益、国家安全风险、国家安全能力等核心范畴作出更加科学完善的界定;扩充和完善维护国家安全的任务;增补和完善维护国家安全的职责;完善国家安全治理制度体系;完善国家安全能力建设制度安排;完善公民、组织的权利义务;增设必要的法律责任条款等。法典化时代,可考虑将《国家安全法》定位为国家安全法典的总则部分,做好与其他国家安全法律的协调。

第二,中修是指由全国人大启动修法工作,将《国家安全法》确立为国家安全领域的基本法律,在基本保持现行立法体例的条件下,对一些重要内容作出修改。具体包括：将总体国家安全观的重要发展成果写入法律,进一步完善国家安全领导机构的职责;对维护国家安全的任务做出必要扩充和完善;增加监察委员会维护国家安全的职责;对国家安全制度、国家安全保障等内容做出完善,强化地方维护国家安全的职责,完善公民、组织的权利义务等。

第三,小修是指由全国人大常委会启动修法工作,对前文述及的重要内容做出必要修改。

三、具体修法建议及理由

(一)由中央国家安全领导机构研究《国家安全法》修改工作,推动《国家安全法》的修改完善

《国家安全法》第5条规定,中央国家安全领导机构负责推动国家安全法治建设。将《国家安全法》上升为基本法律,事关新时代国家安全法律制度体系完善,事关国家安全法治实施效果,事关维护和塑造国家安全,事关国家安全治理体系和能力现代化,事关以新安全格局保障新发展格局。党的二十大报告将国家安全工作置于显要位置,提出推进国家安全体系和能力现代化,完善国家安全法治体系、战略体系、政策体系、风险监测预警体系、国家应急管理体系,构建全域联动、立体高效的国家安全防护体系。贯彻落实党的二十大精神,需要进一步深入推进国家安全法治建设。鉴于总体国家安全观法律化的迫切需要,以及《国家安全法》在新时代国家安全法律制度体系的重要地位,建议由中央国家安全领导机构就《国家安全法》修改工作做出决策,对采取大修、中修还是小修做出方向性判断,以推动修法工作加快进行。

(二)全国人大加快启动修法工作,将《国家安全法》上升为基本法律

总体国家安全观是习近平新时代中国特色社会主义思想的重要组成部分,是新时代国家安全工作的重大理论成果。党的十九大把总体国家安全观确立为新时代中国特色社会主义基本方略,并写入党章。党的二十大提出坚定不移地贯彻总体国家安全观。2015年的《国家安全法》是在总体国家安全观指引下制定的我国国家安全领域综合性、全局性、基础性法律,在国家安全法律体系中理应发挥统领性作用。为了进一步完善我国国家安全法律制度体系,解决《国家安全法》与国家安全领域专门法律和相关法律之间的关系,建议由全国人大启动《国家安全法》修改工作,将该法上升为基本

法律,更好发挥在国家安全法律制度体系中的统领作用。

（三）将"统筹发展和安全"确立为我国国家安全法的基本原则

党的十九届五中全会、"十四五"规划纲要将"统筹发展和安全"确立为我国经济社会发展的基本原则。党的二十大将"统筹发展和安全"写入党章。2015年《国家安全法》第8条第1款规定:"维护国家安全,应当与经济社会发展相协调",体现了"统筹发展和安全"的立法精神。但是,鉴于"统筹发展和安全"已经成为总体国家安全观的核心要义和标志性内涵,已被确立为治国理政的重大原则和经济社会发展的基本原则,有必要在《国家安全法》中加以明确规定,同时确立其基本原则的地位。

（四）对国家安全领导机构及其办公室的职责列专章予以规定

国家安全领导机构在国家安全工作中居于中枢地位,发挥着决策、协调和组织动员的作用。目前,世界进入动荡变革期,我国国家安全内外形势日益严峻,各领域国家安全任务日益繁杂,亟须国家安全领导机构及其办公室更好发挥作用。2015年的《国家安全法》仅对中央国家安全领导机构的职责作出了原则性规定。建议在修改《国家安全法》时,可考虑设置专章,对中央、地方国家安全领导机构及其办公室的职责作出更加具体的规定。

（五）明确监察委员会维护国家安全的职责,优化人民法院、人民检察院维护国家安全的职责

监察委员会作为行使国家监察权的政治机关和专责机关,对维护国家安全尤其是维护国家政治安全负有重要使命。建议在修改《国家安全法》时,对监察委员会维护国家安全的职责作出明确规定。同时,《国家安全法》中有关人民法院、人民检察院维护国家安全的职责,仅规定了惩治危害国家安全的犯罪,不利于充分发挥司法机构维护国家安全的作用。根据2019年《中国共产党政法工作条例》和2021年《中共中央关于加强新时代检察机关法律监督工作的意见》,人民法院和人民检察院维护国家安全的职责和方式需要进一步拓展,建议在修改《国家安全法》时一并做出修改完善。

（六）加强和完善地方维护国家安全的职责，对地方国家安全治理体系和能力建设等提出要求

新形势下，维护和塑造国家安全要处理好局部和全局的关系，发挥中央和地方"两个积极性"。现实中，国家利益要素、国家安全风险要素、维护国家安全的资源要素等都具有地方性，地方在维护和塑造国家安全上大有可为。我国各地差异较大，所面临的国家安全问题各有不同，所应承担的维护和塑造国家安全的任务也应有所侧重。例如，经济金融中心城市应该在维护经济安全、金融安全上发挥更大作用；能源资源丰富的省份应该在维护能源安全、资源安全上发挥更大作用；科创要素丰富的省份应该在维护科技安全方面发挥更大作用；东北、中部等粮食主产区应该在维护粮食安全上发挥更大作用；西北边疆地区应在维护政治社会安全、生态安全方面发挥更大作用；网络信息、数据产业强大的省份应该在维护网络安全、数据安全方面发挥更大作用；生物资源、生物医药产业和医疗卫生资源领先的省份应该在维护生物安全、公共卫生安全上发挥更大作用；上海、深圳、海南等承担特殊功能的沿海开放城市应该在统筹开放和安全上发挥更重要作用；等等。2015年的《国家安全法》对地方维护国家安全的职责规定较少，且大多是原则性规定，不利于更好发挥地方维护和塑造国家安全的作用，建议在修法时对地方需要承担的职责作出更加明确的规定，对地方加强国家安全立法提出明确要求。

（七）增设检查监督以及法律责任专章

国家安全任务具有系统性、关联性、跨界性、复杂性、模糊性特点。公共管理的最新研究成果提出，相对于明确性任务，模糊性任务的执行应当更加重视监督和问责，建立"问责总领"的治理模式。"问责权将绩效考核、政治责任和人民承诺（以人民为中心）融为一体，不仅构成了模糊性治理中的检查验收权，且具有更强的总领性，并超越目标设定权、检查验收权、激励实施权而居于总领性地位。"[6]从2015年的《国家安全法》相关规定来看，无论是维护国家安全的任务，还是维护国家安全的职责，以及有关国家安全治理体系和能力建设的规定，都具有不同程度的模糊性，如果缺少必要的检查监督措施，将难以保证法律实施效果。建议在修改《国家安全法》时，增设检查监

督专章,对检查监督主体、主要事项、制度机制等作出规定。同时,可以增设法律责任专章,对重点违法行为规定相应责任。

四、结语

党的二十大报告提出,国家安全是民族复兴的根基,社会稳定是国家强盛的前提,必须坚定不移地贯彻总体国家安全观,把维护国家安全贯穿党和国家工作各方面、全过程,以新安全格局保障新发展格局。《国家安全法》作为国家安全领域的综合性、全局性、基础性法律,承担着将总体国家安全观法律化、统领新时代国家安全法律制度体系的重要功能。为更好发挥这些功能,《国家安全法》的修法工作迫在眉睫,通过法律修改,将《国家安全法》确立为国家安全领域的基本法律,同时对重点内容做出必要修改,有利于《国家安全法》更好发挥其功能作用,推进国家安全体系和能力现代化。

参考文献

[1] 杨宗科:《论〈国家安全法〉的基本法律属性》,《比较法研究》2019 年第 4 期。

[2] 中共中央宣传部、中央国家安全委员会办公室:《总体国家安全观学习纲要》,学习出版社、人民出版社 2022 年版,第 4—5 页。

[3] 中共中央党史和文献研究院:《习近平关于总体国家安全观论述摘编》,中央文献出版社 2018 年版,第 5 页。

[4] 童卫东:《健全国家安全法律制度和人民当家作主制度体系》,《法治时代》2022 年第 5 期。

[5] 习近平:《以史为鉴、开创未来、埋头苦干、勇毅前行》,http://www.gov.cn/xinwen/2022-01/01/content_5666019.htm,最后访问日期:2022 年 1 月 1 日。

[6] 何艳玲、肖芸:《问责总领:模糊性任务的完成与央地关系新内涵》,《政治学研究》2021 年第 3 期。

地方维护国家安全立法的几个问题

朱应平[*]

摘要： 地方通过地方性法规或者规章进行维护国家安全方面的立法，既是贯彻宪法和法律、行政法规的需要，也是实践中维护多种国家安全的需要。地方开展维护国家安全的立法的事项可以分为传统国家安全方面和非传统国家安全，以及其他相关法律的实施事项。目前地方关于维护国家安全的立法模式主要是制定单行性的法规或者规章，以及在相关的地方性法规和规章中增加维护国家安全的相关内容；地方性法规和规章可以有机地结合起来运用。地方开展维护国家安全立法的内容取决于上位法的事项范围和立法框架，但总体看，地方立法主要限于涉及相关行政机关职权职责、相对人和社会组织行政法上的权利义务的设置。

关键词： 国家安全；地方立法；事项范围；立法模式

1993 年，全国人大常委会制定了《中华人民共和国国家安全法》(简称《国家安全法》)，这部法律调整的是狭义的国家安全，只明确了国家安全机关的职权职责，涉及的是国家政治方面的安全。根据 2000 年《立法法》第 8 条第 1、4 项规定，涉及国家主权、犯罪和刑罚的事项只能由法律规定；第 9 条规定，狭义国家安全属于中央法律立法事项。尽管如此，不少地方制定了地方性法规、规章或者规范性文件予以实施，例如河南省人大常委会于 2008 年出台的《河南省国家安全技术保卫条例》、山东省人大常委会于 2011 年出台的《山东省国家安全技术保卫条例》。也有政府规章，例如重庆市政

---

* 朱应平，华东政法大学教授、博士生导师。

府于 2012 年出台的《重庆市实施国家安全法规定》、天津市政府于 2007 年出台的《天津市实施〈中华人民共和国国家安全法〉规定》、吉林省政府于 2004 年出台的《吉林省实施〈中华人民共和国国家安全法〉规定》等；还有南京市政府于 1996 年出台的《南京市国家安全机关工作人员使用侦察证暂行办法》、湖北省政府于 1999 年出台的《湖北省国家安全机关工作人员使用侦察证和车辆特别通行标志办法》、新疆维吾尔自治区政府于 1998 年出台的《新疆维吾尔自治区国家安全机关工作人员使用侦察证和车辆特别通行标志办法》、江西省政府于 1998 年出台的《江西省国家安全机关侦察证和特别通行标志使用办法》、宁波市政府于 1998 年出台的《宁波市国家安全国家机关工作人员使用侦察证和特别通行标志暂行办法》、黑龙江省政府于 1999 年出台的《黑龙江省国家安全机关侦察证和车辆特别通行标志暂行办法》、吉林省政府于 2000 年出台的《吉林省国家安全机关侦察证使用办法》、海南省政府于 2002 年出台的《海南省国家安全机关工作人员使用侦察证和车辆特别通行标志办法》、湖南省政府于 2002 年出台的《湖南省国家安全机关侦察证和车辆特别通行标志使用办法》等。

2014 年全国人大常委会制定《反间谍法》，同时废止了 1993 年的《国家安全法》，并于 2015 年重新制定了《国家安全法》，确立了总体国家安全观原则。在总体国家安全观背景下，地方是否还有立法权？地方立法事项范围、模式和主要内容都值得深入研究。

一、国家安全地方立法的可能性和必要性

涉及国家安全的地方立法具有可能性和必要性，理由如下。

（一）贯彻落实宪法和法律精神的需要

我国宪法为国家安全立法提供了不少依据，例如禁止任何组织或者个人破坏社会主义制度；国家维护社会秩序，镇压叛国和其他危害国家安全的犯罪活动，制裁危害社会治安、破坏社会主义经济和其他犯罪的活动，惩办和改造犯罪分子；公民有维护祖国的安全、荣誉和利益的义务，不得有危害祖国的安全、荣誉和利益的行为；保卫祖国、抵抗侵略是中华人民共和国公民的神圣职责。[1]落实宪法的这些规定，需要国家层面提供法律和行政法规

依据,仅靠地方显然是不够的。《宪法》第99条规定,地方各级人大在本行政区域内,保证宪法法律行政法规的遵守和执行;依照法律规定的权限,通过和发布决议审查决定地方的经济建设、文化建设和公共事业建设的计划。第100条规定了省、直辖市、设区的市的人民代表大会及其常务委员会,在不同宪法、法律、行政法规相抵触的前提下,可以制定地方性法规。第107条规定,县级以上地方各级政府依照法律规定的权限,管理本行政区域内的经济、教育、科学、文化、卫生、体育事业、城乡建设事业和财政、民政、公安、民族事务、司法行政、计划生育等行政工作,发布决定和命令。相关职权涉及国家安全的事项。

我国《地方组织法》第8条规定,县级以上的地方各级人大行使的职权包括但不限于:在本行政区域内,保证宪法、法律、行政法规和上级人民代表大会及其常务委员会决议的遵守和执行,保证国家计划和国家预算的执行;审查和批准本行政区域内的国民经济和社会发展计划、预算以及它们执行情况的报告;讨论、决定本行政区域内的政治、经济、教育、科学、文化、卫生、环境和资源保护、民政、民族等工作的重大事项。第44条规定,县级以上的地方各级人大常委会行使的职权包括但不限于:在本行政区域内,保证宪法、法律、行政法规和上级人大及其常委会决议的遵守和执行;讨论、决定本行政区域内的政治、经济、教育、科学、文化、卫生、环境和资源保护、民政、民族等工作的重大事项。这些内容也包括了部分维护国家安全的职权职责。

（二）总体安全观的确立,为地方立法提供了空间

由于《国家安全法》涉及的国家安全属于广义的,不局限于传统的政治、军事、外交方面的安全,所以其在相关条文规定了地方国家机关的相关职责。而《反间谍法》《情报法》等所涉中央国家机关事权主要属于狭义的国家安全,在这两部法律中主要规定中央国家机关的职责,很少规定地方国家机关的责任。其他涉及非传统国家安全的不少法律例如《反恐怖法》《网络安全法》等既规定了中央的职权责任,也规定了地方的职权责任。可见,基于总体国家安全观而制定的《国家安全法》涵盖的安全范围很广,包含了非传统国家安全的事项,所以,地方也有相应的立法权。

（三）即使是传统政治军事外交国防类的国家安全事项，也需要地方国家机关的配合实施

在此意义上，地方通过立法明确相关国家机关的配合实施也成为必要。《国家安全法》第40条规定：地方各级人大和县级以上地方各级人大常委会在本行政区域内，保证国家安全法律法规的遵守和执行。地方各级政府依照法律法规规定管理本行政区域内的国家安全工作。香港特别行政区、澳门特别行政区应当履行维护国家安全的责任。该条规定的"国家安全工作"并不限于传统的国家安全，这就明确了地方人大及其常委会、政府都有保证和维护国家安全的职权职责。即使有一些规定没有规定地方国家机关的责任，但立法者也认为地方要承担相应的责任，例如《国家安全法》第71条规定，国家加大对国家安全各项建设的投入，保障国家安全工作所需的经费和装备。该条看似只是中央事权，但实际上地方也有责任。立法者认为，"国家安全工作所需经费来自中央和地方财政。""维护国家安全是一种国家行为，中央是国家安全工作经费来源的主体；按照守土有责原则，地方也应承担与其责任相适应的经费，分别列入中央和地方财政预算。"[2]

（四）从现实情况来看，各地在国家安全方面面临着一些风险，需要制定必要的地方性法规和地方政府规章

从实际情况看，一些地方已经制定了包括维护传统国家安全在内的广义的国家安全的地方性法规和规章。

二、国家安全地方立法的事项范围

国家安全涉及的地方立法事项范围可以从不同角度进行不同的分类，例如以实施的上位法种类为依据，可以分为实施传统国家安全类法律和实施非传统类国家安全类法律。"总体国家安全观提出构建集政治安全、国土安全、军事安全、经济安全、文化安全、社会安全、科技安全、信息安全、生态安全、资源安全、核安全等于一体的国家安全体系。随着形势和任务的不断发展变化，国家安全的重点领域包括但不限于以上领域，还会不断拓展和延伸。……网络信息安全、恐怖主义、重特大突发事件、生态安全、核安全以及新型领域安全和维护海外利益安全等都可以认为属于非传统安全领域。"[3]以是

否有直接上位法依据为主进行分类,可以分为执行法律行政法规和创制性地方性法规地方性法规。本文以前者为依据进行分类说明。

（一）以实施国家安全类专门法律为主的地方立法

国家安全领域的专门立法包括：《反间谍法》《保守国家秘密法》及其相关条例；维护国家统一和领土完整的立法,例如《反分裂国家法》《领海及毗邻区法》《专属经济区和大陆架法》；维护国家政治秩序和社会秩序的立法,例如《集会游行示威法》《戒严法》；维护国防和军事安全的立法,例如《国防法》《人民防空法》《国防动员法》《军事设施保护法》；等等。[4]这些属于传统的国家安全的立法,主要涉及政治、军事、国防外交等方面的安全。

1. 实施《国家安全法》的地方立法

首先,是《国家安全法》直接授权地方的立法,例如第47条规定,各部门、各地区应当采取有效措施,贯彻实施国家安全战略；第49条规定,国家建立中央与地方之间、部门之间、军地之间以及地区之间关于国家安全的协同联动机制；第58条规定,对可能即将发生或者已经发生的危害国家安全的事件,县级以上地方人民政府及其有关主管部门应当立即按照规定向上一级人民政府及其有关主管部门报告,必要时可以越级上报；第61条规定,省、自治区、直辖市依法负责本行政区域内有关国家安全审查和监管工作；第63条规定,发生危及国家安全的重大事件,中央有关部门和有关地方根据中央国家安全领导机构的统一部署,依法启动应急预案,采取管控处置措施；第75条规定,国家安全机关、公安机关、有关军事机关开展国家安全专门工作,可以依法采取必要手段和方式,有关部门和地方应当在职责范围内提供支持和配合。上述规定确立了地方国家机关的相关职责职权,地方可以甚至有必要通过立法予以明确和细化。

其次,是对于《国家安全法》中的其他没有明确授权地方职权职责的条文,地方也并非完全没有职权职责,例如《国家安全法》第六章"公民、组织的义务和权利"内容,地方可以根据本地情况予以细化,依据《立法法》和《行政处罚法》增加相对人的相关义务。

2. 实施《反间谍法》的地方立法

首先,是《反间谍法》明确规定的地方职权职责事项,例如第14条规定,国家安全机关因反间谍工作需要,根据国家有关规定,可以提请海关、边防等检查机关对有关人员和资料、器材免检,有关检查机关应当予以协助;第15条规定,国家安全机关对用于间谍行为的工具和其他财物,以及用于资助间谍行为的资金、场所、物资,经设区的市级以上国家安全机关负责人批准,可以依法查封、扣押、冻结。

其次,是《反间谍法》没有明确授权,但根据《立法法》《行政处罚法》《行政强制法》规定,地方有权也有义务加以实施的法律规定,例如2019年出台的《黑龙江省反间谍安全防范条例》。《反间谍法》调整的主要是传统的国家安全,属于中央事权,很少规定地方事权,但黑龙江省制定了专门的地方性法规,从名称和内容来看,除了实施《反间谍法》的内容外,还创设了一些地方性内容。

《反间谍法》第38条规定:"本法所称间谍行为,是指下列行为:(一)间谍组织及其代理人实施或者指使、资助他人实施,或者境内外机构、组织、个人与其相勾结实施的危害中华人民共和国国家安全的活动;(二)参加间谍组织或者接受间谍组织及其代理人的任务的;(三)间谍组织及其代理人以外的其他境外机构、组织、个人实施或者指使、资助他人实施,或者境内机构、组织、个人与其相勾结实施的窃取、刺探、收买或者非法提供国家秘密或者情报,或者策动、引诱、收买国家工作人员叛变的活动;(四)为敌人指示攻击目标的;(五)进行其他间谍活动的。"其中,第五项为扩展"间谍行为"预留了空间,当然由于法律尚未明确授予地方立法予以设定或者规定,目前还有难度。但是如果修改该法或者通过修改《反间谍法实施细则》,授予地方性法规或者规章一定的创设权,地方立法就有一定的空间进行补充立法。《行政处罚法》也为地方性法规设定补充性违法行为和处罚提供了法律依据。此外,《反间谍法》39条规定:"国家安全机关、公安机关依照法律、行政法规和国家有关规定,履行防范、制止和惩治间谍行为以外的其他危害国家安全行为的职责,适用本法的有关规定。"这一规定为《国家安全法》中相关违法行为纳入行政处罚也提供了很大的可能。《反间谍法实施细则》第8条规定,下列行为属于《反间谍法》第39条所称的"间谍行为以外的其他危害国家安全行为":"(一)组织、策划、实施分裂国家、破坏国家统一,颠覆国家政权、推翻社会主义制度的;(二)组织、策划、实施危害国家安全的恐怖活动的;(三) 捏造、歪曲事实,发表、散布危害国家安全的文字或者信息,或者制作、传播、出版危害国家安全的音像制品或者其他出版物的;(四) 利用设立社会团体或者企业事业组织,进行危害国家安全活动的;(五) 利用宗教进行危害国家安全活动的;(六) 组织、利用邪教进行危害国家安全活动的;(七) 制造民族纠纷,煽动民族分裂,危害国家安全的;(八) 境外个人违反有关规定,不听劝阻,擅自会见境内有危害国家安全行为或者有危害国家安全行为重大嫌疑的人员的。"笔者认为这里列举的 8 种情形只是列举性的,不是穷尽性的,特别是《行政处罚法》关于地方性法规的行政违法行为和行政处罚的设定权作出修改之后,地方性法规可以依法对《反间谍法》及其《实施细则》作出补充性的设定。

3. 实施《国家情报法》规定的地方立法

首先,有明确授权的地方立法,例如《国家情报法》第 5 条规定,国家安全机关和公安机关情报机构、军队情报机构(以下统称国家情报工作机构)按照职责分工,相互配合,做好情报工作、开展情报行动。各有关国家机关应当根据各自职能和任务分工,与国家情报工作机构密切配合。其中后一句话涉及各有关国家机关的配合义务职责的规定。第 14 条规定,国家情报工作机构依法开展情报工作,可以要求有关机关、组织和公民提供必要的支持、协助和配合。该条涉及其他国家机关、组织和公民的支持、协助和配合,可以通过地方立法予以具体化。

其次,法律没有明确规定,但根据《立法法》《行政处罚法》等规定,地方可以制定实施法律行政法规的相关地方性法规和规章。一旦地方性法规补充性设定行政违法行为及其行政处罚权得到确认后,也可以为地方性法规的立法提供相应的空间。

4. 实施《反恐怖法》的地方立法

《反恐怖法》第 1 条规定,为了防范和惩治恐怖活动,加强反恐怖主义工作,维护国家安全、公共安全和人民生命财产安全,根据宪法,制定本法;第 3 条对恐怖主义、恐怖活动、恐怖活动组织、恐怖活动人员、恐怖事件等进行了界定。

从该法对立法目的的规定以及恐怖活动、恐怖事件的界定,其既包括狭义的国家安全,即传统的国家安全,也包括其他非传统类的安全,例如社会安全、公共安全、生命财产安全等。其中多数安全属于非传统的国家安全，地方有相应的立法权。根据这部法律的规定，部分属于中央事权，但也有一些事项属于中央和地方共享事权。一些地方已经制定了相应的地方性法规，例如《新疆维吾尔自治区实施〈中华人民共和国反恐怖主义法〉办法》。

（二）实施其他非传统类国家安全方面立法的地方立法

根据全国人大常委会法工委的解释，非传统类的国家安全立法主要包括突发事件应对法，全国人大常委会关于维护互联网安全的决定，关于加强网络信息保护的决定，关于取缔邪教组织、防范和惩治邪教活动的决定等。[5]一些地方已经制定了关于突发事件应对法的实施性的法律法规，例如《安徽省突发事件应对条例》。

涉及网络安全方面的实施包括《网络安全法》在内的法律和地方性立法，可以对包括国家安全机关及其他相关行政机关之间的行政职权职责、相对人的权利义务作出规定，例如《新疆维吾尔自治区电话和互联网用户真实身份信息登记管理条例》《新疆维吾尔自治区防范和惩治网络传播虚假信息条例》等。

《国家安全法》也有相关条文提到了传统国家安全以外的其他安全，例如第19—33条涉及经济安全、金融安全、资源能源安全、粮食安全、文化安全、技术安全、网络信息安全、民族安全、宗教安全、公共安全和社会安全、生态安全、核能核技术安全、外层空间国际海底区域和极地的安全、海外公民和组织的安全等。

其中不少内容都涉及地方职权职责，有的需要地方立法进行调整，一些地方已经有了相关立法，例如《新疆维吾尔自治区民族团结教育条例》涉及民族关系的安全；《新疆维吾尔自治区去极端化条例》涉及宗教安全、公共安全、社会安全、宗教安全等；《新疆维吾尔自治区宗教事务条例》涉及宗教、民族安全；《乌鲁木齐市公共场所禁止穿戴蒙面罩袍的规定》涉及公共场所安全、社会安全和民族宗教方面的安全；《新疆维吾尔自治区社会治安综合治理条例》涉及公共安全、社会安全；《黑龙江省社会矛盾纠纷多元化解条例》《四川省矛盾纠纷多元化解条例》《安徽省多元化解纠纷促进条例》等涉及社会矛盾化解、促进社会和谐安全等。

（三）实施其他涉及维护国家安全的地方立法

例如《对外贸易法》《反垄断法》《邮政法》《农业法》《食品安全法》等。[6]这些法律也有必要通过地方立法予以细化。

三、国家安全地方立法模式

（一）综合性立法还是单行性立法

地方是否有必要制定国家安全法实施办法等地方性法规？笔者认为，由于国家安全涉及领域太多，有些属于传统的国家安全领域，地方立法空间较小；有的虽然属于中央和地方共享领域，但作为下位法的地方性法规立法仍然有限。除非由中央授权制定先行先试的立法。总体来看，笔者认为制定综合性的地方维护国家安全的地方性法规条件还不成熟，但如果从某个切入点制定地方综合性的立法是有可能的，例如江苏省已将《江苏省国家安全人民防线工作条例（草案）》纳入地方立法计划。此类立法通过的可能性较大，比较容易做好。其立法内容相对容易设定，违反上位法的情况可能性不大。因为此类立法主要内容，很多属于动员人民和社会各界开展国家安全预防性的、宣传方面的工作。

如果地方在国家安全维护方面面临的压力较大、任务较重，也可以制定原则性的地方立法，除了根据上位法内容作出了一般性、比较泛化的规定外，还可以针对本地的情况，对某些领域作出重点规定，例如突出维护区域内的国际经贸安全、金融安全、科技安全、国际航运安全等。

地方立法主要是根据中央立法制定实施性的单行性立法。目前国内已经制定的相关地方立法也属于这种情况。这方面的规定可以通过制定或者修改相关地方立法加以落实，例如在修改《上海市促进国际金融中心建设条例》时增加维护金融安全的相关内容。

（二）地方性法规还是政府规章

地方性法规立法权限比地方政府要大，但相对来说难度较大。地方政府规章效力较低，但程序相对简单，可以较快地制定出来，可以为地方性法规积累经验。目前制定地方性法规和地方政府规章的情形都有，到底采用何种法律规范形式，取决于事项本身的重要程度和难度等多种因素。此外，也要考虑两者的密切结合,例如在地方性法规中作出一些原则性规定,由市政府制定相应的地方政府规章加以细化。

四、地方立法的主要内容

一般来说,地方立法要根据上位法的事项和框架来确定,例如如果制定《国家安全法》实施性的地方立法,应当以该法的架构来设计主要内容,包括地方维护国家安全须遵守的原则;国家安全的任务;维护国家安全的职责;国家安全的相关制度;国家安全保障;公民、组织的义务和权利等相关内容。但考虑到地方立法权限,很多方面的内容地方难以创设,可以作出的立法主要集中在涉及地方其他国家机关与国家安全机关分工、配合协作职权职责;涉及相对人权利义务;涉及国家安全法律法规的宣传教育、预防等方面的内容。各地还可以根据《立法法》《行政处罚法》等规定,设定相应的行政处罚等内容。

如果制定单行性的地方立法,则以上位法的架构和事项内容确定其具体内容,例如制定实施《反间谍法》《反恐怖法》等地方立法,应以相关的上位法的内容来确定下位法的内容。

至于一些创设性的地方立法,通常会将上位法的相关内容结合起来加以确定,例如《新疆维吾尔自治区民族团结教育条例》,其框架结构为:第一章总则;第二章工作职责;第三章社会责任;第四章保障与监督;第五章法律责任;第六章附则。从其框架结构可以看出主要内容,这是因为地方性法规只能设定行政方面的职权职责、权利义务。

还有《新疆维吾尔自治区去极端化条例》的内容是:第一章总则;第二章极端化的主要表现;第三章预防、遏制和消除极端化;第四章政府及相关部门的主要职责;第五章社会各方面应当履行的责任;第六章法律责任;第七章附则。这部地方性法规的主要法律依据为《反恐怖主义法》,该法架构为:第一章总则;第二章恐怖活动组织和人员的认定;第三章安全防范;第四章情报信息;第五章调查;第六章应对处置;第七章国际合作;第八章保障措施;第九章法律责任;第十章附则。从地方立法来看,其主要立足于行政机关职权职责、公民和社会组织的权利义务。《乌鲁木齐市公共场所禁止穿戴蒙面罩袍的规定》更简单,只有 13 条,其主要内容涉及行政机关、经营单位、公民个人要遵守的行为规范等。

还有诸如《黑龙江省社会矛盾纠纷多元化解条例》《四川省矛盾纠纷多元化解条例》《安徽省多元化解纠纷促进条例》等涉及社会矛盾化解促进社会和谐安全方面的立法。因为有 2015 年中共中央、国务院发布的《关于完善矛盾纠纷多元化解机制的意见》为政策依据,主要内容的架构大体可以参考政策的规定。

基于上述分析,上海市可以制定具有本市特点的先行先试方面的地方性法规,例如《上海市维护国家金融安全条例》《上海市维护国家科技创新安全条例》等。

至于文化安全、网络安全、生态安全、资源安全等,则可以在相关地方性法规或者规章中作出相应措施的规定,目前还不具备地方立法的条件。

参考文献

[1] 郑淑娜:《〈中华人民共和国国家安全法〉导读与释义》,中国民主法制出版社 2016年版,第 16 页。

[2] 乔晓阳:《中华人民共和国国家安全法释义》,法律出版社 2016 年版,第 309—310 页。

[3] 乔晓阳:《中华人民共和国国家安全法释义》,法律出版社 2016 年版,第 41 页。

[4] 郑淑娜:《〈中华人民共和国国家安全法〉导读与释义》,中国民主法制出版社 2016年版,第 16 页。

[5] 郑淑娜:《〈中华人民共和国国家安全法〉导读与释义》,中国民主法制出版社 2016年版,第 16 页。

[6] 郑淑娜:《〈中华人民共和国国家安全法〉导读与释义》,中国民主法制出版社 2016年版,第 16 页。

经济安全法律规范体系研究

李建伟　朱笑莹*

摘要： 习近平总体国家安全观对于建立健全经济安全法律规范体系、加强经济安全法治提出了新要求。本文通过对经济安全法律法规的现状考察，分析了经济安全法律体系建设存在的问题，提出了加强完善的方向。在这一基础上，笔者提出构建包括"基本法律相关条款＋专门普通法律＋相关法律有关规定＋行政法规＋涉外条约公约""五位一体"国家经济安全法律体系，为新时代我国经济安全提供了系统性法律保障的建议。

关键词： 国家安全；经济安全；法律规范体系

国家安全是指国家政权、主权、统一和领土完整、人民福祉、经济社会可持续发展和国家其他重大利益相对处于没有危险和不受内外威胁的状态，以及保障持续安全状态的能力。[1] 经济安全是国家安全的基础。维护经济安全是关系我国经济社会发展全局的带有战略性、根本性的大事。[1]建立健全经济安全法律规范体系，发挥好法治固根本、稳预期和利长远的重要作用，是维护和保障国家经济安全的重要依托和基石。

一、总体国家安全观下的经济安全界定

经济安全作为国家安全的重要组成部分，具有鲜明的时代性，其内涵及外延伴随本国经济发展和其他国家经济力量的消长而发生变化。不同历史时期、不同经济发展阶段、不同国际形势，决定了经济安全的内涵外延的发

---

* 李建伟，上海社会科学院法学研究所副所长；朱笑莹，上海社会科学院法学研究所硕士研究生。
① 《国家安全法》第2条。

展演进。

随着经济全球化纵深发展,我国经济与世界经济的联系不断紧密。经济全球化为我国提供了赶超发达国家、实现经济崛起的宝贵机遇,同时也为我国带来了经济主权受到影响、经济风险加剧的隐忧。20世纪90年代中后期,受亚洲金融危机影响,我国开始关注经济安全问题,中共十五大首次提出"正确处理对外开放同独立自主、自力更生的关系,维护国家经济安全"的经济安全战略。作为发展中国家,我国在经济全球化的浪潮中如何降低对国外市场与要素的依赖、[2]如何防范化解经济风险、应对金融危机的冲击成了这一时期经济安全问题的主要研究对象。这一时期,理论界也进行了有关经济安全定义的讨论。例如,郑通汉认为,"国家经济安全有两层含义:一是国家要有能力尽可能追求更多的国家经济利益(或物质财富),并使自己国家经济利益不受侵犯;二是本国赖以和发展的物质基础、经济体系、生态环境不受破坏和潜在威胁。"[3]马林、雷家骕认为,"国家经济安全,即一国最为根本的经济利益不受伤害。其具体内容主要包括:一国经济在整体上主权独立、基础稳固、健康运行、稳健增长、持续发展;在国际经济生活中具有一定的自主性、自卫力和竞争力;不至于因为某些问题的演化而使整个经济受到过大的打击和(或)损失过多的国民经济利益;能够避免或化解可能发生的局限性或全局性的经济危机"。[4]在改革开放后我国各项经济事业均处于起步阶段,很多经济领域仍依赖外国技术、资金、人才支持的背景下,上述观点既明确了经济持续发展是经济安全基础性内容,还将经济安全的侧重点放在防范外部风险上,强调了保护我国经济主权完整性,避免重大经济利益遭受损失的重要性。

改革开放40多年来,我国取得了改革开放和社会主义现代化建设的巨大成就,实现了经济总量跃居世界第二的历史性突破,[5]但伴随着经济全球化程度不断加深,我国经济安全面临着日趋复杂的国内外环境。我国国内经济正处于增长速度换挡期、结构调整阵痛期、前期刺激政策消化期叠加的阶段,[6]伴随着经济增速下调,各类隐性风险逐步显性化,经济发展进入新常态。[7]当今世界正经历百年未有之大变局,在国际政治领域,国际形势动荡不安,大国博弈日趋激烈,国际秩序进入深度调整期,国际规范面临前所未有的挑战;[8]在国际经济领域,世界经济陷入低迷期,全球产业链面临重塑,不稳定性、不确定性明显增加,新冠疫情影响广泛深远,逆全球化、保护主义、单边主义思潮暗流涌动,[9]这一新的历史时期促使经济安全的内涵及外延发生了深刻变化。2014 年,习近平总书记立足国内外形势,指出保证国家安全是头等大事,提出了以经济安全为基础的"总体国家安全观"。[10]

"总体国家安全观"是新时代我国安全事业的指导思想与总纲领。"总体国家安全观"赋予了经济安全新的时代内涵。在新的历史时期,总体上,经济安全的关注点已由关注外部风险转向总体统筹,维护新时期经济安全应当注意以下三方面:一是统筹好发展与安全。发展与安全是一体两翼,一方面,经济发展是经济安全的根本保证,应当通过加强自主创新能力建设,加快我国新旧动能转换,推动我国产业结构优化升级,为我国经济高质量发展提供持续助力;另一方面,经济安全是经济发展的必要前提,应当把安全问题摆在非常突出的位置,强调把安全发展贯彻到国家发展的各领域和全过程,[11]防范和化解各领域可能出现的风险与挑战。二是统筹好内部安全与外部安全,防范内外部各因素联动危害我国经济安全。在国内安全方面,保持经济发展战略稳定、安全、可持续,加强国家经济安全保障机制建设,守住不发生重大系统性经济风险的底线,为我国经济高质量发展提供稳定安全的国内环境。在外部安全方面,随着我国综合实力增强、国际地位不断提高,我国应当积极投身国际新秩序的建设中,把公正合理的理念广泛而牢固地确立起来,实现与广大发展中国家,以及能平等待我的所有国家共享发展、共同安全,[12]为我国经济持续发展争取有利的国际环境。三是统筹好局部安全与整体安全,坚持重点论与两点论的统一。对可能发生重大风险的重点领域,采取有效措施,及时补齐短板,防范和化解区域性和系统性金融风险,防范局部性问题演变为全局性风险。[13]同时,统筹推进经济安全总体布局,从全局看问题,深刻认识我国经济发展的基本面,识别各经济领域可能存在的风险点,防微杜渐,做到有备无患,织密经济安全防护网。

综上,笔者认为,新时代经济安全可以定义为:一个国家对内确保经济持续健康发展,对外防范化解重大风险挑战,使国家根本经济利益不受侵犯的能力和状态。

二、我国经济安全法律规范体系的现状分析

当前,世界百年未有之大变局加速演变,国际环境不稳定、不确定性明显上升,我国经济也正处于向高质量发展转变的转型期,面对这一特殊历史时期,习近平总书记强调"治国无其法则乱,守法而不变则衰",要求加快完善中国特色社会主义法律体系,推进国家安全等重要领域立法,防范危害我国经济安全的重要风险,提高防范和抵御安全风险的能力。[14]构建经济安全法律规范体系,要从经济安全相关法律规范体系现状入手,把握现存特点、考察现存问题,为经济安全法律规范体系的完善确定方向。

（一）经济安全相关法律规范的现状考察

在经济安全领域,我国还没有有关国家经济安全的具有系统性与权威性的总体性法律,仅有 2015 年通过的《国家安全法》规定了经济安全在国家安全体系中的基础地位,[15]但对于经济安全的定义、经济安全的总体制度安排未作进一步专门规定,没有针对某一经济领域的专门性安全保障立法。我国现存的经济安全立法主要是分散性立法,与经济安全有关的法律规范散见在各经济领域的法律文件中,现将经济安全相关法律规范建设状况及特点总结如下。

1. 经济安全法律多采用原则性立法技术

在经济安全领域,我国法律采用了原则性立法技术。2014 年,习近平总书记提出以"总体国家安全观"为总纲领的国家总体安全战略,将安全问题提到了前所未有的重要地位。由于《国家安全法》被定位为调整国家安全基本关系的基础性、主干性、全局性的法律,所以该法比较广泛地运用了原则性立法的技术方法,这种原则性立法技术为国家安全领域的法律制度提供了方向性指引和原则性规划,既在一定程度上保持了该部法律适用的时效性和稳定性,也避免了过于细化的法律条文在适用过程中的局限性。[16]《国家安全法》正式施行后,我国逐步推进保障各领域安全的专项立法,经济安全方面,包括 2017 年 6 月正式施行的《网络安全法》、2021 年 9 月开始实施的《数据安全法》和已进入全国人大常委会立法规划的《粮食安全保障法》等。

在其他经济安全领域,我国尚未进行专项立法工作,有关保障该领域安全的法律条文仍然被分散在各领域法律中,由于这些法律并非有关安全保障的专项立法,建立有关安全保障的法律制度只是该部法律立法任务的一个方面,所以,大多采用了原则性的立法技术,这种立法技术给在法律体系中处于较低位阶的行政法规、部门规章提出了具体化规定的要求。例如在外资安全审查制度的规定方面,2019 年发布的《外商投资法》第 35 条规定,在外商投资领域,国家建立安全审查制度。同年 12 月,国务院依据《外商投资法》,以行政法规的形式出台了《外商投资法实施条例》,该条例第 40 条重申了《外商投资法》第 35 条有关建立外商投资安全审查制度的规定。2020年,国家发展和改革委员会与商务部以部门规章的形式联合发布了《外商投资安全审查办法》,对外商投资范围,安全审查机构、范围、程序以及违规惩戒措施作出具体规定。由位阶较低的法规、规章对法律规范进行了细化规定,这种方式充分发挥了行政法规、部门规定等位阶较低的法律在修改程序上的优势,便于法律规定适时根据社会发展的需要作出相应修改,以规范、指引社会发展。

2. 经济安全法律条文分布较为零散

我国经济安全立法呈现分散性特点。根据立法需求和现实需要,经济安全法律分布情况有着不同的特点,主要有以下两种情况:一是分别在不同部门法中加以规定,原因在于:基于经济风险的多样性与复杂性,维护某一经济领域的安全,需要多个部门法相互协作、形成合力才能达到理想状态,例如在科技安全领域,要实现对一般智力成果的保护,应当重视知识产权领域立法,完善包括《著作权法》《专利法》等在内的与知识产权有关的法律法规。对于关系国家安全和利益的智力成果,应深入推进保护和管理工作,落实科学技术保密制度,推动科技保密相关立法,完善以《保守国家秘密法》为基础的法律。《保守科学秘密法》为专门性法律,是包括《科学技术保密规定》等行政法规、地方性法规、规章在内的科学秘密保护法律规范体系。二是分别在同一经济领域的不同法律中加以规定。这是由于在制定基本法律时,该领域涉及的部分基础性原则性规范的立法环境与技术尚不成熟,当相关条件成熟后,该部分规范被补充添加在了新出台的细分领域的法律之中。例如,2021 年 6 月出台的《乡村振兴促进法》第 8 条规定:"国家实施以我为主、立足国内、确保产能、适度进口、科技支撑的粮食安全战略。"①作为《乡村振兴促进法》上位法的《农业法》,虽在第五章对农业安全进行了规定,但并未涉及粮食安全战略这一总体性战略。

3. 部分经济领域已初步建立起法律体系

随着我国法律的发展,部分经济领域已经初步形成了较为完备的法律体系。例如,在能源领域,自1986年《矿产资源法》颁布以来,我国根据能源类别的不同进行了专门立法,先后出台了《电力法》《煤炭法》《可再生能源法》《节约能源法》,建立了与法律相配套的法规体系,例如《矿产资源开采登记管理办法》《对外合作开采海洋石油资源条例》《石油、天然气管道保护条例》等。2020年4月,我国制定的第一部有关能源保护的总体性法律《〈能源法〉征求意见稿》发布。在经济安全专门性法律体系建设层面,粮食安全立法已经走在了其他经济领域的前面。2015年,作为国家安全领域基础性法律的《国家安全法》对粮食安全进行了"国家健全粮食安全保障体系,保护和提高粮食综合生产能力,完善粮食储备制度、流通制度和市场调控机制,健全粮食安全预警制度,保障粮食供给和质量安全"的专项规定。② 2018年、2019年我国中央一号文件提出"推进粮食安全保障立法"的背景下,第一部旨在保障粮食安全的法律《粮食安全保障法》正式启动立法工作。同时,我国各地也开始密集推进粮食安全保障的地方立法工作。同时,我国行政法规、部门规章也针对粮食安全进行了相关法律规定的细化工作,在粮食储备、粮食流通环节建立了较为完备的法律规范制度。在粮食储备环节,2021年,国家粮食和物资储备局以部门规章形式公布了《政府储备粮食仓储管理办法》《政府储备粮食质量安全管理办法》;在粮食流通环节,2021年,国务院以行政法规形式公布了《粮食流通管理条例》。遗憾的是,在其他经济安全重点领域,我国尚未建立起针对该经济领域的系统性、专门性的法律法规体系,也未进行保障专门经济领域安全的专项立法。

4. 部分经济安全立法具有应急性立法的特征

目前,我国部分经济安全立法呈现了应急性立法的特征,表现在我国经济安全立法活动在一定程度上缺乏主动性,未能事先对经济安全风险做出

---

① 《乡村振兴促进法》第8条第1款。
② 《国家安全法》第22条。

足够准确的预判,以进行前瞻性立法,只能对经济发展暴露出的问题做出被动、应急的反应,通过后续密集性立法活动补齐立法短板,例如在贸易安全领域,我国经济安全立法的应急性立法特征表现得尤为明显。2016 年公布的《对外贸易法》是我国对外贸易领域的基础性法律,该法对我国禁止或限制进出口贸易的范围、对外贸易管理基础制度与程序以及救济措施进行了规定。虽然 2013 年我国已经成为世界上最大的贸易国,但我国的对外贸易法律制度远远落后于我国对外贸易保护工作的需要,在处理对外贸易关系以及应对单边主义的能力方面存在严重不足。2019 年以来,在中美贸易摩擦的背景下,我国企业屡次受到美国政府的极限施压,美国政府的行为严重损害了我国企业的海外经营利益。为维护我国企业海外经营的正当利益,我国加紧出台了保护我国进出口贸易安全的法律法规。进口方面,我国对外国实体采取了相应的反制措施,2020 年 9 月,商务部公布了《不可靠实体清单》,在将有关外国实体列入不可靠实体清单的标准、程序以及可采取的相关措施等方面作出了规定;出口方面,2020 年 10 月我国通过《出口管制法》,该法确立了我国出口管制的制度体系,填补了我国在出口管制领域的立法空白,构建了我国出口管制法律的基本框架,是我国维护国家安全和利益的重要举措。

(二)当前经济安全法律规范体系存在的问题

1. 经济安全政策法律化滞后

经济法是"政策性"法律,经济法伴随着经济政策的演变产生。经济安全法制建设必须要处理好经济安全法律与经济安全政策的关系,经济安全政策是经济安全立法的前提,经济安全法律是经济安全政策的法律化,是对经济安全政策有效实施的法律保障。[17]可以说,经济安全政策法律化是经济政策发展成熟后的必然结果,但如前文所述,目前,我国缺少将行之有效的经济安全政策上升为法律的成熟机制,经济安全政策上升为法律的进程相对滞后,导致法律上关于保护经济安全的规范仍处于缺位状态。

经济安全政策法律化滞后的原因在于以下三点:首先,法律本身就具有滞后性。正如萨维尼指出的:"法律自制定公布之时起,即逐渐与时代脱节。"[18]法律与政策最主要的区别在于法律具有确定性,政策具有灵活性,政策可以因时而变。其次,从历史上看,"政策优先"或"政策优于法"是计划经济体制时期流传下来的遗产,[19]在"政策优于法"的观念作用下,我国在经济管理中大量使用经济政策对经济活动进行规制,轻视经济法律在保障经济运行中的规范性和强制性作用。由于我国行政权力在社会运行中的优势地位,经济政策的施行取得了显著的正面效应,这在一定程度上导致将经济政策上升为经济法律的立法动力不足。再次,我国经济安全法律规范体系尚未建成,保障经济安全的专门性法律也处于缺位状态的现实决定了将经济安全政策上升为法律规范后,该法律规范往往面对难以在混乱繁杂的法律文件中找到合适定位的问题。

2. 经济安全法律的专门性、体系性不足

国家安全战略在我国战略体系中具有基础性地位,推进国家安全立法,推进国家安全法律规范的专门性、体系性对实现国家安全战略目标具有重要意义。目前,我国尚未制定保障经济安全的基础性法律与保障某一经济领域安全的专门性法律,未形成调整国家经济安全关系的法律部门,这是我国经济安全法律专门性不足的主要表现。

我国经济安全法律体系性不足,长期以来,我国在经济安全领域采用分散立法形式,经济安全法律规范散落在各个位阶不同、领域不同的法律文件中。同时,由于我国经济安全立法多为原则性规定,保障我国经济安全的法律机制与法律制度大部分规定在位阶较低的法规规章中,虽然这对于法律修改的灵活性有利,但在一定程度上影响了我国经济安全法律的权威性、规范性,也使得规制同一经济领域的各法律规定之间缺乏协调性与系统性,难以形成相互协调、内容完备的经济安全法律规范体系,这是造成我国经济安全法律体系性不足的重要因素。

(三)经济安全法律规范体系的完善方向

1. 推动经济安全政策法律化

尽快推动经济安全政策法律化是建立健全经济安全法律体系的关键一环。将经济安全政策转化为法律有以下三方面意义:首先,由于我国大量与经济安全有关的规定都以政策形式呈现,将政策上升为法律,方便填充经济安全法律体系的空白。其次,经济安全政策的长期施行,为相关经济安全法律的制定积累了宝贵的、鲜活的实践经验,经济安全政策法律化后能够适应经济安全的要求,不会导致与现实情况脱节。再次,推动经济安全政策法律化,有利于克服行政机关在适用时的主观性与随意性,实现对行政权力的有效规制。

推动经济安全政策法律化要清楚认识两方面内容:一是并非所有的经济安全政策都可以进行法律化。法律的规范性、权威性决定了能够进行法律化的经济安全政策必须具备以下两方面的要件:首先,是对全局有重大影响的有立法必要的政策;其次,是成熟的或具有长期稳定性的政策。[20]二是应当尊重经济安全政策将与经济安全法律长期共存的客观现实,经济安全政策与经济安全法律在应对经济安全风险与挑战时具有鲜明的优势与特性,经济安全法律无法彻底取代经济安全政策。推动经济安全政策与法律优势互补、形成良性的互动与转化机制是应对管控经济安全风险的成熟之策。

2. 推动经济安全法律专门性、体系性建设

推动经济安全法律专门性、体系性建设,是推动经济安全法律部门建立的首要举措:一是保障经济总体安全,需要从经济全局着眼,经济安全法律建设特别是总体性基础性法律制定应当聚焦于我国经济领域存在的整体性、本质性的矛盾与问题,对经济风险有宏观上、总体上的把握,以便站在更高的位置统摄各经济领域安全保障立法,筑牢维护经济安全的法律根基。二是当前我国经济形式面临着日益复杂的国内外环境,各类风险挑战内外联动、累积叠加是这一时期经济风险的突出特征。推动经济安全法律体系建设,使经济安全法律体系的各种法律互相配合、互相支持,[21]形成具有系统性的统一整体,对内外联动的经济风险进行动态预防与规制,织密维护经济安全的法律规范体系。

推动经济安全法律专门性、体系性建设,要认识把握好工作推进的要求和技术。如前文所述,某些领域的经济安全法律保障体系需要多个法律部门通力合作才能完成,这使得在推进经济安全法律专门化、体系化、统筹各领域立法的过程中,会遇到涉及立法部门层级较多、调整和剔除矛盾较为困难、各法律规定之间不协调等诸多问题。如果现阶段我国立法技术不成熟,短期内实现不了理想的统一立法模式,先对国家经济安全相关各法律进行

完善不失为分步推进之举。[22]

三、经济安全法律规范体系的健全完善

新时期赋予了经济安全新的时代内涵,为更新完善经济安全法律规范体系,以适应国家经济安全法治实践提供了新目标、新动力。建立健全完备的经济安全法律规范体系、发挥法律在推进国家经济安全治理体系改革和治理能力建设的重要作用,是推进经济安全工作的重要基石。因此,我国应在"总体国家安全"指导下,建立健全"基本法律相关条款＋专门普通法律＋相关法律有关规定＋行政法规＋涉外条约公约"的"五位一体"国家经济安全法律法规体系。

(一)《宪法》与基本法律相关条款

在《宪法》层面,《宪法》第 6 条规定了我国基本经济制度。基础经济制度是国家生产关系的总和,是国家存在的经济基础,是维护经济安全的根本性制度。《宪法》第 7 条规定了国有经济在我国的地位和作用。国有经济是国民经济的支柱,国有资本在关系国民经济命脉和国家安全的重要行业和关键领域居于控制性地位,国有经济是维护经济安全的物质基础。虽然《宪法》第 6、7 条是经济安全立法的根本性制度规范,但《宪法》并没有关于国家经济安全的直接、明确的规定。我国国家安全领域的基本法律《国家安全法》第 1 条规定:"根据宪法,制定本法。"①由此可知,《国家安全法》通过自身立法明确了其与《宪法》的关系,但作为该领域的"基本法",这种"单项授权"还不够,未来修订《宪法》时,我国应通过宪法确定《国家安全法》"经济安全"的地位。[23]

在《国家安全法》层面,《国家安全法》第 3 条规定了"经济安全"在国家安全体系中的基础性地位。《国家安全法》第 19、20、21、22、24 条分别对市场安全、金融安全、能源安全、粮食安全、科技安全五大重要经济安全领域进行了总则性规定。《国家安全法》作为国家安全法律体系中的基础性总纲性法律,指导着后续各项经济安全领域的专项立法实践。同时,根据各经济领

①《国家安全法》第 1 条。

域风险的发展变化,应适时修改《国家安全法》,进一步健全完善国家经济安全立法。

(二)专门性普通法律

基于经济安全在国家安全体系中的基础性地位与当前经济风险日益复杂的客观现实,我国应当推进《经济安全保障法》的立法工作,在"总体国家安全观"的指导下,以《国家安全法》为上位法,对经济安全定义、经济安全的宗旨、原则、经济安全重要领域及认定标准、经济安全制度、国家机关维护经济安全的职责、公民、组织的义务和权利等进行总则性、原则性规定,为各经济领域安全保障立法提供基本遵循。

基于重要经济领域面临的风险与挑战越来越突出的客观现实,重要经济领域已成为影响我国经济安全甚至国家总体安全的关键因素。推进重要经济领域安全保障立法工作,应在"总体国家安全观"的指导下,以《国家安全法》《经济安全保障法》为上位法,对各重点经济领域的定义、宗旨、原则、维护该经济领域安全的制度、国家机关维护该经济领域安全的职责、公民、组织的义务和权利等进行规定,为保障各重要经济领域安全提供法律支持和保障。

(三)各相关法律有关规定

目前,我国现存经济安全立法主要是分散性立法,与经济安全有关的法律规范散布于各经济领域的法律文件中,这部分法律规范具有立法时间早、法律数量多、体系性不足的特点。

为适应新时期经济安全内涵与外延拓展的需要,应对现存经济安全规范进行全面梳理,剔除、清理与社会经济发展要求不符的法律规范,对与经济安全有关的原则性战略性规定进行系统化更新修订,对亟须法律规制的经济风险点进行立法完善,尽快弥补经济安全专门性法律还未建成的缺憾。

(四)国务院行政法规

首先,尽快启动《国家安全法实施细则》的制定。《国家安全法》采用了原则性立法技术,这种立法技术对后续配套法律要求较高,一方面,配套法律出台应当具有及时性,需及时对主体法律原则性规定进行回应,以避免法律空悬;另一方面,配套法律内容应当具有有效性,配套法律承担着对主体法律进行细化规定的任务,该任务能否有效完成是主体法律能否发挥有效作用的关键。此外,在《经济安全保障法》和重点经济领域安全保障法制定完成后,应当尽快推动行政法规层次的实施细则的颁布施行。其次,应当进行全面的与经济安全有关的行政法规的梳理工作,及时对与《国家安全法》理念不符的条款进行废止或修订,对一些保障经济安全的法律制度进行更新和完善,对内容重复的行政法规进行整合。再次,在重要经济领域立法条件不成熟、立法需求又迫切的情况下,国务院可根据《立法法》第 65 条第 3 款,由全国人大及其常委会授权决定先制定保障该经济领域安全的行政法规,待经过实践检验、制定法律的条件成熟时,再提请全国人大及其常委会制定法律。

(五)经济安全涉外条约公约

当今世界正在经历百年未有之大变局,国家经济安全风险与挑战加剧,国际安全形势急剧变化,逆全球化趋势明显,霸权主义、单边主义、保护主义有抬头趋势,国家之间的竞争全面展开。法治是国际秩序的基石。[24] 作为负责任的大国,我国应当积极推动国际经济安全法治建设,引导公平公正的国际经济新秩序的建立,坚定维护多边主义,使世界重回经济全球化的轨道。推动国际经济安全法治建设应将以下两方面工作为重点:一是在国际经贸规则制定上争取更多的话语权与规则制定权。"积极推进 WTO 等国际组织的机制改革,在跨境电商、电子商务、共享经济、移动支付等我国有先行优势的领域主动参与全球经贸规则的制定。"[25] 二是通过双边、多边贸易与区域经济合作,"强化区域经济对话机制,推进双边多边协定落地实施。持续强化推进双边多边经贸合作,努力形成利益共同体、责任共同体、命运共同体",[26] 构建平等、互利、和谐、稳定的国际经济环境。

四、结语

在总体国家安全观的视域下,我国经济安全具有新的内涵及外延,被赋予了新的历史使命,这为建立与新经济安全相适应的经济安全法律制度体系提供了新目标、新动力。在总体国家安全观指导下,我们应积极推动经济安全法制建设,推进经济安全各法律要素之间的协调配合,构建起"基本法律相关条款＋专门普通法律＋相关法律有关规定＋行政法规＋涉外条约公约""五位一体"国家经济安全法律体系,以保障和服务新时代我国经济安全和可持续高质量发展。

参考文献

[1] 习近平:《金融活经济活,金融稳经济稳,做好金融工作,维护经济安全》,《人民日报》2017年4月27日,第1版。

[2] 顾海兵、詹莎莎、孙挺:《国家经济安全的战略性审视》,《南京社会科学》2014年第5期。

[3] 郑通汉:《经济全球中的国家经济安全问题》,国防大学出版社1999年版,第64页。

[4] 马林、雷家骕:《完善维护国家经济安全的制度和机制框架》,《清华大学学报(哲学社会科学版)》2002年第4期。

[5] 习近平:《在庆祝中国共产党成立100周年大会上的讲话》,《人民日报》2021年7月2日,第2版。

[6] 习近平:《把握新发展阶段,贯彻新发展理念,构建新发展格局》,《求是》2021年第5期。

[7] 《中央经济工作会议在北京举行,习近平、李克强作重要讲话》,《人民日报》2014年12月12日,第1版。

[8] 陈斌、程永林:《中国国家经济安全研究的现状与展望》,《中国人民大学学报》2020年第1期。

[9] 习近平:《在中国科学院第二十次院士大会、中国工程院第十五次院士大会、中国科协第十次全国代表大会上的讲话》,《人民日报》2021年5月29日,第2版。

[10] 习近平:《坚持总体国家安全观,走中国特色国家安全道路》,《人民日报》2014年4月16日,第1版。

[11] 习近平:《把握新发展阶段,贯彻新发展理念,构建新发展格局》,《求是》2021年第5期。

[12] 江涌:《当前中国经济安全态势》,《政治经济学评论》2018年第4期。

[13] 《中央经济工作会议在北京举行,习近平、李克强作重要讲话》,http://cpc.people.com.cn/n/2013/1214/c64094-23839267.html,最后访问日期:2023年10月14日。

[14] 习近平:《坚定不移走中国特色社会主义法治道路,为全面建设社会主义现代化国家提供有力法治保障》,《求是》2021年第5期。

［15］陈斌、程永林：《中国国家经济安全研究的现状与展望》，《中国人民大学学报》2020年第 1 期。

［16］杨宗科：《论〈国家安全法〉的基本法律属性》，《比较法研究》2019 年第 4 期。

［17］张守文：《市场经济与新经济法》，北京大学出版社 1993 年版，第 17 页。

［18］刘晓霞：《经济法与经济政策的互动整合》，《甘肃政法成人教育学院学报》2005 年第 1 期。

［19］邢会强：《政策增长与法律空洞化》，《法治与社会发展》2012 年第 3 期。

［20］陈潭：《浅论政策合法化与政策法律化》，《行政与法》2001 年第 1 期。

［21］钱大军：《法律体系的重释——兼对我国既有法律体系理论的初步反思》，《吉林大学社会科学学报》2007 年第 2 期。

［22］徐英倩：《论我国国家经济安全立法》，《学习与探索》2017 年第 10 期。

［23］康均心、虞文梁：《后〈国家安全法〉时代的国家安全法律体系建设》，《郑州大学学报（哲学社会科学版）》2016 年第 3 期。

［24］杨云霞：《当代霸权国家经济安全泛化及中国的应对》，《马克思主义研究》2021 年第 3 期。

［25］杨云霞：《当代霸权国家经济安全泛化及中国的应对》，《马克思主义研究》2021 年第 3 期。

［26］杨云霞：《当代霸权国家经济安全泛化及中国的应对》，《马克思主义研究》2021 年第 3 期。

中国科技安全法律体系的完善进路

杨　勇*

摘要： 科技安全关系国家安全和人民福祉。中国科技安全法律体系基本架构虽然已经初具，但是仍表现出科技安全基本法之功能缺失、部分科技安全领域立法空白、法律规范的位阶失衡等缺陷。完善科技安全法律体系，既是落实总体国家安全观的客观需要，也是实现高水平科技自立自强的理论要求，对于科技发展和国家安全有着重要意义。对此，需要坚持时效性、前瞻性、实效性的立法原则，重新定位科技安全基本法，加强科技法的配套立法和合理设置法律位阶，最终形成一个系统化环形辐射式的科技安全法律体系，推进中国国家科技安全体系和能力现代化建设。

关键词： 科技安全；科技保密；国家安全；科技法

一、引言

在国际格局深度演变和大国博弈持续加剧的时代背景下，科技安全的程度逐渐成为各国综合实力和发展潜力的重要指标。一方面，俄乌冲突再现了科技安全在国家战略中的重要地位。人工智能技术被广泛应用于俄乌战场，面部识别算法准确匹配人员身份、深度伪造形成虚拟信息进行网络传播、拦截与翻译军方通信等事件均映射出科技的安全性正在影响军事安全等传统安全领域。[1]国际格局亦可能由此突变。另一方面，美对华科技战显现出美国已视科技为中美战略竞争的核心领域。[2]根据"弱中"和"强美"的

---

* 杨勇，北京理工大学法学院博士研究生。

政策,美国以国家安全为由,强行将他国科技与本国安全挂钩,通过加大技术管控力度、封锁中国科技领先产品和技术在美正常贸易、抢先制定并发布新兴技术标准等方式,防止中国科技输入与输出,遏制中国科技发展。[3]

在科技发展加速与安全格局重构的历史背景下,科技安全关系党的前途命运和民族复兴之路。马克思主义一贯注重科技的历史作用,恩格斯说:"在马克思看来,科学是一种在历史上起推动作用的、革命的力量。"[4]近代以来,由于中国数次错失全球科技革命先机,导致很长一段时间国力衰弱、科技落后。中国共产党诞生后,秉承了马克思主义科技观,并将其与中国实践相结合,形成了极具中国特色的科技安全观,尤其是总体国家安全观的提出,使科技安全体系实现了质的飞跃。党的二十大报告明确要求:完善科技创新体系,加快实施创新驱动发展战略,同时强调坚决维护国家安全推进包括科技安全在内的国家安全体系和能力现代化。

科技安全法律体系是保障科技安全可控与高质量发展的必要前提。在科技安全法律体系相对完善的国家,法律促进科技创新与发展,在保障本国科技成果与利益的同时能够有效防御外来因素的干涉。在科技安全法律体系相对薄弱的国家,科技创新举步维艰,科技成果安全无法保障。在对科技安全这一时代性命题的重新审视中,我们为之自豪的是中国科技事业取得了举世瞩目的成就,创造了新的中国奇迹,科技安全得到较好的维护。然而,我们也清晰地认识到,目前中国科技安全法律体系还不够健全,甚至在一定程度上限制了科技的进一步发展。如今,中国进入新发展阶段,科技崛起势不可挡。面对科技自身的安全挑战与外部环境带来的科技发展安全风险,势必需要将科技安全纳入法治化轨道予以保障,而完善法律体系是科技安全法治化的逻辑起点,具有举足轻重的作用。

二、科技安全的内涵、立法现状及其缺陷

(一)科技安全概念及特征

纵观人类发展史,科技始终是促进经济发展和社会变革的重要因素,影响国际、国内政治格局的发展变化。维护科技安全不仅是总体国家安全观的重要内容,而且是对政治、经济、军事、社会等领域安全的技术支撑和可靠保障。科技安全既有科技本身的安全问题,也有以科技支撑保障相

关领域的安全问题,涵盖科技人才、设施设备、科技活动、科技成果、成果应用安全等多个方面。根据总体国家安全观和《国家安全法》相关规定,国家科技安全是指作为大国的科技体系完整有效、国家重点领域核心技术安全可控、国家核心利益和安全不受外部科技优势危害,以及维护科技持续发展的能力。[5]

科技安全具有竞争性、渗透性、突变性和动态性等特点。科技能力是国家的核心竞争力之一。近年来,美国为了保持科技竞争优势,大搞科技脱钩、开列实体清单,实行出口管制并中断科技合作,以此遏制中国科技的发展。科技安全问题不只事关自身安全,而是渗透到社会、政治、经济、军事等系统中引发国家安全风险。科学技术具有较长的生命链条,从早期的基础科学研究到技术突破,再到工程应用、产业发展、社会普及应用,是一个相对较长的过程,安全问题暴露往往滞后,并且容易突变。例如某些药物的副作用、某些科技研发改造对生态环境的破坏,还有使用人工智能带来的安全问题等。某些新型毒品在研制之初本是作为治病药品研发的,后来不慎被滥用而成为毒品。随着科技的进步,一些安全因素也在动态调整,每个时期的主要科技安全风险呈现出不同类型。因此,科技安全取决于科学技术自身的发展特点与规律以及国家间相互竞争的态势。

(二)科技安全法律体系的现状

改革开放后,尤其是党的十八大以来,中国科技事业有了很大的发展,在一定程度上缩短了同发达国家的差距,科技安全得到了充分的重视和较好的维护。总体国家安全观的提出促进了科技安全立法进程,科技安全法律体系基本架构已初具规模,并随着科技的发展不断更新与完善。

我国《宪法》是科技安全法律体系的基本依据。《宪法》作为国家根本法,虽然全篇并未出现"科技安全"的字样,但其维护塑造国家科技安全的理念,体现在对科学技术的相关权利、义务、职责等的规定中。其中,《宪法》序言表明国家的根本任务,即社会主义现代化建设包含科学技术的现代化;第47、54条明确了公民享有科学研究的权利和维护国家安全、荣誉、利益的义务;第14、19、20条规定了国家保障和发展科学技术的宪法责任;第89、107、119条明确了各级政府管理科学技术工作的职责。正是这些科技与安全的相关规定,为科技安全立法提供了宪法依据。

科技安全方面的法律包含综合性法律、专门性法律和相关法律(见表1)。其中,综合性法律是《科技进步法》,从宏观角度为加强国家科技安全建设提供了相对综合、原则的法律规范。专门性法律从微观角度为相关具体领域的科技安全构筑了安全堡垒。一方面,为了更好保障知识产权与科技成果,中国先后修正了《专利法》《著作权法》。随着客观社会对法律规范的需求日趋多元,大量的科技安全立法需求体现在新兴科技领域等相关法律制度中。[6]例如中国先后制定了《网络安全法》《核安全法》《生物安全法》《数据安全法》等。相关法律是与科技安全密切关联的法律规范总和。随着科技应用的深度与广度不断延伸,科技安全立法逐渐融入刑法、民商法、行政法、经济法、社会法等法律制度中,使科技安全与其他法律体系间的关联性愈加紧密。

表 1　科技安全法律制度

性质	法　律	与科技安全相关的内容
综合性法律	《科技进步法》	第 5 条表明国家维护科技安全的职责;第 11 章对影响科技保障、科技活动、科技成果、成果应用等方面的责任人规定了相应的处罚措施
	《国家安全法》(起桥梁作用)	第 24 条明确要求保护运用好知识产权、加强建设科技保密能力、保障重大技术的安全
专门性法律	《专利法》	确立了专利权人的各项权利和义务
	《著作权法》	第 3 条关于作品的范围包括计算机软件等,软件从程序开发的角度讲属于科技成果,因此,该法关于作品著作权的规定可视为对科技成果的保护
	《标准化法》	第 2 条规定标准是指农业、工业、服务业以及社会事业等领域需要统一的技术要求;第 10、11 条规定了强制性国家标准和推荐性国家标准的技术要求条件;第 22 条表明制定标准的目的包含增强产品的安全性;第 28 条规定研制和改造产品,进行技术改造应符合标准化要求
	《网络安全法》	针对网络领域,对于运行安全、信息安全、监测预警与应急处置等进行了详细规定

（续表）

性 质	法 律	与科技安全相关的内容
专门性法律	《核安全法》	针对核领域,对于核设施、核材料、放射性废物安全及核事故应急进行了详细规定
	《生物安全法》	针对生物领域,对于生物技术研究、开发与应用安全、病原微生物实验室生物安全、人类遗传资源与生物资源安全、防范生物恐怖与生物武器威胁等方面进行了详细规定
	《数据安全法》	针对数据领域,对于数据分类分级保护制度、数据处理活动和安全保护义务、非法处理数据的责任等进行了详细规定
相关法律	《促进科技成果转化法》	第 30 条规定科技中介服务机构提供的保密义务;第 40 条规定合作完成的科技成果的权益归属等;第 42、51 条分别规定了企业、事业单位应当建立健全技术秘密保护制度以及泄露技术秘密的责任
	《刑法》	第 213—220 条规定了"侵犯知识产权罪";第 282 条第 1 款规定非法获取国家秘密罪中的客体包含国家科技秘密;第 285 条第 1 款"非法侵入计算机信息系统罪"对包含尖端科学技术在内的计算机信息系统侵入行为进行了规制。《刑法修正案(十一)》新增了非法采集人类遗传资源、走私人类遗传资源材料罪;非法植入基因编辑、克隆胚胎罪;非法引进、释放、丢弃外来入侵物种罪
	《民法典》	广泛涉及知识产权、数据保护、技术合同、虚拟财产、信息安全、人工智能和基因技术等与科技安全有关的法律规则
	《密码法》	在网络和信息等领域中涉及密码应用和管理
	《保守国家秘密法》	表明国家秘密包含科学技术中的秘密事项
	《出口管制法》	涉及两用物项、军品、核以及其他与维护国家安全和利益、履行防扩散等国际义务相关的,包含技术在内的物项出口管制
	《反外国制裁法》	涉及外国国家对我国进行遏制、打压,对我国公民、组织采取歧视性限制措施且干涉我国内政的,我国有权采取相应反制措施。歧视性限制措施的针对对象可以是涉及科技安全的内容
	其他	其他涉及科技安全的相关法律内容

科技安全方面的行政法规和地方性法规,对科技安全的制度保障起到了重要的补充作用。行政法规主要针对国家法律细化了相关规定,例如《农业转基因生物安全管理条例》对基因工程技术进行了规制并制定了罚责;《技术进出口管理条例》对技术进出口规定了统一的管理制度等。地方性法规则是根据地方实际情况设置的制度规范,例如《厦门经济特区科学技术进步条例》对侵犯本单位技术权益、成果的,非法窃取、泄露科技秘密的法律责任进行了补充规定。我国有 30 个省份以本地数据要素市场的特点为依托,制定了数据安全相关条例。

科技安全方面的部门规章一般由相关领域的主管部门制定并公布,主要侧重于某一具体安全领域的制度规范,例如科技部和国家保密局发布的《科学技术保密规定》(简称《保密规定》)设置了科技秘密的范围和等级,确定、变更和解除程序,保密管理要求等,在一定程度上弥补了中国无科技保密专门立法的遗憾。公安部发布的《互联网安全保护技术措施规定》明确了互联网服务提供者和联网使用单位应落实的安全保护技术措施。但是地方政府规章中鲜有对科技安全的直接规定。

(三)科技安全法律体系的主要缺陷

在当今科技水平高速发展与国际科技产业布局变换调整的时代背景下,中国科技领域面临的诸多严峻挑战折射出科技安全法律体系尚不完善,与新时代的新要求存在一定差距,特别是与其"极端重要的"地位不相称,甚至在一定程度上掣肘了科技的安全发展。现有法律体系的缺陷主要体现在三个方面。

1. 科技安全基本法的功能缺失

《科技进步法》作为科技领域的基础性、综合性顶层法律,难以承载科技安全基本法之应有功能。从法律名称上看,该法不具备科技安全内容的表征。由于法律名称实质要素中最重要的来源就是对法律内容的概括凝练,[7]而该法的名称中未包含"安全"元素,且科技进步与科技安全在字义层面本属平行关系,不存在交集。从立法宗旨上看,该法无法承担维护科技安全的重任。纵观现有法律文本,在总则的相关条文中都明确了立法宗旨。反观《科技进步法》第 1 条,其侧重点在于促进科技进步和科技成果转化、推动科技的支撑和引领作用等,并未包含安全内容。从法律内容上看,该法缺少科技安全核心要素的相关规定。按照法律文本的一般编排逻辑,内容至少应包含定义、主体、客体、权利、义务、目标、原则等核心要素,而该法关于科技安全的上述内容处于缺失状态,一些安全规定散乱分布在各章。

正是由于缺乏科技安全基本法之引领与有机连接的功能,当前科技安全立法呈现出具体领域的"碎片化"和"抽象化"特征,无法在此基础上构建相应的法律关系和调整机制,使本就分散的科技安全相关规定彼此互不衔接,甚至需要《国家安全法》作为桥梁进行转接,呈现出形式上的"双基"表象(见图1)。

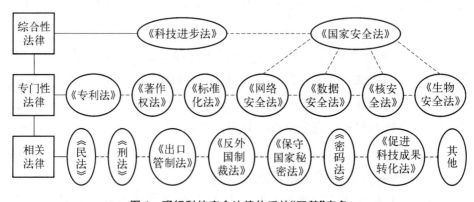

图1　现行科技安全法律体系的"双基"表象

2. 部分科技安全领域存在立法空白

一方面,某些新兴科技领域的安全问题缺乏及时有效的专门性法律法规支撑。例如,"十四五"规划和《2035年远景目标纲要》中提到的人工智能、量子信息、空天科技、集成电路、基因生物技术等科技领域"重文件、轻法律"的现象比较普遍。其中,量子信息、空天科技、集成电路的安全规范仅在规范性文件中有所提及;对于人工智能的安全问题,地方性法规《深圳经济特区人工智能产业促进条例》虽然对其治理机制、监管机制、伦理安全规范进行了原则性规定,但并不能适用于全国范围;在基因生物技术中仅对农业转基因生物制定了行政法规。

另一方面,科技安全内容在相关法律中的嵌入度不足。由于分散立法的现实问题以及科技安全相关法律的衔接不畅等原因,部分法律法规未能很好地设置科技安全条款。以《反外国制裁法》为例,对于歧视性限制措施的解释能否包含直接或者变相科技制裁,以及如何通过反制措施维护科技安全的问题,现有规范均未涉及,很大程度上影响了实践效果。

3. 法律规范的位阶失衡

法律规范的位阶应当与其适用范围、重要程度等相适应,当前某些重要领域的科技安全法律规范位阶较低,导致微观实施层面无法发挥其应有之效。例如随着科技的发展,科技秘密逐渐融入各行各业,对其准确定密与安全保障是实现科技安全的重要前提,但现有规范《保密规定》仅为部门规章,所调整的范围局限于科技部和国家保密局管辖的行政管理关系,虽然该规定第3条将适用范围扩大至涉及国家科技秘密的国家机关、单位和个人,但其部门规章的法律位阶难以对科技部门以外的行政机关形成有效的约束力;第9条规定国家科学技术保密事项范围,由国家保密行政管理部门会同国家科学技术行政管理部门另行制定,依此规定制定的保密事项范围的位阶只会低于部门规章,由规范性文件承担,执行力明显较弱;第12—23条国家科学技术秘密的确定、变更和解除程序的规定,在具体实施环节也存在一定的困难实践中,市级以上政府机关难以做到准确定密、解密,对此的强制性要求略显不足;第40条法律责任中受立法层级低的限制,只能进行笼统的参照性处罚规定,未设置批评教育以外的其他具体行政处罚措施,威慑力明显不足,影响了科技秘密的有效保护。

三、完善科技安全法律体系的重要意义

完善科技安全法律体系既是新时期维护国家安全的理论要求,也是当前科技发展的现实所需。

(一)有助于促进科技创新与进步

安全与发展总是相伴而生、相互影响、同步进退的。科技安全是科技创新与进步的前提,科技创新与进步则是科技安全的保障。统筹发展与安全,是全面建设社会主义现代化国家的重要支撑与根本保证。[8]法律体系的完善既为科技安全提供了制度规范的依据,也为科技创新与进步奠定了安全基础。只有保障科技安全,科技创新与进步才能行稳致远。只有不懈探索

中国特色科技安全法律体系,更好地把制度规范的优势转化为科技安全治理效能,才能推动科技创新与进步,取得新的成就。

回顾中国科技安全法律体系的发展历程,党带领全国人民不断追求法治、探索法治、建设法治的决心从未改变,以新安全格局保障新发展格局的步伐从未停歇。尤其是党的十八大以来,以习近平同志为核心的党中央综合布局全面依法治国和科教兴国战略,并坚定不移地予以贯彻落实,在推动科技创新与进步的同时更加注重推进科技安全立法进程,先后修正、制定了多部与科技安全直接或间接相关的法律法规,为保障科技人才、科技设施、科技活动、科技成果与科技应用发挥了重要作用。在科技安全法律体系的综合作用下,发展与安全得到进一步融合,科技创新与进步稳步推进,力求以最短的时间追赶发达国家百年科技的步伐,在一些领域实现并跑与领跑。

展望未来,我们已经踏上了全面建设社会主义现代化国家、向第二个百年奋斗目标进军的新征程。在习近平法治思想的指引下,立足新发展阶段,贯彻新发展理念,构建新发展格局,推动科技创新与进步高质量发展,更应该发挥科技安全法律体系的保障作用,守正创新、不断完善,谱写科技发展与安全的新篇章。

(二)有助于防范和化解科技自身安全风险

技术飞跃带来了生产生活方式的改变,催生了众多科技自身不安全因素和风险挑战,科技"双刃剑"特性日益显现。智能换脸与拟声技术在促进效率的同时可能被应用于电信诈骗,危害人们的财产安全;基因编辑技术在造福人类的同时,可能被非法运用而对社会伦理产生极大冲击;生物技术在医疗卫生领域做出突出贡献的同时,可能发生病毒泄露等安全事件;网络与信息技术在便捷生活的同时,可能侵害个人信息及网络安全;核技术在增加新能源供应的同时也严重威胁人类生存环境。[9]

面对日益突出的科技安全风险,控制的最理想方式是事前防范,而完善法律体系是一种重要的事前防范方式,通过明确的规范引导着科技活动的可预期性,通过完善的法律体系最大限度地凝聚社会共识,运用国家强制力来保证科技安全的实现。[10]因此,科技活动需要科技安全法律制度的规范与调整。只有对其不断完善,才能为人类的生产生活守住安全底线,例如为保证人类辅助生殖技术安全,规范人类辅助生殖技术的应用和管理,《人类辅助生殖技术管理办法》第 22 条明确将实施代孕技术列为违法行为。为了规范数据处理活动和新技术开发,《数据安全法》第 28 条对数据相关技术的研发和处理进行了方向性、原则性的规定。因此,我们必须强化科技安全意识,完善科技安全法律体系,尤其是加强专门领域的科技安全立法,实现法律与科技发展的良性互动,在复杂而严峻的科技安全环境下,有效应对科技谬用所产生的安全威胁,为维护人民的各项权益发挥重要作用。

(三)有助于应对国外科技安全立法新挑战

新时代的中国外部环境异常复杂,科技安全面临前所未有的多重挑战,尤其是近年来随着中国科技的崛起,以美国为首的西方资本主义国家将中国列为重要竞争对手,遏制中国科技发展。美国更是将其本国科技发展与国家安全战略高度融合后制定成"武器化"的法律,作为其遏制他国科技发展的战略工具。

《创新与竞争法案》在融合了多部法案后,具有典型的"进攻"属性。该法案将科技确定为美国同中国竞争的核心领域,并以科技安全、产业链安全等为由,将中国"威胁"与"竞争"贯穿始终。其通过加大芯片、5G 等领域以及前沿科技的资金投入,增强包括医学、教育、网络、人工智能等在内的未来安全和竞争能力,试图提升美国在这些领域的全面领导地位。[11]

《芯片和科学法案》除了具有进攻性外,还表现出封锁性。该法案在为美国半导体行业提供 527 亿美元财政资金支持、吸引芯片产业转移至其本土的同时,通过禁止接受补贴的芯片企业与中国进行正常贸易,释放出胁迫芯片顶级企业与中国脱钩并限制中国芯片产业发展的强烈信号。这种强行改变芯片产业世界格局的做法,无疑是逼迫多国企业选边站队。[12]

在对技术的出口管制中,美国尤其重视新兴技术和基础技术。《出口管制改革法案》明确了政府对此类技术的管制权和解释权,并规定了识别与控制程序。[13]美国通过修订《出口管理条例》,严格限制了中国企业在未经许可的情况下获取某些关键的高科技产品,包括高性能芯片、超级计算机、特定半导体制造设施等。

对于美国针对中国施行的科技法案,德国、英国、法国、加拿大等国虽未效仿,但在一定程度内有所执行,对中国科技安全构成了严重挑战,中国仅凭现有法律体系显然不足以应对。我国只有不断完善科技安全法律体系,以良法抵御和反制恶法,才能应对国外科技安全立法的新挑战,达到标本兼治的效果。

（四）有助于推进国家安全体系和能力现代化

在二十届中央国家安全委员会第一次会议上,习近平总书记强调要全面贯彻党的二十大精神,深刻认识国家安全面临的复杂严峻形势,正确把握重大国家安全问题,加快推进国家安全体系和能力现代化,以新安全格局保障新发展格局,努力开创国家安全工作新局面。[14] 在总体国家安全观的逻辑框架内,科技安全既是国家安全的组成部分,又是支撑国家安全的重要力量和技术基础。[15] 维护科技安全是推进国家安全体系和能力现代化的具体举措。完善科技安全法律体系既是保障科技安全的首要前提,也是夯实国家安全体系的重要一环。

首先,科技安全法律体系的完善为维护国家科技安全提供了基本的法律保障。科技安全法律、行政法规、部门规章、地方性法规和规章等共同构成了科技安全法律体系,使各个领域的科技有了法律规范的指引。其次,科技安全法律体系为科技安全法治体系提供了法律基准。科技安全法律体系中的法律、法规、规章等,都是根据科技安全的需要和法治原则制定的,它们具有较强的权威性和可操作性。法律体系的完善能够为科技安全法治体系提供更加丰富的法律基准。再次,科技安全法律体系在维护国家安全方面发挥着重要作用。科技安全法律体系中的法律、法规、规章等,都是为维护国家科技安全而制定的,而科技安全就是国家安全在科技领域的具体体现。法律体系的完善对于防范和化解国家安全风险、维护国家安全和稳定具有重要作用。最后,科技安全法律体系为维护其他领域安全提供了技术性法律制度规范。只有完善的科技安全法律体系才能保证科技安全的最大化实现,进而为其他领域奠定技术支撑。综上所述,完善科技安全法律体系在国家安全体系和能力现代化中具有重要作用,既为维护国家安全提供了基本的科技法律保障,也为国家安全法治体系提供了科技法律基准。

四、科技安全法律体系的完善进路

法律体系是实现国家科技安全的客观要求,必然会经历一个从初步形成到相对完善的过程,这个过程主要伴随立法原则的确定、立法数量的增加、立法质量的提高、法律体系框架的完善,最终形成系统化的整体。

(一)坚持新发展阶段科技安全的立法原则

立法原则是创立法律的指导思想、基本方针和出发点。科技安全立法应遵循科技发展与安全形势的客观规律,既要着眼于当下现实紧迫性的问题,体现时效与实效的结合,也要布局在未来战略前瞻性的问题上,应对未知的安全挑战。建立忠于当下、面向未来、与时俱进的科技安全法律体系需要将以下原则贯穿始终。

1. 时效性原则

时效性与滞后性是一组相对立的概念。诚然,法的滞后性是一个无法回避的现实问题,故法律制定的时效性容易陷入困境。面对科技发展中的新型安全因素,法的预测作用不能发挥其应有之效。例如,《数据安全法》对包含相关技术运用的数据安全进行了必要规制,然而该法出台前,数据安全事件与风险已经频发,并未有相关法律进行防范。同理,《网络安全法》亦是在网络安全事件发生后方才制定。法的滞后性虽非科技安全领域的独有缺陷,但在实现科技安全治理体系和治理能力现代化的过程中,只有突破此项屏障才能保证时效性,达到良法善治的理想治理状态。法的时效性原则不仅要求法律制定的时间节点需及时,而且立法的覆盖范围要全面。

2. 前瞻性原则

前沿与新兴科技已成为各国竞相追逐的重点领域,从美国、欧盟的立法趋势可以看出,西方发达国家正在积极部署该领域的安全立法,并且已经取得了一定的成效。在完善中国科技安全法律体系的过程中,如何打破僵局、后来居上,保持立法的前瞻性是必备的立法原则之一。

一是科技安全法律体系的涵盖范围应具备前瞻性。立足新发展阶段,围绕数字经济、大数据、云计算、人工智能、基因编辑等前沿与新兴科技安全进行综合布局。例如随着人工智能技术的深度适用,无人驾驶与智能机器人等已不再是幻想,科技安全的规制范围应紧跟时代的发展特征,对前沿与新兴科技领域有所涉及。

二是科技安全法律体系的回应内容应具备前瞻性。立法成为回应科技安全新问题、新挑战和大国科技竞争的重要突破点,在制定时需进行必要的预判。例如在生物科技的安全问题上,突如其来的新冠病毒肆虐全球后,对其来源的追溯众说纷纭。关于病毒与治理成效的考虑无一不在警醒人们,科技安全法律体系的构建应具有前瞻性思维,以防止安全事件的无序处置。

3. 实效性原则

科技正在改变人们的生活,随着生活质量的不断提高,人民对法治政府与法治国家提出了更高的要求。习近平总书记指出,人民群众对立法的期盼,已经不是有没有,而是好不好、管用不管用、能不能解决实际问题。[16]我们应在深入调研、充分论证的基础上,妥善处理科技创新活动中的各种利益关系,力求法律确立的制度和规范明确具体、切实可行。

在科技安全法律的立法方式上,应当杜绝宣誓化、口号化、模糊化的表达,需以科技安全问题为导向,以依法治国和科教兴国等国家战略为指引,采用准确、具体、凝练的法学术语组织法律规范,明确相关主体的权利义务、法律责任,提高立法技术的实效性。

(二)优化科技安全法律体系的具体方案

现有科技安全法律规范或因缺乏基本法的顶层指引,或因规范性文件的功能替代而陷入了体系化困境。优化科技安全法律体系是将系统思维融入立法实践的必要尝试。

1. 重新定位科技安全基本法

某一领域法律体系的生成与构建往往肇始于该领域基石性立法的出台。[17]但正如上文所述,《科技进步法》虽无法承载科技安全基本法之功能,但其在科技领域的基础性地位已得到学者的广泛认同。此时对其修正的意义远大于重新规划一部科技安全法。修正内容主要体现在两个方面:一是将《科技进步法》的名称修正为《中华人民共和国科学技术法》(以下简称《科技法》),更契合科技领域基本法的形式要件。二是在此基础上修正法律内容,使之兼具科技属性与安全格局。如此便可将"双基"的分散模式优化为以《科技法》为核心的系统化环形辐射模式(见图 2),更符合科技领域基本法的实质要件。

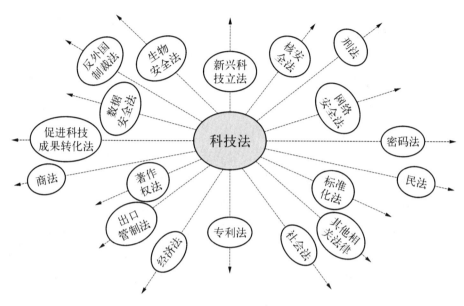

图 2 科技安全法律体系系统化环形辐射模式

具体而言,修订后的《科技法》对于科技安全法律体系的基石作用可以通过四个方面得到彰显:一是明确体系化思维保障科技安全的法律路径。在"总则"部分阐明科技安全的内涵及其体系构造,理顺各种与科技安全相关的法律关系,为科技安全法治保障奠定逻辑基础的同时,也为法律体系的完善发挥系统化与层次化的提纲挈领作用。二是融入科技安全基本理念。通过设置科技安全原则性条款,阐明科技研发与运用中的安全价值以及所需遵循的基本理念,从而为科技安全法律体系赋以综合性、概括性的理论依据。就文本而言,该原则条款可以规划为:设计、研发、制造和运用科技成果,应当遵循以人为本、诚实信用、尊重道德与安全可控的原则。三是预制科技安全事件、风险的监测与应急方案。为发挥该法纲领性、基础性的作用,可以通过提取各类科技安全风险防范策略"公因式"的方法,尝试构建一种具有科技领域普遍适用的安全监测与应急处置模型方案,作为相关领域安全立法未出台时的有效补充。四是规定科技安全义务与法律责任。基于科技已成为各行业、领域发展的必备元素,该基本法应当明确规定相关主体必须履行的义务,以及一旦违反这些义务时所需承担的法律责任,从而对科技创造者与使用者进行必要的规制,使之在享受科技成果的同时怀有敬畏之心。

2. 加强科技法的配套立法

在科技法的顶层设计下,以其为基点采用扩散式的立法与修订模式,能够有效完善科技安全法律体系建设。基于科技法的基本法定位,其只能规定各科技领域的共同性、抽象性、原则性的内容,更多领域化、具体化的内容还需通过相应的配套立法予以实现。

一方面,加强重要科技领域的安全立法。在当前科技发展领域,人工智能法、数字经济法、科技伦理法等亟须立法。以科技伦理法为例,我国于2020年10月21日成立了国家科技伦理委员会,又于2023年3月在《党和国家机构改革方案》中将该委员会确定为中央科技委员会的专家委员会。从组织机构上可以看出国家对科技伦理的重视程度。2021年12月17日,中央全面深化改革委员会审议通过《关于加强科技伦理治理的指导意见》,强调要将科技伦理的相关要求贯穿于科技活动全过程、全领域,然而遗憾的是,目前并未从法律层面得以体现。在完善科技安全法律体系的过程中,抓紧制定此类与科技安全直接相关的法律是科技发展进程的客观需要。

另一方面,注重在科技安全相关法律中设置安全条款。科技的应用与影响已经深度融入社会、经济、文化和生活的各方面,由此引起的安全问题需要法律做出回应,以满足科技安全的要求。因此,我们不仅需要加强科技安全的专门性立法,而且在相关立法中也应当考虑科技安全的制度与规范,以及如何贯彻科技安全的要求,既避免了法的数量过度增长,又保障了安全效果,使整个法律体系形成相互配合、有机统一的整体,共同营造科技安全的法律环境。同时,当具体的科技领域未制定基本法律规范时,在立法构思之初即应将安全条款预设其中。例如,人工智能立法在制定时需考虑将安全挑战、潜在风险、伦理道德等安全因素纳入法条,并作出详细规制以避免后续重复立法。

3. 合理设置法律位阶

并非所有的法律制度需求都应当通过制定基本法或普通法来实现。

法规与规章细化了法律的具体规定,更便于实践操作,在科技安全法律体系中的价值作用较其他法律体系可能更为明显。科技安全行政法规及实施条款可以由国务院经过调研、考察后再在具体科技领域进行统筹设计并制定。地方性法规更加符合地方的特色与习惯,能够较好地在本地落实科技安全的相关要求。经过充分的调研和试点探索后,可考虑由法律或行政法规在全国范围内固化下来。此外,在某些特定的科技领域,尤其是涉及科技安全的技术性标准,制定相关的部门规章以丰富科技安全法律体系效果更好,既能弥补法律的不足,又能及时修改。例如,《密码法》第 42 条、《核安全法》第 53 条、《保守国家秘密法》第 41 条等都表明,部门规章能够为科技安全提供必要的行为规范。[18]规章的制定应力求精细,能够被有关法律实施机关直接拿来运用,这样才能达到维护科技安全的实际效果。

至于最终是选择制定法律、法规还是规章,需要审慎判断,否则会影响法的有效性。以《保密规定》为例,鉴于其当前仅为部门规章,功能定位与实施效果明显不符,需要通过提升效力位阶的方式对其适用范围和价值实现予以改善。由于国家秘密与科技秘密存在高度的统一性,从科技秘密的范围来看,国家秘密包含科技中的秘密事项,目前,只有保密规定对科技秘密进行了详细说明;从科技秘密的密级来看,其虽不是绝密级,但密级的分类仍然与国家秘密的密级保持一致。因此,科技秘密应当在《保守国家秘密法》的指导下进行规范,提升为行政法规更符合体系要求。

五、结语

科技自身的安全状态以及科技安全的辐射效应,对于国家竞争和人民生活有着重要价值。中国科技安全法律体系随着科技进步和社会发展而形成,并逐渐演进,为维护科技领域安全和以科技为核心的其他领域安全发挥了重要作用。然而,国际科技发展环境的改变和科技不确定因素的骤现,迫使中国科技安全法律体系必须革故鼎新。面对新时代新征程对科技安全的新要求,以总体国家安全观为指导,立足现实科技问题,优化科技安全法律体系,形成以科技法为基础、各层级的科技安全法律规范的系统化环形辐射法律体系,是破解当前我国科技安全困局的必要之举。在厘清基本思路、设计体系、基本框架之后,应按照时效性、前瞻性、实效性原则,妥善安排好相关法律的"立、改、废"任务,推动中国科技安全实现科学化、系统化和法治化。

参考文献

[1] 赵国柱、陈祎璠:《俄乌冲突中人工智能技术应用典型场景研究》,《战术导弹技术》2022 年第 6 期。

[2] 赵明昊:《拜登执政与美国对华战略竞争走向》,《和平与发展》2021 年第 3 期。

[3] 黄钊龙、韩召颖:《中美战略博弈背景下美国对华科技竞争战略解析》,《求是学刊》2022 年第 2 期。

[4] 《马克思恩格斯选集》(第三卷),中共中央马克思恩格斯列宁斯大林著作编译局编译,人民出版社 2012 年版,第 1003 页。

[5] 《国家科技安全知识百问》编写组:《国家科技安全知识百问》,人民出版社 2021 年版,第 3 页。

[6] 李学勇:《完善科技创新法律制度,为建设科技强国提供有力法治保障》,《中国人大》2021 年第 17 期。

[7] 刘怡达:《法律名称的要素、功能与确定方法——基于全国人大及其常委会的立法实践》,《法律方法》2022 年第 2 期。

[8] 蔡劲松:《在统筹科技发展和安全中推进高水平科技自立自强》,《当代中国与世界》2023 年第 1 期。

[9] 张梅:《为维护国家安全提供科技支撑》,《陕西日报》2021 年 4 月 26 日,第 9 版。

[10] 甘藏春、李青:《在新一轮科技革命的背景下,实现法律与科技发展的良性互动》,《民主与法制周刊》2022 年第 7 期。

[11] 陈峰:《〈美国 2021 年创新与竞争法案〉带给中国的竞争情报命题》,《情报杂志》2022 年第 6 期。

[12] 英辰、赵觉理、任重:《美"芯片法案"大搞经济胁迫》,《环球时报》2022 年 8 月 11 日,第 1 版。

[13] 欧福永、罗依凯:《美国〈2018 年出口管制法〉评析与启示》,《河北法学》2022 年第 2 期。

[14] 《习近平主持召开二十届中央国家安全委员会第一次会议,强调加快推进国家安全体系和能力现代化,以新安全格局保障新发展格局》,http://www.news.cn/politics/leaders/2023-05/30/c_1129657348.htm,最后访问日期:2023 年 5 月 31 日。

[15] 袁宏永、陈建国、黄丽达:《为维护国家安全提供强大科技支撑》,《经济》2023 年第 Z1 期。

［16］孙梦爽：《新征程立法再启航——深入学习贯彻落实党的二十大精神之四》，《中国人大》2022 年第 24 期。

［17］孙佑海、王操：《中国国土空间规划法律体系：问题检视与框架重构》，《自然资源学报》2022 年第 11 期。

［18］谭嘉玲、林彦：《部门规章制定主体范围的规范阐释及立法完善》，《交大法学》2023 年第 2 期。

国家安全法学学科建设的探索与实践*

蔡艺生　王鑫宇**

摘要： 国家安全法学学科建设与发展的历史同时也是国家安全法治发展史。虽然国家安全法学学科经历理论沉淀期和缓慢发展期后，迎来了快速发展的新阶段，但是传统措施在进一步推动国家安全法学学科建设上乏力。资源的有限性、学科建设内在逻辑和学科建设紧迫性之间的矛盾已成为国家安全法学学科建设的梗阻。具体表现为：学科建设资源投入难以快速实现既定目标、资源运用分散难以培育学科增长点、师资队伍规模和实力难以适应学科建设要求、合作不足导致学术成果产出困难、理论研究滞后难以支撑学科发展。只有关注学科特色和内涵式发展、贴近实践、加强资源有效利用，才能打通学科发展梗阻，建立一个兼具理论深度和实践导向的国家安全法学学科。

关键词： 国家安全法学；学科建设；历史回溯；特色发展；学科增长点

一、问题的提出

随着改革开放的不断深入，我国国家安全面临新的挑战，学术界开始研究和讨论新的国家安全问题。在"百年未有之大变局"背景下，国际、国内形势日益复杂严峻，我国面临着国土安全等多种安全挑战。一方面，这些严重威胁国家安全的问题及其破解亟须国家安全法律的规范和调整，以维护国

---

* 本文系 2021 年重庆市教育科学"十四五"规划项目"互联网法治人才培养模式探索与实践"（项目批准号：2021-GX-106）的研究成果。
** 蔡艺生，西南政法大学国家安全学院教授、博士生导师；王鑫宇，西南政法大学硕士研究生。

家利益;另一方面,总体国家安全观的提出更新了国家安全理念,国家安全的内涵和外延得到了全面的丰富和拓展,国家安全法学教育和法学理论研究需要进一步发展,使得国家安全法学学科建设更为迫切。2021 年 1 月,国务院学位委员会、教育部发布通知,正式明确了国家安全学交叉学科门类下一级学科的基本地位。国家安全法学研究实现了由附随议题向重要命题的转变。"国家安全法学"设置于"国家安全学"一级学科目录之下的方向愈加清晰。

立足于国家安全法学学科建设,各相关高校集合自身、地方政府和社会的有限力量,不断加强师资队伍建设、学术研究、专业建设与教材编写等学科准备工作,学者们也从针对性科研立项、课程建设、专著成果、学科平台等方面探讨国家安全法学学科体系发展。[1] 2023 年 2 月,中共中央办公厅、国务院办公厅印发《关于加强新时代法学教育和法学理论研究的意见》,提出加强"国家安全法学"等学科建设、"创新发展法学理论研究体系""加强国家安全……生物安全等重点领域法治实践研究,加强新技术新业态新应用领域法律制度供给研究",为国家安全法学学科建设指明了方向和目标。[2] 截至目前,二级学科意义上的"国家安全法学"未曾出现在法学一级学科目录之下,也不曾被"国家安全学"一级学科所正式"认可",[3] 国家安全法学学科建设遭遇瓶颈。从建立一个能够切实化解国家安全风险的法学学科的高度看,国家安全法学学科建设只有考虑和解决好如下两个问题才能走出困境,并体现学科的"风格、气派与特色":一是资源有限性和学科建设紧迫性之间的矛盾。国家安全法学学科建设需要充足的资源支持,包括资金、人才、设施等。但是,与学科的迫切程度相对应,国家安全法学学科建设的资源储备或投入较为有限。例如目前缺乏具备国家安全法学知识和国家安全专门领域知识与实践经验的高层次人才,导致学科发展后劲不足。二是学科建设内在逻辑和学科建设紧迫性之间存在矛盾。一般而言,学科建设要充分考虑该学科理论逻辑、历史逻辑和实践逻辑等基本问题,但是,现实情势未能允许。

综上,本文将从梳理国家安全法学的学科发展历史出发,在深入把握国家安全和学科发展趋势的基础上,总结国家安全法学学科发展特点和规律,分析国家安全法学学科建设面临的困境,最终提出发展建议。

二、国家安全法学学科发展历史回溯

以改革开放以来的 40 年为观测时间段,国家安全法学学科"借助知识建制与社会建制的完善",[4]并受制于国家安全局势的影响,呈现出明显的阶段性特征。国家安全法学的学科发展主要经历三个历史时期:一是改革开放——20 世纪 90 年代初期是国家安全法学学科理论沉淀时期。二是 20 世纪 90 年代中期——2021 年是国家安全法学学科萌芽和缓慢发展时期。三是 2021 年至今是国家安全法学学科全面和加速发展时期。

（一）国家安全法学学科理论沉淀阶段：改革开放——20 世纪 90 年代初期

学科理论的沉淀既是学科发展的基础,也是学科发展的一般规律。诚然,改革开放——20 世纪 90 年代,学界并未提出"国家安全法学"的概念,也未出现国家安全法学学科建设的讨论,但是国家安全法治的研究成果无疑推动了"国家安全学"和"国家安全法学"的出现,也为国家安全法学学科的建设提供了"土壤"。

理论沉淀时期的国家安全法治研究是将国家安全理念和原则融合在部门法律制度中,这在当时能够满足国家安全工作的实际需要。在宪法和法理学领域,学界对改革开放前的特殊历史时期进行了深刻的反思和总结,将对"依法治国"的认识上升到国家安全的高度,从而使国家安全法学完成了从研究领土安全和政权安全到"依法治国"的重要过渡。在行政法学领域,学界从国家文化安全角度要求加强文化市场监管,促进文化交流与合作,从而极大丰富了国家安全法学的内涵。在经济法学领域,学界分析了社会经济快速发展中滋生的安全风险,将国家安全意识和原则融入经济法研究,催生出对外贸易与出口管制、垄断和反垄断等一系列制度设计。该时期,我国也开始重视域外国家安全法治建设经验的借鉴。学界开始介绍分析域外相关国家安全法律与管理制度,特别是对美国、日本等国家安全机制与战略进行了细致分析。[5]

改革开放之后的 10 余年间,国家安全法学学科通过"内生外嵌"的方式完成了一定程度的理论积累,为学科的产生和发展奠定了坚实基础。但是,这些理论成果缺乏在法学视角下的国家安全治理的考量(例如缺少"在法治框架内阐释国家安全制度"),只是部门法学研究和传统国家安全学研究的附随议题,[6]因此,未能正式催生出"国家安全法学学科"。

(二)国家安全法学学科萌芽和缓慢发展阶段:20世纪90年代中期——2021年

20世纪90年代中期,学界首次提出"国家安全法学"的概念后,法学视角下的国家安全治理的意识逐步觉醒,国家安全法学学科进入缓慢发展阶段。

该时期,国家安全法学学科建设经历了一系列探索和实践。一是明确了学科名称和研究对象。1999年,桑森松在《国家安全与国家安全学》一文中提出"国家安全学的分支学科应有国家安全法学等",[7]至此,"国家安全法学"的概念正式出现,并沿用至今。关于国家安全法学研究对象的讨论,学界也基本达成了共识——"以广泛的国家安全法律关系为研究对象"。二是课程设置与教材的编写。2004年,李竹、吴庆荣主编的《国家安全法学》被列为国家重点教材。之后,《国家安全立法研究》《国家安全法通论》《国家安全法律前沿问题研究》《国家安全法学教程》等系列教材的出版,逐步支撑起国家安全法学课程与教材体系。2005年,国际关系学院开设了本硕层次的《国家安全法》课程,并实现国家级和北京市级特色专业立项。2018年,西南政法大学国家安全学院挂牌成立,并于同年开设"海外利益保护"和"网络安全与法治"实验班,将《国家安全法学》设置为必修课程。三是师资队伍建设。国家安全法学学科建设离不开具备高水平研究和教学能力的师资队伍。例如,西南政法大学统筹校内多学科师资,在全国率先探索国家安全法学学科建设和人才培养工作;西北政法大学积极引进优秀人才,同时加强对现有教师的培养和提升。四是研究项目和成果产出。相关机构和学者积极开展研究项目研究,逐步形成了一批有价值的学术成果和政策建议,并从加强科研立项、推动课程建设、推出专著成果、深化立法研究、[8]新文科建设[9]以及人才培养机制等方面提出学科建设的宏观路径。同时,对国家安全法学应属于法学下的二级学科还是国家安全学二级学科进行了深入讨论。

国家安全法学学科的建设者们以"独立学科"的发展思维指导探索与实

践，在推动该学科发展的同时，也在一定程度上推动了"国家安全学"成为交叉学科门类的一级学科。但是，由于国家安全学学科地位尚未确立、国家安全法学发展的重要驱动因素缺失，国家安全法学二级学科建设长期停留在理论和实践表层。

三、国家安全法学学科加速发展期的措施与成效

2021 年 1 月 13 日，国务院学位委员会、教育部发布《关于设置"交叉学科"门类、"集成电路科学与工程"和"国家安全学"一级学科的通知》，正式明确了国家安全学交叉学科门类下一级学科的地位。自此，国家安全法学学科建设作为国家安全学科建设的重要组成部分驶入"快车道"，进入全面和加速发展阶段。相关高校在前期建设成果的基础上，加速国家安全法学学科布局与建设。

（一）培育国家安全法学师资队伍

高素质、专业化的师资队伍是学科发展的基础和核心力量。2021 年，国家安全法学被列为国家安全学重点发展学科，师资紧缺成为学科建设的短板。各高校和科研机构坚持"内培外引"，统筹整合校内多学科资源，迅速形成了一支跨学科国家安全法学师资队伍，并通过培训、进修或访学等形式，促进教师专业素养迅速提高。各高校通过聘请校外知名学者、专家担任教职或研究岗位，迅速壮大了国家安全法学研究队伍。同时，建设单位也高度重视国家安全法学师资储备，鼓励青年教师积极申报相关科研项目，参加学术会议，适时引导青年教师的研究方向，为他们提供良好的成长环境和发展机会，例如西南政法大学坚持内培外引，统筹整合校内外多学科师资，形成了"双跨专任教师、其他学院兼职教师、校外专任兼职教师"的高素质师资队伍，在国家安全法学学科建设和人才培养中发挥了重要作用。

（二）推动国家安全法学科学研究

科研是推动学科发展和提高学术能力的重要组成部分。为推动国家安全法学学科建设，各高校从设立研究项目、组建研究团队和实验室、发表学术论文、加强学术交流以及组建新型智库等方面，不断提高学科的研究能力

和学术影响力,在国家安全法治等领域产出了一批高质量标志性成果。西北政法大学依托反恐怖主义法学院平台成立了国家安全学院,并在此基础上着力打造高水平研究平台"国家级涉外法治研究培育基地"和陕西省哲学社会科学重点研究基地"西北地区社会稳定与国家安全法治研究中心",围绕反恐怖主义的特殊需求,打造国家安全法学(反恐怖主义方向)学科品牌。西南政法大学则在刑事侦查学院的侦查学和治安学基础上,组织师资成立国家安全学院,设立国家安全法治教研室,与有关部门共建"总体国家安全观研究院""国际恐怖主义问题研究中心"等智库研究平台,先后与20余个科研院所及实务部门建立战略合作伙伴关系,打造国家安全法治(基础理论)研究学术高地。北京师范大学于2021年正式成立国家安全与应急管理学院,在减轻自然灾害、社会重大风险等理工科领域科研成果丰硕。该校还成立了"国家安全与发展战略研究院",加强与其他院校合作,将理工类科研成果融合转化,在国家安全法学学科建设中走出了一条特色发展之路。

(三)开展国家安全法学人才培养

人才培养是学科建设的重要组成部分和重要使命。一方面,人才培养能有效服务国家安全需求;另一方面,着眼于国家安全法学师资紧缺状态,人才培养能从根本上解决师资供求矛盾。各高校部署国家安全法学人才培养工作,形成了"本硕博贯通,以硕博为主"的人才培养体系。西南政法大学自2018年开设本科层次的海外利益保护、网络安全与法治实验班以来,又在法学一级学科之下设置国家安全学二级学科硕士点,将"国家安全法治理论与实务""国家安全与国际法治"列为主干课程。2019年,西南政法大学设置国家安全学二级学科博士点,主要围绕国家安全法治、国家安全学基础理论、非传统安全治理三个方向培养国家安全高层次人才,构建了"本硕博贯通"的人才培养体系。西北政法大学在培养国家安全学专业人才的同时,突出反恐怖主义、民族宗教等法治建设领域,着力培养复合型、应用型高素质法律人才。2021年开始招收"国家安全学与非传统安全研究方向"(原西北地区反恐怖主义法律方向)国家特殊战略需求博士生,形成"硕博贯通"人才培养体系,为维护国家安全和社会稳定做出了重要贡献。

（四）构建国家安全法学学术体系

学术体系的建设是促进学科健康发展和提升学术水平的关键。国家安全学作为新兴的交叉学科，建设时间不长、发展不充分、学术体系和话语体系尚不健全。[10]基于国家安全学交叉学科属性，通过二级学科建设、多方发力的办法，不失为国家安全学学科学术体系构建的明智之举。在推动国家安全法学学术体系上，各单位进行了诸多有益尝试：一是打造学术载体，完善发展学术传播平台。《情报杂志》《国家安全研究》《国际安全研究》《国家安全论坛》等刊物不断聚拢国家安全法学研究队伍，成为学科建设的一支"主力军"。二是构建学术团体，促进学术研究与交流。上海、重庆、湖北、云南等多地相继成立国家安全法律研究会，为国家安全法学研究和学科建设提供了交流学习的平台。三是凝聚力量，举办研讨会。例如，西南政法大学举办的"总体国家安全观的时代意义和生动实践"等研讨会，为国家安全法学学科建设凝聚了力量。四是加强宣传，提高学科影响力和知名度。各单位组织教师为国家机关和社会单位举办安全讲座，经常性开展国家安全宣传教育，受到有关部门和社会各界的高度关注。

（五）打造国家安全法学发展平台

国家安全法学学科建设要借助于两个平台：一是时代的平台。顺应全面依法治国大势和"百年未有之大变局"下国家安全的紧张局势。党的二十大报告指出："国家安全是民族复兴的根基，社会稳定是国家强盛的前提。必须坚定不移地贯彻总体国家安全观，把维护国家安全贯穿党和国家工作各方面全过程，确保国家安全和社会稳定。"[11]中共中央办公厅、国务院办公厅印发《关于加强新时代法学教育和法学理论研究的意见》，要求加快完善法学教育体系，加快建设国家安全法学等学科建设。[12]这些文件宣示了法学教育和法学理论研究新的使命，打造了国家安全法学学科建设的时代平台。国家安全法学学科建设正当其时。二是建设单位的平台。建设单位以国家重大战略需求为导向，基于学科长远发展的考量，着力打造国家安全法学学科发展平台。一方面，随着国家安全学二级学科建设实践的不断深入，建设单位凝聚法学优势和资源成立了专门的国家安全法治教研室，与有关部门共建智库研究平台，致力于发展国家安全法学二级学科。另一方面，进一步拓展外部合作平台。建设单位之间加强交流合作,定期举办高水平国家安全法学学科建设研讨会,为国家安全法学学科建设建言献策。同时,建设单位与实务部门开展合作,打造学科建设实践平台。

四、国家安全法学学科建设的问题与挑战

2021年,我国各单位(尤其是政法类院校)依靠各自的专业优势和平台,围绕国家安全法学学科创立和发展进行了诸多有益尝试,积累了丰富的实践经验,但其发展依然遭遇瓶颈,其中最主要的问题在于资源的有限性、学科的内在逻辑和学科建设紧迫性之间存在矛盾。

(一)学科建设资源投入难以快速实现既定目标

通过梳理各单位国家安全法学学科建设目标可以发现,各单位的建设目标与教育部学科评估要求基本一致,例如全面推进师资队伍、学科专业、科研教学、人才培养、社会服务等学科建设任务,在短时间内打造一支具有全国影响的国家安全法学教学团队;形成一个结构合理特色鲜明的二级学科体系;建立健全本硕博一体化国家安全专业人才培养体系和教材体系;推出一批在全国有影响的标志性教学科研成果;培养一批国家急需的高层次国家安全法学专业人才,将研究平台建成全国知名的国家安全法治新型重点智库;支撑国家安全学成为国家"一流学科"。但是,目标的实现需要资源的投入。与上述国家安全法学学科建设目标相比,目前的资源投入和可供分享的资源体量难以支撑各单位实现既定学科建设目标。一方面,资源是有限的,各学科的发展需要争夺有限的资源。虽然各高校有意培育国家安全学一流学科建设,也对国家安全学学科资源投入做出了相应的倾斜和照顾,但从多学科全面发展的角度,各单位不可能一味地增加某单一学科建设的资源投入。另一方面,国家安全法学学科建设任务主要由相关政法院校承担。政法类院校虽然具备扎实的法学基础,但与教育部正式增列的首批国家安全学一级学科博士学位授权点综合类院校相比,学科门类不全,缺乏国家安全法学学科建设所必备的良好的学科交叉条件。而且政法类院校内部参与交叉的学科门类整体实力较弱,造成多学科交叉整合设置国家安全法学学科的空间有限。因此,政法类院校将部分资源投入到可以交叉合作

的目标院校或单位上,导致一定程度的资源浪费。

（二）资源运用分散难以培育学科增长点

国家安全学一级学科设立以来,各建设单位坚持"错位竞争",依托学科优势培育新的二级学科增长点,实现学科的特色发展。清华大学基于深厚的理工科背景,依靠工程物理系下设的二级研究平台"公共安全研究院"培育"科技安全"学科增长点,从而巩固核安全领域研究阵地。北京师范大学整合传统地理学优势,以国土安全为切入点建设国家安全学一级学科,形成国家安全研究领域的特色。复旦大学将"国际安全"作为国家安全学一级学科建设的学科增长点,由国际关系与公共事务学院牵头,联合校内相关院系科研机构,抢占国际安全研究高地。

相比于理工科建设单位,西南政法大学、西北政法大学、中国人民公安大学等政法类院校在国家安全法学二级学科建设中资源运用分散,导致学科增长点培育困难,且尚未形成该校国家安全法学学科的特色和优势。主要表现为:一是资源运用碎片化。资源的分散运用可能导致资源被分割成若干小部门,难以形成足够的规模和动力来培育处于优势地位的学科增长点。二是优势学科师资的分散使用。资源的分散使用使得师资在不同教研室、不同项目中的分散使用,导致缺乏集中的科研和教学力量,从而难以专注学科建设。三是学科方向模糊。资源的分散使用导致学科的方向和重点不明确,既耽误师资的培育和发展,又难以形成有针对性的研究,很难迅速培育出具有全国性竞争力的学科增长点,并极有可能丧失第一轮学科发展的机会。

（三）师资队伍规模和实力难以适应学科建设要求

师资队伍的规模和实力欠缺不仅是国家安全法学二级学科建设的常见问题,而且正在成为阻碍国家安全法学和国家安全学学科建设和人才培养的关键问题之一,主要表现为:一是师资力量严重不足。国家安全法学学科建设需要一支充足的师资力量来开展科研和教学工作,但国家安全法学的师资明显不足,这导致教师负荷过重,同时也限制了学术研究的开展和学术成果的产出。二是师资队伍结构不科学。现有的国家安全法学学科建设团队缺乏高水平的、高层次的教授学者,且青年教师尚未成为学术研究的中坚力量。三是缺乏学术领军人物。尤其在国家安全领域,如果教师队伍缺乏学术领军人物,将会导致学科话语权的降低,无法应对专业发展的需求。四是教师学术科研能力不够扎实。国家安全法学学科建设需要教师具备过硬的学术科研能力,但因其还处在转型期,科研能力的提高尚需一段时间过渡,导致科研的质量和数量难以支撑学科建设,从而影响学科增长点的培育和发展。

以西南政法大学为例,近几年,国家安全学科虽然通过"院内双跨、院外整合、校外兼职"等方式鼓励教师转型,但是由于国家安全学科是一个新型学科,教师转型困难,且有一部分教师无转型意愿,目前勉强组建起一支27人的师资队伍。现在国家安全学院虽脱离刑事侦查学院成为一个独立的二级学院,有"国家安全法治"教研室,但分配到该教研室的教师仅有7人。因此,真正承担科研和教学任务的教师较少,而且近几年引进的师资以青年博士为主,高层次、高素质师资数量不足,国家安全法学学科建设困难较大。

(四)合作不足导致学术成果产出困难

目前,随着国家安全学向纵深发展,学界开始出现建立"国家安全复杂学"的声音。从国家安全学学科建设和发展角度看,国家安全复杂学的创建有助于促进国家安全学与复杂性科学的深度融合,进一步丰富和完善国家安全学学科体系。[13]笔者对设置"国家安全复杂学"的必要性不做评价,但是这种观点揭示了国家安全学学科发展的关键性问题,即国家安全是一类动态的、[14]复杂的[15]系统性问题,由此决定了国家安全学研究和国家安全学一级、二级学科建设要遵循"复杂性原则"指导。

在这种理念的指导下思考国家安全法学学科建设问题,一些问题就变得愈加通透。国家安全法学为代表的国家安全学二级学科要想获得进一步发展,长期来看,离不开复杂、系统思维的战略性人才的培养;短期来看,离不开跨学科合作。因为所谓国家安全本质上是系统性安全,国家安全学科建设也要遵循系统思维,必然要进一步打破学科"藩篱",加强跨学科合作。目前,跨学科合作的不足主要表现在:一是学科间存在信息壁垒。学科之间缺乏合作机制,导致学科之间形成"孤岛"。非国家安全法学研究认为,某一方面存在国家安全问题，需要法律规制，但无奈不谙法律；国家安全法学因为学科壁垒找不到研究对象，无法对国家安全问题尤其是经济、科技、生物等领域的问题进行法律研究。二是可能导致资源浪费。缺乏合作可能导致各单位各自独立研究，致使相同或类似的科研项目的重复投入，造成资源浪费。三是缺乏整体性视角。国家安全问题是系统性问题，需要多学科领域交流合作才能形成更为全面的法律规范方案。四是人才培养缓慢。合作是培养学生和研究人员的关键环节。对于国家安全法学学科建设而言，加强合作从而提升国家安全法学跨学科师资质量是目前最可行的办法。

（五）理论研究滞后难以支撑学科发展

通过对 2021 年以来国家安全法学相关研究的梳理，国家安全法学的研究已经"突破了研究深度的浅层性及研究宽度的单维性困局"（主要针对《国家安全法》等系列国家安全立法开展专门性研究），但缺憾在于，相关研究仍囿于宏观制度架构及学科建设方面，缺乏对国家安全法学理论与法学基础理论、认识论与方法论的深刻省思和深度挖掘。[16]主要表现在：一是缺乏学术前沿问题研究。学术前沿问题的出现通常代表该学科领域的发展趋势，并极有可能成为新的学科增长点。未能及时跟进和开展对前沿问题的研究将会造成理论研究的滞后，还会降低在该领域的学术话语权，从而严重影响学科建设进程。二是缺乏指导性框架。开展理论研究之前，学科建设单位通常要商讨建立指导性框架，为理论研究提供理论支持、方向性指导和方法论等。国家安全法学学科建设单位普遍缺乏对指导性框架制定的重视，造成理论研究的无序、混乱。三是学科知识体系尚未形成。国家安全法学作为交叉学科，需要吸收传统法学学科大量的基础理论作为自己的理论支撑，但是，这些基础理论"辨识度不强，社会认同度不高，容易被其他学科研究问题所掩埋"，[17]尚未形成自己的"国家安全"学科特色。

五、国家安全法学的学科发展措施与展望

国家安全法学作为一门特殊学科，具有重要的学科定位和特殊性质。在推进国家安全法学学科建设时，需要将理念和思路转化为积极的行动和具体的举措，通过明确方向指引、坚持特色发展、推进多方合作、加强师资建

设、深化理论研究、重视反哺实践等方式,满足国家安全法学学科建设的紧迫需求,实现学科快速发展壮大。

（一）明确方向指引

党是领导一切的核心,只有始终坚持中国共产党的领导才能确保党和国家各项事业的健康发展。把党的领导贯穿于国家安全工作的各方面、全过程是新时代国家安全事业取得胜利的根本保障。[18]毋庸置疑,国家安全法学学科建设也必须坚持党的领导。

一方面,坚持党的绝对领导,自觉接受上级指导。国家安全法学二级学科建设及国家安全智库建设应自觉接受有关上级部门的指导,在正确政治方向指引下形成党的领导"深嵌型"学科发展路径。以习近平新时代中国特色社会主义思想为指导,坚持总体国家安全观,以党领导下的全新的安全观和安全思维方式,统筹推进国家安全法学学科建设。另一方面,加强党的理论武装,坚持正确的政治导向。深化落实习近平新时代中国特色社会主义思想、总体国家安全观等进课堂、进头脑,不断增强国家安全学师生的政治认同、思想认同和情感认同。完善全员全过程全方位育人体制机制,不断加强思政课程与课程思政协同育人机制建设。不断巩固学术阵地,完善国家安全法学学术的话语体系。

（二）坚持特色发展

资源的有限投入需要国家安全法学学科建设单位进行权衡和合理规划。各单位要继续对国家安全法学学科的建设投入适当倾斜,保证学科发展势头稳步向前。最重要的是,在资源有限的条件下,通过评估学科发展的紧迫性和对重大现实问题的响应程度,优先确定一个或多个最需要发展的、最能体现学科优势的学科领域,确保资源的合理配置(避免过度分散造成浪费),集中有限资源培育学科增长点,"以点带面"地形成学术研究氛围。

坚持特色发展、集中力量发展优势学科,要做到以下几点:一是审慎选择特色学科。学科增长点的选取既要参考学术研究前沿、国家和地区发展需求,还要考虑师资研究方向等。需科学审慎的定位和选择一个或几个增长点作为学科特色进行培育,例如选择经济安全法治、数据安全法治、网络安全法治等新兴重点领域,避免方向错误,造成资源浪费。二是跨学科协同发展。建设单位要集中优势学科的资源向国家安全法学科倾斜,与新的学科增长点进行有效的互动和交流。在人才培养方面,应增加"国家安全法＋"学科群,重视学生跨学科能力的培养。三是建立评估机制。通过建立科研激励机制,鼓励特色学科教师积极开展科研教学工作。同时,建设单位和学科指导小组也要对学科增长点培育情况定时复盘,找出学科建设过程中出现的问题,及时进行反馈,形成闭环,避免造成资源浪费。

(三)加强师资建设

国家安全法学学科建设主要是依靠法学一级学科发展起来的。国家安全学一级学科成立之后,一批法学教师通过"整合""双跨"等形式转型。从现实情况看,这支学科队伍规模有限、知识结构单一,师资队伍的规模和水平距离目标要求存在较大差距。为此,必须高度重视师资队伍建设,通过多种措施提高师资队伍整体水平。

一是整合校内师资。根据国家安全法学学科建设需要,支持校内具有相关专业背景和教学研究经验的教师在校内跨学院调动、跨学科兼职,支持经过论证的国家安全法学学科增长点由相关科研团队承办和培育。二是引进专职人员。出台《人才引进办法》,吸引国内著名国家安全专家加盟,不断提高师资水平。三是培养中青年教师。通过进修、培训、参加学术会议等形式,引导中青年教师的研究方向转向学科增长点,促进中青年教师尽快实现知识结构转型。四是凝聚校外科研力量。在高水平科研平台建设的基础上,通过柔性引进、兼职聘用等方式,充实国家安全法学科研团队。五是加强合作交流。鼓励学院师资与其他高校、科研院所以及政府单位进行合作,开展联合研究项目。通过与实务单位的交流协作,探讨教学科研领域的热点问题,分享教学经验和方法,以提升自身的师资建设水平。

(四)推进多方合作

对于国家安全学和国家安全法学而言,推进多方合作是学科建设的必由之路。国家安全法学涉及科技、经济、生物等领域的专业知识和研究。只有深化务实合作,才能发现真问题,提出真建议。因此,要将多方合作作为今后一段时间国家安全法学学科建设的重要突破点。

一是高校之间要加强合作。凭借各自的专业优势,兄弟院校之间要打破专业壁垒,加快信息互通,通过开展合作项目、联合培养项目、学术讲座等形式,促进法学与科技、生物、经济等学科深度融合,填补"法学＋其他学科研究"学术空白。二是建设单位要与政府合作。通过新型智库平台,政府机构可以向建设单位提供实践案例、政策信息等数据,建设单位可以向政府部门提供理论支持和研究成果。两者的合作可以促进国家安全法学与实践相结合。三是要加强校内兄弟学院的合作。兄弟学院之间要在学科专业建设、课题研究、师资队伍建设、教学实践基地建设、高层次人才定向培养等方面开展全方位合作,实现资源共享、优势互补。四是开展国际交流与合作。国家安全法学学科建设要加强国际交流与合作,避免"闭门造车"。建设单位既可以与国外高校建立友好合作关系,也可以邀请国家安全法学方向的专家学者来华开展学术讲座。在吸收国外优秀经验的基础上,形成中国特色国家安全法学学科的风格。

（五）深化理论研究

国家安全法学作为一门新兴学科,理论基础十分薄弱,理论体系尚需完善。科学研究既是学科建设的基础,也是人才培养的智力支持。各高校应力争短期内在国家安全法治理论研究上有所建树,至少在几个特色优势领域里形成一些标志性成果,在全国形成学术影响力和竞争优势。一是组织课题攻关。根据国家安全法学研究形势发展需要,通过立项或课题发布等方式,动员更多力量参与国家安全法治研究。二是搭建高水平科研平台。综合推进诸如总体国家安全观研究院、国际恐怖主义问题研究中心、政治安全研究中心、非传统安全研究所、海外利益保护研究中心等多个专业领域的国家安全研究机构建设。三是组建重点领域创新研究团队。通过"内培外引",整合校内外研究力量,围绕反恐、涉美、涉"一带一路"倡议等重点领域的法律治理,组建科研创新团队,实现重点领域科研成果突破。四是组织学术交流活动。组织国家安全法治学术讲座,定期邀请国内外专家举办讲座。组织设立国家安全法治高峰论坛,吸引兄弟院校交流调研国家安全法学学科建设工作,取长补短。

（六）重视反哺实践

我国学科评估的改革导向强调学科建设的社会服务贡献度，引导高校结合自身定位与社会发展所需，发挥学科建设的最大效能。[19]国家安全法学学科建设必须坚持中国特色社会主义国家安全学的基本面向，"不仅要为国家安全实践服务，还要对国家安全问题进行前瞻性、总体性、系统性的理论研究，对国家安全维护和保障的方向和重点发挥理论的指导和引领作用"。[20]因此，基于国家安全法学的特殊性，必须聚焦服务贡献。

一方面，要加强社会服务。首先，组建在国内有较大影响的高水平国家安全法治讲师团，打造国家安全培训"金课"。其次，开展国家安全宣传教育，吸纳更多高校参与"总体国家安全观宣讲"，组织开展国家安全宣传教育活动。再次，提供智库咨政服务。加快各类国家安全研究院实体化建设，推进新型重点智库建设，争取建成国内外知名的国家安全新型智库。最后，提升国际影响力。争取与世界有影响力教学科研机构建立合作关系，聚集一批国际学术资源。

另一方面，要服务于国家和社会发展需求。主动对接"十四五"期间各省市经济社会发展目标，服务地方经济社会发展。一是整合研究力量，培养一批智库重点人才和智库领军人才。组建专家团队，充分调动专家学者、学术组织围绕"十四五"规划进行系统研究，形成高质量的研究成果，着力解决经济社会发展中亟待解决的问题。二是深化系统布局，围绕学科发展前沿和城市发展需要，加快学科资源整合调整，提升学科实力和服务经济社会发展能力。围绕智慧城市、数字经济、大数据等重点发展的新产业和新业态，开展联合攻关，以服务经济社会的科学发展。

六、结语

国家安全法学经过多年的建设和发展，已从独立学科发展至具有中国特色的国家安全法学学科。作为国家安全学一级学科下的二级学科，国家安全法学遵从现实逻辑，顺应国家发展大势，获得了新的发展路径。笔者立足实际，着眼于学科发展的长远视角，提出了几点学科建设中真实存在但被忽视问题。当然，这些思考可能并不能涵盖国家安全法学学科建设的所有方面，甚至由于秉存"急建和建好"的迫切心情，对某些问题的阐释可能过于严厉,但无论如何,国家安全法学的学科建设单位和研究人员应站在党的二十大历史新起点上勇挑建设重担,打破固有认知,早日建设一个具有独特风格的国家安全法学学科。

参考文献

［1］赵宏瑞、杨一泽:《构建国家安全法学的学科建设与网络社会的统筹理论》,《知与行》2017年第1期。

［2］中共中央办公厅、国务院办公厅:《关于加强新时代法学教育和法学理论研究的意见》,https://www.gov.cn/zhengce/2023-02/26/content_5743383.htm,最后访问日期:2023年7月22日。

［3］廉睿:《国家安全学一级学科下的国家安全法学的构建》,《情报杂志》2022年第12期。

［4］蔡艺生、翁春露:《国家安全学论域中国家安全法学研究的回溯与前瞻》,《情报杂志》2022年第4期。

［5］肖君拥、张志朋:《中国国家安全法治研究四十年:回眸与展望》,《国际安全研究》2019年第1期。

［6］蔡艺生、翁春露:《国家安全学论域中国家安全法学研究的回溯与前瞻》,《情报杂志》2022年第4期。

［7］桑松森:《国家安全与国家安全学》,《国家安全通讯》1999年第2期。

［8］赵宏瑞、杨一泽:《构建国家安全法学的学科建设与网络社会的统筹理论》,《知与行》2017年第1期。

［9］王林:《新文科背景下的国家安全法学专业建设与人才培养研究》,《情报杂志》2021年第10期。

［10］胡尔贵、万婷:《国家安全学学科建设的探索、问题与纾解》,《国家安全研究》2023年第2期。

［11］中共中央办公厅、国务院办公厅:《关于加强新时代法学教育和法学理论研究的意见》,https://www.gov.cn/zhengce/2023-02/26/content_5743383.htm,最后访问日期:2023年7月22日。

［12］习近平:《高举中国特色社会主义伟大旗帜,为全面建设社会主义现代化国家而团结奋斗——在中国共产党第二十次全国代表大会上的报告》,《人民日报》2022年10月25日。

［13］王秉、史志勇,王渊洁:《复杂性时代的国家安全学新范式:构建国家安全复杂学》,《国际安全研究》2023年第4期。

［14］张海涛、周红磊,李佳玮等:《信息不完全状态下重大突发事件态势感知研究》,《情报学报》2021年第9期。

［15］王秉、吴超、陈长坤：《关于国家安全学的若干思考——来自安全科学派的声音》，《情报杂志》2019 年第 7 期。

［16］蔡艺生、翁春露：《国家安全学论域中国家安全法学研究的回溯与前瞻》，《情报杂志》2022 年第 4 期。

［17］胡尔贵、万婷：《国家安全学学科建设的探索、问题与纾解》，《国家安全研究》2023 年第 2 期。

［18］李建伟：《总体国家安全观的理论要义阐释》，《政治与法律》2021 年第 10 期。

［19］邵兴江、潘娜瑛：《指标与方法视角下我国学科评估改革的新导向》，《黑龙江高教研究》2022 年第 3 期。

［20］冯维江、张宇燕：《新时代国家安全学——思想渊源、实践基础和理论逻辑》，《世界经济与政治》2019 年第 4 期。

新时代高校开展国家安全教育的价值意蕴、历史回眸与实践进路*

李 恒 钟 瑜**

摘要： 国家安全是一国之根本,国家安全教育是固本之良策。维护国家安全不仅需要军事力量与科技力量的直接保障,以及制度体系与思想理论的间接保障,而且需要提升全民国家安全意识,发挥国家安全教育的基础保障作用。高校开展国家安全教育是贯彻落实总体国家安全观的重要抓手,是深入实施人才强国战略的必由之路,是全面推进中华民族伟大复兴的关键一环。目前,高校国家安全教育工作面临国家安全教育核心法律仍未出台、国家安全教育资源保障尚不充分、国家安全学学科建设周期短暂、国家安全教育协同机制有待完善等现实困境。新时代,高校应继续坚持党对国家安全教育工作的绝对领导、完善保障维度、规范学科建设、拓展宣教形式、打破协同壁垒等多种可资借鉴的方式,为切实维护国家安全与社会稳定提供稳固人才保障,提升高校开展国家安全教育之实效。

关键词： 高校大学生；国家安全教育；总体国家安全观；国家安全学；关于全面加强国家安全教育的意见；中国特色国家安全教育体系

2023 年 5 月 30 日,习近平总书记主持召开二十届中央国家安全委员

---

* 本文系中国博士后科学基金 71 批面上资助"地区专项计划"(2022MD713807)、2023 年重庆市研究生教育教学改革研究项目"总体国家安全观指引下国家安全学研究生专业课案例教学模式研究与实践"(YJG233045)、2022 年度西南政法大学校级高等教育教学改革研究重点项目"当代高校大学生国家安全教育现状分析及教学实施路径"(2022B05)的阶段性成果。

** 李恒,西南政法大学国家安全学院副教授、硕士生导师,主要研究方向：国家安全学；钟瑜,西南政法大学国家安全学院硕士研究生。

会第一次会议，会议审议通过了《关于全面加强国家安全教育的意见》，旨在推进国家安全法治建设、加强国家安全教育等工作。当前世界百年未有之大变局加速演进，国家安全教育作为厚植国家安全意识与能力于青年才俊的有力推手，其功能和效果不可忽视。国家安全教育是对我国公民进行国家安全基本意识、现有观念、基础知识和自觉维护国家安全能力的教育。高校作为高级人才培养的摇篮、科技创新的重镇、文化传承的高地，始终站在推动科技进步的前沿，应始终坚持以总体国家安全观为根本遵循和行动指南，在高校积极开展长期性、系统性的国家安全教育工作。

一、新时代高校开展国家安全教育的价值意蕴

新时代高校开展国家安全教育工作对贯彻落实总体国家安全观、切实增强高校大学生的国家安全意识和维护国家安全的自觉性、深入实施人才强国战略、全面推进中华民族伟大复兴具有深远的战略意义，攸关我国长治久安，蕴含丰富价值意蕴，是铺稳国家安全教育发展道路的重要基石。[1]

（一）高校开展国家安全教育是贯彻落实总体国家安全观的重要抓手

随着我国国家安全面临的压力和风险因素逐渐增多，习近平总书记创造性地提出了富有中国特色的总体国家安全观。总体国家安全观既是新时代国家安全工作的根本遵循和行动指南，也是治国理政之要和兴国强国之基。高校大学生既是维护国家安全与社会稳定、传播意识形态与安全话语的重要力量，也是贯彻落实总体国家安全观的重点"对标人群"，其应以习近平新时代中国特色社会主义思想为指导，贯彻党的教育方针，落实立德树人根本任务，全面践行总体国家安全观，构建中国特色国家安全教育体系。党的二十大报告强调，全面加强国家安全教育，增强全民国家安全意识和素养，筑牢国家安全人民防线。如果高校大学生没有接受过丰富而扎实的国家安全教育培养，一旦被境外势力、文化入侵等各种不稳定因素渗透，可导致其对国家认同感与信念感下降，总体国家安全观的贯彻落实必会遭遇阻碍，意识形态等阵地安全也会充满荆棘。因此，加强对高校大学生的教育力度、塑造大学生正确的国家安全意识、培养大学生的爱国主义精神刻不容缓。

（二）高校开展国家安全教育是深入实施人才强国战略的必由之路

党的二十大报告强调，深入实施人才强国战略，培养造就大批德才兼备的高素质人才是国家和民族长远发展大计。人才作为维护国家安全的资源保障，是兴国之本、富民之基、发展之源。在波诡云谲的国际环境与复杂深刻的国内环境背景下，"科学无国界，而科学家有国界"，培育爱国爱党、具备国家安全意识与能力的人才是深入实施人才强国战略的当务之急。[2]大学阶段是个体成长和成才、塑造世界观和价值观，从而发展成各行各业专业精英人才的关键阶段。如果各高校思想政治教育在大学阶段流于表面，没有进行国家安全与爱国主义教育，那么，具有一定专业知识的人进入社会可能会出现不利于国家安全稳定与发展的局面，因此，各高校必须充分发挥教育的纠正和引导功能，在人才的"雏形"阶段做好爱国主义教育与意识培养工作，将报效祖国作为人才培养工作的终极目标。

（三）高校开展国家安全教育是全面推进中华民族伟大复兴的关键一环

党的二十大报告强调，从现在起，中国共产党的中心任务就是团结带领全国各族人民全面建成社会主义现代化强国、实现第二个百年奋斗目标，以中国式现代化全面推进中华民族伟大复兴。中华民族伟大复兴是当代中国最伟大的梦想，把国家安全工作置于中华民族伟大复兴的历史进程中加以领导和运筹，是中国特色国家安全道路的发展方向。国家安全教育既是国家安全工作的关键环节，也是提升社会整体水平的重要行为，其教育效果直接影响我国全面推进中华民族伟大复兴的进程。同时，维护国家安全也是中华民族伟大复兴的重要保障。大学生作为推动中华民族伟大复兴的时代新人，普遍缺乏人生阅历，易被境外敌对势力迷惑，从而走上歧途，做出危害国家安全的事情。[3]在大学阶段积极开展国家安全教育，做好大学生的思想引领工作，激发并强化其维护国家安全的担当与责任意识，必会成为全面推进中华民族伟大复兴不可或缺的力量。[4]高校开展国家安全教育工作具有丰富的价值内涵，是对党中央关于加强大中小学国家安全教育文件精神和《中华人民共和国国家安全法》具体要求的积极贯彻，而且在现阶段取得了一定的成效：大学生的爱党、爱国意识得到了"质"的提升，针对维护国家安全行为的主观能动性得到了普遍提高等。

二、新时代高校开展国家安全教育的历史

中华人民共和国成立以来,我国国家安全教育工作从未间断。可将中华人民共和国成立以来的国家安全教育分为三个阶段。1949 年——20 世纪 90 年代是第一阶段,此阶段的国家安全教育以军事安全教育等传统安全教育为核心。20 世纪 90 年代——2013 年是第二阶段,此阶段的国家安全教育从以传统安全教育为核心过渡到传统安全与非传统安全教育并行。2014 年至今是第三阶段,此阶段我国国家安全教育已全面发展到以总体国家安全观作为根本行动指南。

(一)第一阶段:1949 年—20 世纪 90 年代,以军事安全教育等传统安全教育为核心

高校开展国家安全教育工作的历史沿革最早可追溯至中华人民共和国成立之初,当时我国内忧外患并存,人民政权和国家主权面临严峻挑战,军事安全教育理所应当地成为该阶段国家安全教育核心内容。1949 年,《中国人民政治协商会议共同纲领》规定我国国民有保卫祖国的义务,并在当时成为制定国家安全教育政策的法律依据。1950 年,《关于 1950 年全国教育工作总结和 1951 年全国教育工作的方针和任务的报告》规定,各学校需开展爱国主义教育,以实现国家统一为目标的多种主题宣教内容也被补充进来,掀起了一阵学习热潮。抗美援朝战争胜利后,1955 年,《人民日报》刊登《向人民群众经常进行国防教育》,明确指出全民国防教育的具体要求及重要意义。1955 年,我国颁布首部《中华人民共和国兵役法》,以学生军训试点为内容的教育活动也因此不断推进。随着改革开放的不断深入,党和国家深入推进国家安全工作,1984 年,新的《兵役法》指出要对高等院校的学生进行军事训练,增强国防观念。[5]中华人民共和国成立——20 世纪 90 年代初,国内主流认知仍局限于传统安全认知,军事安全教育等传统安全教育仍为核心,确保国家和平稳定是当时开展国家安全教育工作的终极目标。

(二)第二阶段:20 世纪 90 年代—2013 年,由传统安全教育逐步过渡到传统安全与非传统安全教育兼具

20 世纪 90 年代,世界格局发生巨大变化,国家安全形势出现新发展、

新变化。1993 年,我国出台第一部《国家安全法》,奠定了开展国家安全工作的基础。1994 年,《爱国主义教育实施纲要》出台,明确指出要对学生进行国家安全教育,"国家安全教育"一词首次在中央颁布的正式文件中使用。1995 年,《中国普通高等学校德育大纲》强调要对大学生进行国家安全教育。1997 年,我国首次正式倡导建立维护国际安全的"新安全观",使国家安全教育的重要性因此而得到显著提升。步入 21 世纪,非传统安全因素逐渐与传统安全因素相互叠织,新安全观得到不断发展。2000 年,《关于维护互联网安全的决定》指出要加强信息安全教育。2004 年,《关于进一步加强和改进大学生思想政治教育的意见》也为高校加强政治安全教育提供了理论与实践指引。2011 年,《关于深化文化体制改革、推动社会主义文化大发展大繁荣若干重大问题的决定》强调了维护文化安全的重要性。[5] 随着我国进入改革开放和社会主义现代建设新时期,和平与发展成为时代主题,经济安全、文化安全等非传统安全重要性凸显,此时国内的主流认知也逐步开始向非传统安全认知过渡,国家安全教育步入新阶段。

(三)第三阶段:2014 年至今,以总体国家安全观为国家安全教育行动指南

党的十八大以来,我国国内外环境面临前所未有的复杂挑战,维护国家安全的任务无比艰巨。2014 年,习近平总书记立足当下,创造性地提出"总体国家安全观",为各领域开展国家安全教育工作注入了新的灵魂。[7] 2015 年,新《国家安全法》出台。2017 年,党的十九大报告指出,加强国家安全教育,增强全党全国人民国家安全意识,推动全社会形成维护国家安全的强大合力。2018 年,《关于加强大中小学国家安全教育的实施意见》提出国家安全教育走进高校的实践目标。2019 年,《新时代爱国主义教育实施纲要》指出要加强国家安全教育,为总体国家安全观走进高校提供了以爱国主义为导向的内容架构。2020 年,《大中小学国家安全教育指导纲要》出台,使高校开展相关工作的必要性再一次凸显。无论是党的十九届六中全会还是党的二十大,均强调国家安全教育的重要性,高校开展国家安全教育已成为当代教育工作开展的重要组成部分。[8] 总体国家安全观的应运而生,成为我国高校开展国家安全教育工作的"定盘星",党中央一系列文件也为高校开展

国家安全教育工作搭建了稳固的理论基础,各种相关制度、政策也逐步趋于成熟。高校开展大学生国家安全教育工作因此呈稳中向好态势,步入了新的发展阶段。总体国家安全观这一重大理论创新,体现了党和国家奋力开创国家安全工作新局面的战略智慧和使命担当。我国国家安全教育工作必须坚持以总体国家安全观为指导思想,在前两个阶段的奠基下不断向前发展。基于全球化进程的加深,国内外风险、变量逐渐增多,我国发展道路愈发曲折,准确把握现阶段高校开展相关工作所面临的现实困境十分必要。

三、新时代高校开展国家安全教育所面临的问题反思

进入新时代,总体国家安全观的形成与发展既有客观的现实需求,也有深厚的理论土壤,反映了我国国家安全工作面临的新形势、新任务、新特点、新规律。随着党中央对国家安全教育重视程度的不断加深,高校开展相关工作的步伐日益推进,教育学习实践的氛围越发浓厚。但是,在高校国家安全教育工作前进进程中,仍面临一些现实困境,需要站在国家发展全局的高度去解决。

(一)国家安全教育核心法律仍未出台

作为新时代中国特色国家安全法律体系的重要组成及保障国家安全教育全面推进的有形载体,我国已形成以《国家安全法》为统领,涵盖《国家情报法》《反间谍法》《反恐怖主义法》《网络安全法》《生物安全法》《核安全法》等国家安全子领域的法律体系框架,为开展国家安全教育工作奠定了法律基础。[9] 在立法层面,《中华人民共和国国家安全教育法》仍未颁布,有关国家安全教育的法律规范也暂未出台,呈现"散而不合"的局面,亟须进一步地整合、优化。目前,我国对国家安全教育的所有规定皆散落于各种政策意见和部分法律的具体条款中。例如,《国家安全法》第76条强调:"将国家安全教育纳入国民教育体系和公务员培训体系,增强全民国家安全意识。"[10]《网络安全法》第19条规定:"各级人民政府及其有关部门应当组织开展经常性的网络安全宣传教育,并指导、督促有关单位做好网络安全宣传教育工作";第20条规定:"国家支持企业和高等学校、职业学校等教育培训机构开展网络安全相关教育与培训,采取多种方式培养网络安全人才,促进网络安

全人才交流。"[11]但是，关于教育内容、教育方法、教育反馈、教育评估等具体实施方法均未展开论述，而"为何开展""如何开展""开展力度""开展目标"的指导意见与制度要求，法律条文也未明显体现或给出法律层面的指导性建议。随着全面迈进中华民族伟大复兴的步伐逐渐加快，出台《国家安全教育法》和规定详细而具体的国家安全教育措施势在必行。

（二）国家安全教育资源保障尚不充分

《国家安全法》第 69 条规定："国家健全国家安全保障体系，增强维护国家安全的能力。"资源保障是高校提升教育实效的重要因素，而当前我国高校开展的大学生国家安全教育工作在专业师资队伍建设、专项资金投入及科研供给等资源保障方面都有进一步优化的空间。国家安全教育相关资源保障隶属于国家安全保障体系，应尽快解决当前高校大学生国家安全教育资源保障的现实困境。

一是师资力量有待提升。一方面，全国多数高校开展国家安全教育的教师来源广泛。[12]由于大部分高校教师毕业于不同高校的不同专业，而各高校针对国家安全学相关知识与能力的人才培养模式又差异明显，因此，经过不同教育环境塑造出来的教师，在后续开展国家安全教育工作时多存在依照教学大纲自行发挥的问题，使各高校开展国家安全教育的效果参差不齐。另一方面，高校国家安全学专业教师数量无法完全满足现实需求。开展高校国家安全教育工作需要整体素质高、教学技能突出的专业人才。目前，相当比例的授课教师并非国家安全或相关专业背景出身，而是在研究其他学科之余进行国家安全学跨学科教学研究，在一定程度上影响了相关工作的精准、有效开展。

二是资金投入不足。目前，我国教育类支出共覆盖普通教育、职业教育、成人教育等内容，尚未有国家安全教育专款支出，而高校每年都要开展的国家安全教育经费必然会由其他教育支出来进行统筹分配，在一定程度上降低了国家安全教育工作的实际开展。

三是学科科研供给能力不强。目前，我国国家安全学学科专门期刊数量较法学、经济学等其他传统学科略显匮乏，国家安全学基础理论仍在构建，整合共享学术资源难度大。而有关国家安全教育的相关学术论文挂靠在国家安全学领域,尚未形成权威期刊群,难以为高校开展国家安全教育工作提供充分的科研供给。

（三）国家安全学学科建设周期短暂

2020 年,国务院学位委员会批准设置"国家安全学"一级学科。[13]目前,我国教育部门正大力推动建设"国家安全学"专业,以促进学科体系的完善与发展。"国家安全教育"领域未得到充分重视与培养,人才培养体系趋于常规,国家安全学科建设有待加强。一是专业研究方向暂缺国家安全教育。自国家安全学一级学科成立以来,已有部分高校进行国家安全学专业的研究生招生工作,但是目前各高校设定的研究方向均未涵盖"国家安全教育"方向,高校开展相关教育工作的专业人才多是从国家安全学相关专业人才进行调配,不利于后续教育的有效开展。二是专业课程设置缺少国家安全教育。以某高校为例,其国家安全学人才培养方案中提到"旨在培养具有一定科研创新、重大风险研判能力的能够胜任国家安全及相关实务部门工作的高层次人才",[14]所培养的高层次人才的基本要求是具备国家安全教育能力。若研究生阶段的所有课程均缺少该课程,则难以真正落实培养方案的目标。国家安全教育若一直处于缺乏系统训练的情况,国家安全教育工作很难得到质的提升。三是国家安全教育尚未成为高校培养人才过程中的独立二级学科。随着国家安全学成为独立学科的步伐越迈越大,已下设国家安全法治、国家安全基础理论等四个二级学科,将国家安全教育设为国家安全学或教育学下的二级学科也成为大势所趋。截至目前,仅有 20 余所高校设立了国家安全学专业,国家安全教育成为独立学科的发展道路仍任重道远。

（四）国家安全教育协同机制有待完善

《国家安全法》第 49 条规定:"国家建立中央与地方之间、部门之间、军地之间以及地区之间关于国家安全的协同联动机制。"目前各高校协同机制有待完善,各教育主体的配合不足。法律在于践行,而法律规定的国家安全教育协同机制的具体践行也有待完善。一是现阶段开设国家安全学相关专业的高校并未依据其专业特色展开"校校合作",仅依据本校特色展开人才培养,使得各高校的安全教育工作存在一定的局限性,显然不利于相关教育工作的开展。二是现阶段各高校的国家安全教育仍依托于全民国家安全教育日和思想政治、中国近现代史纲要等相关课程,极少数的高校会与实务部门展开合作,经费、时间等各方面的因素考量也使得"校局合作"存在一定短板。三是国家安全绝不仅限于军事安全、政治安全,非传统安全的重要性日益上升,这更需要各高校各司其职、协同联动。四是政府、学校、家庭三者的协同联动效果并未得到实际展现。高校中无论是教师还是学生的评奖、评优仍局限于分数,虽有综合测评,但综合测评里关于国家安全知识与能力的考核却少有体现,使政府、学校和学生不愿将过多精力放在开展或接受国家安全教育上,导致联动效果不佳,高校开展国家安全教育的实际效果也难以得到有效提升。总之,新时代高校开展的国家安全教育在一定程度上影响了我国国家治理现代化的进程。纵观高校开展国家安全教育过程中所面临的核心法律未出台、资源保障不充分、学科建设周期短、协同机制有待完善等现实困境必须对症下药,探索切实可行的对策路径。

四、新时代高校开展国家安全教育的实践进路

新时代,面对错综复杂的国际环境和艰巨繁重的国内改革发展稳定任务,中国共产党带领全国各族人民顽强拼搏,奋力开创了党和国家事业发展的新局面。针对上述所论的现实困境,必须多措并举,将其摆在大学生培养体系中突出的位置,促进大学生相关意识的塑造与培养,使高校大学生可以真正承担起维护国家安全的重任。

(一)坚持党的领导:着力提升高校大学生总体国家安全观意识

针对当前高校开展国家安全教育过程中的现实困境,必须坚持党的领导,继续完善优化顶层设计,为加快提升国家安全治理能力提供保障,逐步推动高校国家安全教育工作制度化、规范化发展。

1. 必须始终坚持党对国家安全工作的绝对领导

习近平总书记强调,要坚持党对国家安全工作的绝对领导,实施更为有力的统领和协调。贯彻这一基本原则绝非盲目追从,而是需要"落地"于国家安全各领域、各关节,坚决维护党中央权威和集中统一领导。党的十八大

以来,以习近平总书记为核心的党中央高度重视国家安全工作,建立了国家安全领导体制,设立了中央国家安全委员会,颁布施行了《国家安全法》《中国共产党领导国家安全工作条例》《国家安全战略(2021—2025年)》等法律法规,正是以上一系列重大举措,使得国家安全工作得到了全面巩固和加强。[15]因此,我们应坚持党中央的集中统一领导。现阶段,国际国内形势复杂,无论是传统安全领域还是非传统安全领域都应紧紧依靠党中央,以保证在纷繁复杂的大变局中相对安全。同时,只有把坚持党的领导这一基本原则充分贯穿于促进高水平、高标准开展国家安全教育的全过程,才能更好地为国家提供坚实的人才保障,从而提升党的统筹协调能力。[16]

2. 助力推动大学生成为总体国家安全观坚定践行者

当代大学生是中华民族伟大复兴进程的参与者和见证者,必须以通过国家安全教育武装其思想,树立其走中国特色国家安全道路的坚定信念,将理论指导落在实处,促进大学生争作总体国家安全观坚定践行者,新时代高校加强大学生国家安全教育工作,应当着力提升新时代大学生的使命意识、担当意识。各高校需让大学生群体了解中国只是处于相对安全的环境中,国际环境仍波诡云谲,所有涉及国家安全的因素都应该更为深入地了解和学习。因此,新时代高校大学生必须深入学习总体国家安全观的"一个总体"和"十个坚持",并与学习党史、新中国史、改革开放史、社会主义发展史、中华民族发展史有机融合起来,要在基础理论学习方面下足功夫,更要学以致用,把对总体国家安全观的学习落实到生活的方方面面,提升自己的家国情怀与使命担当。

3. 着力提升新时代大学生的政治素养和政治站位

国家安全教育不只是普通的安全教育,这一过程与个人、社会、国家息息相关、紧密相连,每一位大学生都应该主动接受全面教育,提升忧患意识与国家安全意识,始终站在国家利益一侧,保持高度责任感。旗帜鲜明讲政治既是中国共产党始终如一的政治优势,也应成为当代大学生在新时代成长过程中所展现出来的鲜明特征。党的二十大报告指出,需推进国家安全体系和能力现代化,坚决维护国家安全和社会稳定。为此,要对大学生进行系统的国家安全教育及思想政治教育,养成其对"国之大者"的思想及实践自觉,培养大学生主动推进国家安全体系和能力现代化的意识和能力。大学生必须逐步养成从政治大势看问题的能力，放眼中华民族伟大复兴和社会主义现代化强国建设全局，与时代同步伐、与人民共命运，坚定践行总体国家安全观。

（二）完善保障维度：持续强化高校国家安全教育保障力度

高校国家安全教育工作的实施离不开相关法律的保障，目前关于国家安全教育的现行基本法律框架以及涉国家安全教育的相关供给需要进一步完善优化，以达到最佳保障效果。

1. 为国家安全教育提供完备法律保障

首先，要在国家安全综合性法律与专门国家安全法律中细化涉及国家安全教育的相关内容，以为各高校开展大学生国家安全教育活动提供顶层指导，在其法律细化过程中，要注意厘清社会各领域开展国家安全教育的方式方法、责任分配、反馈与评估机制等。未来扩充后的法律法规或法律解释要明确教育主管部门、高校及学生个人的责任与义务，设立具体教育标准与教育准则，以构建良好的教育秩序。其次，要尽快出台国家安全教育的专项立法。制定《国家安全教育法》，将散布于各国家安全专门性法律中涉及国家安全教育的内容进行统一整合与补充，为国家安全教育的执行、监管、评估提供具体标准，使各领域、各部门的国家安全教育工作有法可依、依法施教。再次，制定与《国家安全教育法》相配套的行政法规及规章制度，以加强《国家安全教育法》的可落实性。以维护网络安全为例，为加强网络信息保护，《网络安全法》与《全国人民代表大会常务委员会关于加强网络信息保护的决定》《中华人民共和国电信条例》等相继出台，同时，为配合上述法律法规的具体贯彻落实，国务院近年来又出台了《国家网络空间安全战略》《电信和互联网用户个人信息保护规定》等政策文件，通过具体阐述说明的方式为维护网络安全提出了更为明确的要求。[17] 国家安全教育领域也是一样，各省（市）教育部门也应该效仿上述做法，及时制定有关高校开展国家安全教育的政策解读与方案规划的具体文件，形成国家安全教育法律体系基本框架，为高校开展相关工作提供强有力的法律保障。

2. 为国家安全教育提供强有力的资源保障

国家安全学科要培养国家急需的具有系统思维和大安全格局的战略型

人才,离不开一支高水平的师资队伍。一是加大对教师的培训力度,在尽力实现大中小学全体教师接受国家安全教育培训的基础上打造国家安全理论与实务能力兼具的高精尖教师队伍。在国家安全教育后续工作中,应定期开展国家安全教育教师培训活动,将培训范围从部分大中小学教师扩大至所有大中小学教师,并不再设定培训人员的最低及最高年龄限制,实现"应培尽培"。建议开设两个培训通道,将专门从事国家安全教育的教师划分在同一个培训通道内,其余大中小学教师划分到另一个培训通道内。根据国家安全教育培训通道的不同,配备不同水平的培训专家,设置不同的考核难度,以达成差异化的培训目标。若将从事国家安全教育的老师与其他老师统一培训,培训力度过小会导致专门性老师没有足够的国家安全教育知识;培训力度过大会导致其他专业老师没有足够的时间研究自己本专业领域。同时,因国家安全知识更新迭代速度快,其教育培训频率也应从定期培训发展为常态化培训,保证参加国家安全教育培训的教师具备相应的国家安全知识与能力,能够将所学的国家安全知识融汇到所授科目中去。各实务部门应经常同大中小学共同举办专业知识交流分享会,以促进国家安全教育大中小学一体化建设。

3. 保障现阶段国家安全学专业的科研供给

教育部与全国社科规划办可以设置高校国家安全教育研究专项项目,具有相关学科背景的高校与科研机构应尽快着手进行国家安全学与国家安全教育的期刊建设工作,智库机构与科研基地可增加相关或相近领域课题申报比重,扩大国家安全学研究项目的覆盖面,激发各行各业专家学者在国家安全、国家安全教育领域的研究热情。同时,还要促进国家安全学课程资源开发与使用。各高校教务处、研究生院需严格选用教育部组织编写的高等学校国家安全教育公共基础课教材,高效运用新兴技术,开发配套的多媒体素材、案例库、专题网站、在线开放课程等数字化课程资源,确保资料来源多样、内容丰富。同时,各高校需以身作则,做好国家安全教育教学安排,联合各教学单位通过设置讲座、实地调研、参观史馆等方式,积极开展专题教育。各高校可通过开设公共基础课例如《总体国家安全观研究》《非传统安全专题研究》等相关课程的方式,开展国家安全教育,使大学生以社会价值为基准,充分发挥自己的个人价值,为国家的建设发展贡献自己的力量。

（三）规范学科建设：深入推进国家安全教育工作纵深发展

《关于加强大中小学国家安全教育的实施意见》明确提出，推动国家安全学学科建设，设立国家安全学一级学科。各高校应进一步规范学科建设，促进高校国家安全教育工作的顺利开展，努力开创我国高等教育事业发展新局面。[18]

1. 各开设国家安全学专业的高校在硕博士招生时应增设基础理论研究方向

现阶段，国家安全教育研究隶属于基础理论研究范围，目前，相关基础理论研究尚未完备，应借鉴吸收有高度交叉的学科，诸如政治学、军事学、民族学等学科的理论经验，并尽快在开设国家安全学硕博士点的高校增设基础理论研究方向，以提升开展国家安全教育工作的实际效果。在对其他相关学科的理论经验进行借鉴学习时，要摒弃"被同化"模式，国家安全学具有复杂性、交叉性、实践性等诸多特性，涉及科技、金融、生物等诸多领域，其具体的人才培养模式应涵盖宏观布局与战术精准双重标准，应不断探索国家安全学的研究模式，例如，在国家安全学课堂上要针对前瞻性、应用性、技术性问题设置专题任务，并进行情景模拟、实景推演、实战演练，检验与提升学生的分析、决策、处置能力，以便与其现场考察、工作实习等实践任务严密接轨，精准化培养国家安全专门人才，为高校开展国家安全教育提供人才保障。

2. 根据不同专业特点差异化开展国家安全教育工作

根据现阶段各高校开展国家安全教育的表现综合分析，国家安全学学科的发展进程显然无法完全满足高校开展国家安全教育的基本要求。因此，在建设完善国家安全学一级学科的过程中，可以将现阶段各高校的国家安全教育任务融入各高校的各专业，依据不同专业特点激发教育活力。以化工专业为例，化工与反恐、制毒、社会安全、生物安全等领域息息相关，在后续的化工教学中应增设国家安全的内容，让学生在学习化工专业知识的同时对国家安全知识有所感悟，以获得潜移默化的国家安全教育效果，从源头上降低化工事故的发生频率。再以汉语言专业为例，应增加更多课时于中外文化差异的对比，同时将语言学习的目的性教育与国家安全教育相结合，使相关专业大学生明确汉语言的价值以及文化安全对我国的意义，以抵御美西方文化霸权对中华优秀传统文化的消极影响。

3. 尽快在相关院校本硕博招生目录中增设"国家安全教育"试点专业

高校国家安全教育活动的开展不仅要求具有过硬政治素质、扎实国家安全学识的国家安全领域人才,而且要重视"教育"。因此,可在相关师范院校例如北京师范大学、华东师范大学、东北师范大学等开设"国家安全教育"试点专业,并在具体的人才培养方案中增设"校校合作"模式,各师范院校应与第一批开设国家安全学硕博士点的高校例如吉林大学、西南政法大学等高校沟通协调,邀请其在国家安全学专业具有一定成就的教授作为部分专业课的授课教师,使"国家安全"与"教育"并驾齐驱、相得益彰。北京师范大学作为第一批开设"国家安全学"一级学科的重点师范院校,可主动以开展高能力、高水平国家安全教育工作为核心,为国家输送交叉领域的人才。

(四) 拓展宣教形式:积极鼓励高校开展国家安全基地教育

在世界多极化和经济全球化深入发展的今天,安全的内涵和外延更加丰富,时空和领域更加宽广。为保证高校开展的国家安全教育效果,其教育形式与教育内容要进行快速更新,以满足现行框架下国家安全教育的基本要求。

1. 加快实现教育信息化的步伐

2019 年,国务院印发《中国教育现代化 2035》,强调要加快教育信息化进程,推进我国教育现代化发展。同时,《国家中长期教育改革和发展规划纲要(2010—2020 年)》再次提出要加快教育信息化建设步伐。可见,国家安全教育绝不应囿于理论教育,需紧跟时代步伐,真正从传统教育模式过渡到智慧教育模式。例如,各高校应自主研发并建立国家安全教育学习平台,实现线上教育与线下教育"双融合",以"积分制"的形式让学生对国家安全教育的相关知识进行自我测评,以提高学生的国家安全知识水平。此外,还可以在教师端设立国家安全教育监测平台,及时捕捉学生的学习动态,跟踪其学习进展,提升大学生学习相关知识的实效。

2. 扎实推动大学生国家安全教育基地的构建

2022 年 4 月 15 日,武汉市首批 10 家国家安全教育基地被命名为市级国家安全教育基地,一区一重点、一区一特色,10 家基地结合各区历史文化特色,涉及国家安全不同领域,融知识性、趣味性于一体,成为广大市民学习国家安全知识的打卡新地标。[19]近年来,北京大学、西南政法大学等多所高校均落成大学生安全教育基地。西南政法大学打造了"重庆市总体国家安全观大学生宣讲团",经常性地开展国家安全宣传教育,受到有关部门和社会各界的高度关注。国家安全专题性教育实践基地具有高度模范引领作用,是开展相关工作的重要落脚点。我国其他各高校可以此为方向,结合现代化技术,尽快推动大学生国家安全教育基地的构建,创新教育方式,提升教育质量,引导学生更好地将自身与国家安全结合起来,以达到国家安全教育的目的。

3. 将国家安全内容注入爱国主义教育示范基地

截至目前,全国爱国主义教育示范基地总数达到 585 个,涵盖北京、上海、天津、吉林等多个省市,若每一个爱国主义教育示范基地都涵盖国家安全内容,势必会对相应教育工作的开展起到保驾护航的作用。[20]例如,可以在中国电影博物馆中增设"文化安全与国家安全"版块,从电影电视的角度,详细罗列当前我国文化安全领域所面临的风险挑战以及我国的制衡举措,达成国家安全教育的目的。再如,可以在北京大兴国际机场的爱国主义教育示范基地中增设国家安全版块,北京大兴国际机场是重要的交通枢纽,2023 年春运,大兴机场共保障进出港航班 2.8 万架次,日均 704 架次,保障进出港旅客共 376.9 万人次,日均 9.4 万人次。[21]若单设国家安全版块,以现代化技术从过去的传统安全领域展示到现在的非传统安全领域,势必会在对游客完成爱国主义教育的基础上完成国家安全教育。各爱国主义教育示范基地在增设国家安全内容后,各地区高校应积极与就近示范基地合作,以"拍照打卡""发朋友圈"等形式深入示范基地进行了解学习,这样也可在一定程度上增强大学生对国家安全知识的了解。

(五)打破协同壁垒:稳步营造国家安全联动教育氛围

针对目前高校大学生国家安全教育现状,亟须构建政府、高校、家庭三者高效联动教育模式,共同完成大学生群体的国家安全教育工作,以促进教育工作的良性高效运行,从而更好地实现其丰富的价值与意义。

1. 政府各有关部门和组织做好支持保障工作

在政府、高校、家庭三者联动模式中，建设有为政府、发挥政府作用是决定三者联动能否效能最大化的关键。人才培养应当紧密围绕国家战略发展方向，胸怀世界百年未有之大变局和中华民族伟大复兴战略两个大局。政府相关部门应始终坚定不移地贯彻习近平总书记总体国家安全观，加大对国家安全智库、各社会机构、国家安全各领域部门的决策支持与评估力度，以智库构建、政策拨款、教育反馈为主题与各高校建立长效合作机制，同时将国家安全教育任务下发至各宣传教育部门，通过各种宣传教育手段营造"全民参与国家安全"氛围，让维护国家安全走入千家万户。

2. 高校应做好本职工作，不断完善现有的开展国家安全教育的方式，同时让高校各行政单元"活起来"，在实现内部联动的基础上与外部进行沟通协调

一方面，针对内部联动问题，应对高校保卫处进行统一的反恐、禁毒、社会安全领域的法治教育与道德教育，同时增设"保卫处学生组织"，号召各专业大学生积极参与社团，通过参加学生组织的方式激活大学生的参与热情，实现国家安全教育的目的，同时让大学生参与到打击金融安全、文化安全风险中来。定期举行学生组织间的交流工作，各组织互相向对方汇报近期取得的各安全领域成就与可能存在的不足，各学院应高度配合学校工作，营造浓厚的国家安全教育氛围。另一方面，针对外部联动问题，各高校应积极响应党和政府的号召，及时创新教育模式，更新教育内容，大力建设国家安全学专业，并借助手机客户终端和自媒体等手段，坚持用安全形势说话，加大对国家安全的宣传教育。同时，应积极协同各史馆、红色示范基地的管理人员邀请各高校大学生进行参观，以加强大学生与社会的联系。除此之外，各高校应加强与大学生家庭的沟通，发挥国家安全家庭教育阵地的作用，经常性开展国家安全、时事政治、国际关系等领域的知识分享会，更好地引导大学生树立正确的国家安全观。

3. 各家庭应以身作则，注重对大学生国家安全意识的培养

国家安全知识只有内化在日常行为与处事习惯中，才能升华为切实有效的国家安全能力。家庭作为社会最基本的生活单元，是高校开展大学生国家安全教育的重要合作伙伴。因此，家长们应主动通过各种渠道学习国

家安全相关知识,积极响应政府、高校的相关政策与举措,同政府保持高度一致,随时随地对孩子进行教育,协力为国家培养具备国家安全意识与能力的高素质人才。

五、结语

随着中国式现代化的成功推进,需贯彻落实教育部印发的《大中小学国家安全教育指导纲要》文件精神和《中华人民共和国国家安全法》提出的"将国家安全教育纳入国民教育体系"的基本要求,着重构建具有中国特色的国家安全教育体系,重点提升高校开展国家安全教育工作的能力。国家安全学要培养国家急需的国家安全战略人才,以有效服务国家需求,这是本学科的特殊任务。全国高校必须坚持党对国家安全教育工作的绝对领导,分析并应对现实困境,为国家输送具有一定国家安全意识与能力,心系党、国家和人民的栋梁之材,为实现中华民族伟大复兴的中国梦贡献力量。

参考文献

［1］李正军、刘欢:《总体国家安全观融入高校国防教育的问题与对策》,《高教论坛》2022年第7期,第73—77页。

［2］习近平:《高举中国特色社会主义伟大旗帜,为全面建设社会主义现代化国家而团结奋斗——在中国共产党第二十次全国代表大会上的报告》,《中国人大》2022年第21期,第6—21页。

［3］陈红都、周志鹏:《高校开展大学生国家安全教育面临的困境及对策研究》,《中国军转民》2022年第12期,第79—81页。

［4］孙留萍:《新时代高校总体国家安全观教育的价值、困境和对策》,《山西高等学校社会科学学报》2022年第2期,第64—68页。

［5］李志强:《刍议国家安全教育大中小学一体化建设》,《思想教育研究》2022年第9期,第125—130页。

［6］吴艳东、陈明:《新中国成立以来我国青少年国家安全教育政策的历史变迁与新时代重塑》,《三峡大学学报(人文社会科学版)》2022年第6期,第23—29页。

［7］《总体国家安全观干部读本》编委会:《总体国家安全观干部读本》,人民出版社2016年版,第19页。

［8］郭世杰:《大中小学国家安全教育的回顾、反思与展望》,《教育评论》2022年第1期,第98—106页。

［9］肖君拥:《论国家安全法律制度的体系化构建》,《西南政法大学学报》2022年第4

期,第43—53页。

[10] 李竹、肖君拥:《国家安全法学》,法律出版社2019年版,第332页。

[11] 盘冠员、章德彪:《网络安全法关键问题解读》,时事出版社2019年版,第221页。

[12] 薛二勇、李健、刘畅:《国家安全教育治理的体制机制分析》,《民族教育研究》2022年第4期,第14—21页。

[13] 问鸿滨、赵名君:《国家安全学学科建设:历程、问题与对策》,《情报杂志》2022年第11期,第82—88页。

[14] 王辉、钟瑜:《"双一流"建设下高质量国家安全专业人才培养路径研究》,《云南警官学院学报》2023年第3期,第34—40页。

[15] 彭新林:《论习近平国家安全法治理论》,《武汉大学学报(哲学社会科学版)》2022年第5期,第15—22页。

[16] 张旭:《总体国家安全观大事记》,《国家安全研究》2022年第6期,第142—150页。

[17] 吴军超:《欧盟网络安全治理探析》,《郑州大学学报(哲学社会科学版)》2021年第1期,第24—29页。

[18] 李为、蒋雨珈:《中国特色世界一流大学建设背景下高校思政工作效能评价研究》,《重庆大学学报(社会科学版)》2022年第5期,第126—137页。

[19]《武汉市命名10家国家安全教育基地》,http://hb.ifeng.com/c/8FCXXlObjJx,最后访问日期:2023年4月16日。

[20]《全国爱国主义教育示范基地总数达到585个》,https://news.cctv.com/2021/06/20/ARTIYxxhQbeu3pXvdI2I4ejW210620.shtml,最后访问日期:2023年4月16日。

[21]《大兴机场圆满完成2023年春运保障工作,保障进出港旅客共计376.9万人次》,http://caacnews.com.cn/1/5/202302/t20230217_1363511.html,最后访问日期:2023年4月16日。

新时代高等院校国家安全教育之现状、困境和完善路径研究*

佘杰新**

摘要：目前大学生国家安全知识不足，国家安全意识较为薄弱，对非传统国家安全问题敏感度不高。国家安全教育整体效果不佳归因于我国长期以来缺乏一个具有长远性、战略性、指导性的国家安全教育体系。因此，各方主体应深入挖掘总体国家安全观的丰富内涵，在其指导下聚焦国家安全教育突出问题，紧跟风云变化的国内外安全形势，遵循国家安全教学特殊规律，构建一个系统化的高等院校国家安全教育体系。系统化的国家安全教育体系应做到目标清楚、方针科学、原则可行、主体多元、对象具体、内容完善、方法灵活、监督到位和保障有力，从而真正为国家培养新时代所需的国家安全人才。

关键词：高等院校；国家安全教育；总体国家安全观；系统性

一、问题之缘起

当前，我国国家安全形势严峻复杂，既要防范重大风险，避免"黑天鹅事件""灰犀牛事件"的发生，又要防范"宪政民主理论""普世价值理论"等论调

---

* 本文系国家社科基金重大项目"新时代国家安全法治的体系建设与实施措施研究"（20&ZD190）、重庆市教育科学规划课题"新时代大学生国家安全教育实证研究"（2020-GX-263）、重庆市高等教育教学改革研究项目"高等院校国家安全法治人才培养研究"（213102）、重庆市高校维护稳定研究咨政中心课题"新时代高等院校国家安全教育体系构建"（CQGXWWZZZX2019-2-Y2）的阶段性成果。本文发表于《江南社会学院学报》2022 年第 2 期。

** 佘杰新，西南政法大学国家安全学院副教授，博士，西南政法大学总体国家安全观研究院研究员，重庆市高校维护稳定研究咨政中心研究员，主要研究方向：国家安全学。

的冲击。大学生思想尚未成熟，明辨是非能力有待提高，容易成为敌对势力引诱、利用的重点群体。在香港特别行政区的"占中""反送中"暴乱游行事件中，一批被"港独"思想蒙蔽的大学生走上街头，对社会和经济秩序造成了严重的破坏。在第六个全民国家安全教育日，《法治日报》报道了 4 起反华敌对势力渗透、拉拢、策反内地赴港学生的典型案件。四名大学生因国家安全意识不足、理想信念不坚定，走上了颠覆、煽动颠覆国家政权犯罪的道路。[1]全球格局深刻转变，西方意识形态加紧渗透，面临经济压力、就业压力、多元思想冲击的大学生，容易发生价值观念的偏差。在一些重要事件和节点上，大学生成了网络舆论负面信息的主要传播者。上述种种事件和现象给我们敲响了警钟——在当下国内外环境日益复杂的大背景下，亟待建立高等院校国家安全教育体系，对大学生开展总体国家安全观教育，防范高校意识形态风险，培养符合国家安全发展和战略需要的接班人。党的十八大以来，国家安全教育问题逐渐受到广泛关注。2015 年《国家安全法》第 14 条以立法形式规定了每年 4 月 15 日为全民国家安全教育日。2018 年教育部出台了《关于加强大中小学国家安全教育的实施意见》，为国家安全教育提供了方向性指导。2020 年 9 月 28 日，教育部关于印发《大中小学国家安全教育指导纲要》（简称《指导纲要》），明确了大中小学国家安全教育的指导思想、基本原则、主要目标、主要内容、实施路径、考试评价、管理和保障，但是其内容有待具体化，特别是高等院校国家安全教育工作需要全方位、针对性构思。

世界许多发达国家把国家安全意识教育置于国家战略中极其重要的地位。韩国于 1949 年颁布了《教育法》，1968 年又颁布了《国民教育宪章》，以加强对全民爱国主义教育；俄罗斯于 1994 年颁布《对青年进行爱国教育大纲》，对青年爱国教育目标、任务和规划做了部署；澳大利亚于 2008 年开启推广互联网安全计划，并于 2009 年发布《网络安全战略》（2016 年修订）；挪威从 2011 年开始每年举办国家安全月，还组织大学生实地参观实务部门；欧洲自 2013 年开始每年举办欧洲网络安全月；等等。美国国家安全教育最为系统，1991 年美国《国家安全教育法》通过，设立了国家安全教育委员会，并通过资金保障、项目支持等方式开启了全民国家安全教育计划。[2]截至 2014 年，全美共有 130 多所法学院开设了国家安全和法律相关的课程，一些学校甚至开始授予国家安全法高级法律学位。[3]纵观国家安全教育起步较早、体系较完整的国家和地区，其国家安全教育呈现出政府主导、立法先行、顶层设计、机制保障、内容丰富、手段多样、隐性渗透、重于实践、善于感化等特点。[4]发达国家较高的国家安全教育水平提醒我们：反思高等院校国家安全教育困境、构建系统化的高等院校国家安全教育体系迫在眉睫。当然，我国政治体制制度、国家安全情势、高等院校规模等存在的特殊性，决定了我国国家安全教育体系构建不能照搬国外方案，不能脱离中国语境和教育实际。因此，我们应构建一个符合中国现实和教育规律的国家安全教育体系，保障体系运行的顺畅性和有效性，真正实现扎根中国大地办教育。

目前，有关高等院校国家安全教育的论著难以为实践提供坚实的理论支撑。在2014年"总体国家安全观"提出之前，许多论著把国家安全教育作为思想政治教育的重要方面加以论述。专门论述国家安全教育的论著主要从高校开展国家安全教育的时代价值、基本现状以及具体对策展开研究。这些成果虽助益了我国国家安全教育的不断发展，但因其多限于爱国教育、国防教育、意识形态教育等传统安全教育的探讨，并未真正作为一门独立课程予以研究。2014年之后，学者开始关注和研究国家安全教育困境和出路议题。学者普遍认为新时代大学生国家安全教育面临诸多困境，例如教育严重滞后于国家安全建设的需要、教育供给与需求不平衡、教育效果平淡化、大学生国家安全意识较为淡薄、大学生网络国家安全资讯鉴别能力不足。因此，国家安全教学必须注重尊重学生主体、强化持续教育和回应现实诉求，探索国家安全教育独特的内在逻辑，培育主体意识，形成权利与责任一体的思想体系，开展理论教育、情感教育以及实践教育有机统一的总体国家安全观教育，引导国家安全观的更新和转变。近期论著对新时代背景下进一步完善国家安全教育提供了诸多有价值的对策和建议。然而，目前有关国家安全教育的论著多存在以下问题：一是理论基础较为薄弱，缺乏引入心理学、教育学等理论，以增强研究成果的说服力。二是缺乏对国家安全教育体系的系统性构思。三是实证调研不足，未能采用问卷调查、个别访谈等实证调研法，客观分析我国国家安全教育的基本情况。四是对总体国家安全观理解不充分，未能将国家安全教育与其他思政教育相区别，导致提出的对策针对性不足。基于国家安全教育的重要性以及我国国家安全教育研究不足的现状,本文通过实证分析我国国家安全教育现状,借鉴国外成功教育经验,结合我国现实国情和教育规律,避免国家安全教育脱离中国语境和教育仅做理论探讨,以期构建符合新时代的高等院校国家安全教育体系。

二、高等院校国家安全教育之效果评估

完善教育体系的前提和基础是客观认识和评价高等院校国家安全教育的成效和挑战。本文通过对 A 省高校大学生进行问卷调查,同时了解 A 省高校国家安全教育情况,展示高等院校国家安全教育现状。本次参与问卷调查的大学生总共有 1 305 人,其中本科生 1 097 人,研究生 218 人。调研显示,目前国家安全教育情况喜忧参半。

（一）高等院校国家安全教育之成效

整体而言,自《国家安全法》颁布以来,A 省相关部门和高校高度重视国家安全教育,不断充实教育内容,创新教育方式,取得了良好的效果。

1. 探索国家安全教育省校合作、校际合作

A 省相关部门与高校联合举办国家安全进校园活动,引发了一股学习国家安全知识的热潮。在全民国家安全教育日之际,相关部门通过与高校合作,指导和协助高校师生开展国家安全教育活动,学生通过讲故事、朗诵、表演等多种形式勇担新时代国家安全教育重任,通过展览、宣讲等方式展现新时代国家安全建设成就。

2. 个别高校积极承担国家安全教育宣传任务

A 省教育委员会发布了《关于加强大中小学国家安全教育的实施意见》,为高校开展国家安全教育工作提供指引。个别高校高度重视国家安全教育,制定了国家安全宣传教育计划,发布了国家安全教育学生专项课题,提升了学生学习国家安全的热情。有的学校成立了大学生国家安全宣讲团,遴选了一批国家安全学教师作为宣讲团指导老师,同时启动以宣讲团学生为主体的国家安全专门人才培养计划,探索"又红又专"复合型国家安全人才培养新机制。有的学校积极探索国家安全学学科建设路径,开设国家安全学全校公选课,创新课堂教学手段和方式,不断强化学生对总体国家安

全观的认同感。一些学校通过线上线下开展演讲比赛、辩论赛、征文比赛等方式,在一系列活动中逐步培养学生的爱国情操和责任意识,同时使学生勇于承担起国家安全宣传教育的重任。

3. 大学生具有一定的国家安全意识

当问及"如果在互联网上发现了可能会泄露国家秘密的信息资料,你最可能做出何种反应"这一问题,有72.11%的大学生选择向有关部门举报,只有极少数选择继续浏览(占比1.30%),这显示出大学生有积极主动维护国家安全的责任意识,是维护国家安全不可忽视的社会力量(见表1)。此外,有82.38%的大学生认为高校有必要开设专门的国家安全教育课程(见表2),这表明大学生已意识到国家安全风险的现实存在,也了解开展国家安全教育的重要性。调查对象中有67.74%的大学生会选择修读国家安全选修课程。大学生对国家安全课程具有好奇心理,因此较多人具有较强的学习热情(见表3)。

表1　如果您在互联网上发现了可能泄露国家秘密的
信息资料,您最可能做出何种反应

选　项	计　数	比　例
继续浏览	17	1.30%
停止浏览	308	23.60%
向有关部门举报	941	72.11%
不清楚	39	2.99%

表2　您认为高校是否有必要开设专门的国家安全教育课程

选　项	计　数	比　例
有必要	1 075	82.38%
没有必要	102	7.82%
无所谓	128	9.81%

表 3 如果高校开设专门的国家安全选修课程,您是否会修读

选　项	计　数	比　例
会	884	67.74%
不会	138	10.57%
不清楚	283	21.69%

（二）高等院校国家安全教育之问题

在全民国家安全教育日明确之前,国家安全教育缺乏制度规范层面的系统规划,导致宣传教育活动相对匮乏。目前大学生群体普遍存在对总体国家安全观的认知不足、国家安全意识薄弱、国家安全技能缺乏等问题。此外,同一地区不同高校在国家安全教育方面的重视程度和实施态度存在较大差异。

1. 大学生对国家安全内涵的认知有待提升

调查显示,只有 2.45% 的大学生认为自己非常了解《国家安全法》,有 31.95% 的大学生自认为完全不了解国家安全法(见表 4)。只有 46.13% 的大学生选择了正确的全民国家安全教育日,有 53.87% 的大学生选择不清楚或错误日期(见表 5)。大学生认为经济安全、文化安全、社会安全属于非传统国家安全的占比较低,且有约 9.93% 的学生认为政治安全、国土安全、军事安全属于非传统国家安全(见表 6)。由此可见,大学生对总体国家安全观的内涵掌握不到位,部分学生难以区分传统安全和非传统安全,总体国家安全观的宣传力度有待进一步加强。

表 4 您是否了解《中华人民共和国国家安全法》

选　项	计　数	比　例
非常了解	32	2.45%
基本了解	214	16.40%
了解个别条款	642	49.20%
不了解	417	31.95%

表5　下列哪个时间是全民国家安全教育日

选　　项	计　　数	比　　例
3月14日	136	10.42％
4月15日	602	46.13％
5月15日	35	2.68％
不清楚	532	40.77％

表6　您认为下列哪些选项属于非传统国家安全的范畴(多选题)

选　　项	计　　数	比　　例
政治安全	234	3.29％
经济安全	332	4.66％
文化安全	526	7.39％
信息安全	730	10.26％
生物安全	795	11.17％
军事安全	226	3.18％
国土安全	246	3.46％
社会安全	346	4.86％
生态安全	814	11.44％
科技安全	642	9.02％
资源安全	671	9.43％
核安全	671	9.43％
海外利益安全	766	10.76％
其　　他	118	1.66％

2. 大学生对国家安全问题的敏感度有待提升

只有11.98％和9.65％的大学生认为北极冰川融化、大学盛行韩风日流涉及国家安全问题(见表 7)。调查显示,有 30%—40% 的大学生认为某大学生接受外国老师请托搜集国内官方公开统计数据,或者某大学生在国外留学期间看到一株很好看的植物,并夹带回国种植等事件不会上升为国家安全问题(见表 8),这实际上反映了大学生对隐秘的、非突出的、非常见的安全问题缺乏足够的认识,特别是对意识形态风险的敏感度较低,难以认识到意识形态渗透的多样性、隐秘性。大学生对国家安全的概念仍停留在一些传统、局部的认识上,认为国家安全工作仅是惊心动魄的间谍工作,国家安全工作的神秘色彩容易使人产生事不关己的观念和想法。[5]

表 7　您认为下列哪些事件涉及国家安全(多选题)

选　项	计　数	比　例
北极冰川融化	582	11.98%
制定《外国人永久居留管理条例》	1 080	22.22%
韩风日流在大学盛行	469	9.65%
离岸人民币汇率下跌	857	17.63%
华为孟晚舟被扣押事件	874	17.98%
中国稀土资源出口	998	20.53%

表 8　您认为下列事件可能上升为国家安全问题的是(多选题)

选　　项	计　数	比　例
某大学生接受外国老师请托,搜集国内官方公开统计数据	803	18.29%
某大学生经常进入暗网	984	22.41%
某大学生定期接收不明款项,不做报告	880	20.05%
某大学生在国外留学期间看到一株很好看的植物,并夹带回国种植	865	19.70%
某大学生转发班上同学信息给网上不明人员,并获利	858	19.54%

3. 大学生接受国家安全教育效果有待提高

调查显示,有 67.97%的大学生认为思想政治课程只是略微提升了自己的国家安全意识(见表 9),且超过 70%的大学生认为大学生群体目前国家安全知识、意识和技能存在严重不足(见表 10)。目前,国家安全教育更多停留于知识层面的传授,难以用生动的素材讲述国家安全面临的风险。这与教师对国家安全领域缺乏学习研究有关。学生身处静谧的校园环境,难以意识到自身可能会陷入圈套,故很难自觉加入维护国家安全的重任之中。

表 9　您认为《思想道德修养与法律基础》《形势与政策》等思想政治理论课程是否有助于提高学生国家安全意识

选 项	计 数	比 例
明显提高	265	20.31%
略有提高	887	67.97%
没有提高	114	8.74%
不清楚	39	2.99%

表 10　您认为目前大学生国家安全教育存在哪些突出问题(多选题)

选 项	计 数	比 例
大学生国家安全意识不足	990	32.96%
大学生国家安全技能教育的缺乏	1 037	34.52%
大学生国家安全知识教育的缺乏	943	31.39%
其 他	34	1.13%

三、高等院校国家安全教育困境之根源与出路

制约学校国家安全教育效果的原因是多元的,究其原因,我国长期以来缺乏对学校国家安全教育的系统构建。《指导纲要》为大中小学系统、规范、科学开展国家安全教育提供了初步方案。高等院校的重任在于培养社会主义接班人,培养大学生具有维护国家安全的意识是其中最重要的环节之一。

高等院校国家安全教育是一个复杂的工程,需要结合目前大学生教育情况,分析国家安全教育的困境,推动教育体系的系统化。

（一）高等院校国家安全教育困境根源

高等院校国家安全教育困境的根源在于我国尚未建立起完善的国家安全教育体系。由于国家安全教育缺乏顶层设计、制度引导和实施方案,因此,在教育观念、主体、方法、内容和对象上存在诸多问题,民办高校在这些问题上往往更为突出。

1. 在教育观念上,国家安全教育的独特价值未能得到足够重视

国家安全教育分散在思想政治教育体系中,缺乏系统规划。2015 年颁布的《国家安全法》第 14 条规定了全民国家安全教育日,同时第 78 条规定了有关部门应当对本单位的人员进行国家安全教育,从法律层面明确了各方主体责任。然而,一些责任部门和学校未能充分认识到国家安全教育在高校教育中的特殊意义,尤其是在考核机制和考核指标还未明确的情况下,有的国家安全宣传教育活动存在形式主义、重表面、轻实质的现象。一些学校过于依赖在全民国家安全教育日开展专项活动,而日常教育活动相对缺乏,思政课程未能有效结合国家安全内容。

2. 在教育主体上,缺少国家安全教育方面的领导和协调机构

高等院校国家安全教育的开展形式应该多元化、内容需要专业化,这就要求在教育部门和国家安全有关部门的支持下开展工作,跳出传统的单向传授方式。然而,目前国家安全教育的教育主体结构存在缺陷,由于教师队伍专业化建设不足,实务部门教师兼职从事国家安全教育的数量不足,导致理论与实践结合不够紧密,制约了教育质量的提升和教育效果的实现。特别是部分高校教师队伍缺乏深入研究总体国家安全观的专家学者,使得传授的内容主要停留在政治安全和军事安全等传统安全领域,非传统国家安全丰富的内涵被忽视,教育内容难以跟上时代步伐。①

3. 在教育方法上,未能根据国家安全教育的特点与内容调整教育教学方法

主要表现为：教育方式和载体单一、现代化教育手段不足、课堂外学习

---

① 面对当前世界形势变幻莫测,国家安全越发复杂,传统和非传统安全交织,传统国家安全问题愈发重要,必须将国家安全教育提升到新的高度加以重视。

资源匮乏。调查显示,大学生获取国家安全知识的重要途径之一为思想政治教育课程和课外阅读(见表11);开设了国家安全相关课程的高校的大学生主要通过课程学习获取知识;大学生通过其他实践性、体验性、非课堂的方式接受国家安全知识的比例较低(仅占比4.26%),这反映出国家安全教育内容在专业课程中的融入不足。调查还显示,举办讲座和利用新媒体宣传是高校采取的主要课外国家安全教育措施(见表12),但这是相对单一的知识传授方式。大学生内在的主动性、积极性和创造性未得到充分调动,这必然限制了学生对国家安全的认知深度和广度。

表11　您主要通过哪些方式获取国家安全知识

选　项	计　数	比　例
高校思想政治教育课程	1 094	29.13%
军事训练课程	613	16.32%
国家安全选修课程	628	16.72%
国家安全必修课程	501	13.34%
课外阅读	759	20.21%
其　他	160	4.26%

表12　您所在的高校采取了哪些课堂外的国家安全教育措施

选　项	计　数	比　例
举办讲座	1 011	32.02%
鼓励开展科研活动	572	18.12%
建立专门的学生社团组织	472	14.95%
利用新媒体平台宣传	970	30.73%
其　他	92	2.91%
没　有	40	1.27%

4. 在教育内容上,存在碎片化、不全面、层次浅、同质化等问题

这主要表现为:既未遵循教学规律循序渐进地传授国家安全内容,也未针对不同专业、不同层次学生的知识结构制定专门的规划。国家安全领域众多,知识面广,需要提供相应的论著和教材支持。目前,国家安全学的教材、读物、案例相对较少,而对于非传统安全领域和新型安全领域的研究则更为稀缺。高校教师如何在思想政治课程上讲授国家安全知识,以及如何在专业课程中融入国家安全内容,仍然是当前教育领域需要深入研究和探索的重要课题。近年来,个别高校积极响应国家安全战略,设置国家安全学学科,开展专门国家安全学教育,为国家安全教育提供了新的发展方向和思路。然而,这些高校普遍面临专业教材缺乏、培养方案不够完善、教学内容尚不全面或深入等问题。高校国家安全教育的供需不平衡限制了大学生对国家安全知识的深入理解和全面掌握。[6]

5. 在教育对象上,学生未能充分认识到国家安全教育的价值

学生存在被动接受教育的问题,即学生被客体化,这严重影响了教育效果。"部分高校无法正确平衡'国家安全意识培养'与'知识技能传授'之间的权重关系。"[7]警校和特定学院、特定专业在开展国家安全教育时需要体现其特殊性,例如在理论教育上更为深入,在实践教育上更为凸显。然而,目前许多高校未能根据学校性质、专业类型开展针对性、趣味性和启发性的国家安全教育活动。

6. 在监督和保障上,国家安全教育监督力度不足、保障机制不到位

国家安全教育在资金保障、政策保障、制度保障等方面存在诸多问题。国家安全教育的开展需要特殊的政策、举措等予以保障。例如,我国国家安全学专家学者多就职于军校、军队、政府等特殊部门,引进这些专家学者需要在人才级别认定、职称认定、薪资待遇上给予特殊考虑。然而,受到常规人才引进政策的制约,高层次专业人才的外引力度不足,导致国家安全教育人才缺乏保障。同时,在国家安全教育监督方面,各级教育部门的监督力度不足,且监督的内容不够明确。

(二)高等院校国家安全教育困境之出路

虽然部分高校积极探索国家安全教育新举措,但取得的成效较为有限,

不能满足新时代国家安全人才需求。一些高校教育方式仅注重知识的灌输，导致大学生难以有效防御敌对势力的渗透。在新时代背景下，国家安全教育亟待寻求新的发展方向和路径。总体国家安全观丰富的内涵为高等院校国家安全教育指明了前进的方向。高等院校国家安全教育应结合时代变化情况，深入挖掘其核心内涵，以指导构建系统化的国家安全教育体系。这一体系应满足学生的教育需求，遵循国家安全特殊教学规律，以实现教育效果的最大化；全面分析大学生面临的渗透风险及其方式，破解教育中的突出和棘手问题，及时更新国家安全教育内容体系，体现教育的时代性；还应根据不同阶段、不同年级学生的认知特点和心理需求，分阶段、分层次地进行国家安全教育，以提升教育的针对性。总之，系统化高等院校国家安全教育体系应确保目标清晰、原则可行、方针科学。

1. 牢记立德树人的根本目标

应在国家安全教育实践中注重涵养学生知识、塑造观念和培养能力，真正将国家安全意识内化于心、外化于行。[8]在开展教育过程中，高校应将总体国家安全观全方位融入人才培养的过程，既要做到全面提升大学生掌握国家安全知识的能力，也要强化大学生坚守国家秘密和维护国家安全的意识，还要增强大学生维护国家安全的行动能力，三大具体目标不容偏废。①

2. 贯彻主体性、针对性、时代性的基本原则

《指导纲要》提出了大中小学国家安全教育应遵循坚持正确方向、依法开展、统一规划、遵循规律、方式多样的原则，以提升教育的科学性、适宜性和实效性。首先，高等院校国家安全教育应注重发挥学生的主体性。传统的国家安全教育往往是教师灌输、学生接受，教育过程中学生的客体化现象明显。然而，有的学校已经贯彻以学生为中心的教育原则，创建了大学生国家安全宣讲团。在老师的指导和帮助下，学生申报课题开展学术研究，策划国家安全教育宣传活动，实现了从被动接受国家安全知识到主动宣传国家安全知识的转变。其次，高等院校国家安全教育可以借鉴"发现教育"的理

---

① 《大中小学国家安全教育指导纲要》指出：大学阶段，重点围绕理解中华民族命运与国家关系，践行总体国家安全观。学生系统掌握总体国家安全观的内涵和精神实质，理解中国特色国家安全体系，树立国家安全底线思维，将国家安全意识转化为自觉行动，强化责任担当。我们认为，知识、观念和能力是学生真正抵御渗透的必要能力。

念,根据学生的专业特长和优势,挖掘学生的潜力和创造力,增强学生的责任感和信念感,使其成为新时代国家安全建设的积极参与者。此外,《指导纲要》指出国家安全教育要适应不同学科专业领域和不同类型教育特点,详细列出了国家安全教育知识要点,为国家安全教育搭建了完整的内容体系。各高校应根据各自的特点和需求来安排教学内容和深度,使国家安全教育更具针对性和实效性。最后,高等院校作为知识的重要生产地,应结合国家安全形势,传递国家安全最新理念和知识,培养具备专业知识和实践能力的复合型国家安全人才。

3. 合理性规划,注重解决教育难题

应注重知情意行相统一,强化非传统安全内容,以及促进多主体协同合作的指导方针。首先,国家安全教育是一项系统性工程,必须合理规划,确保教育内容既无重复,又全面覆盖。这包括理论教育和实践教育、日常教育与集中教育,以实现教育的均衡与深入。同时,国家安全教育应与其他思想政治教育相互协调,避免学生因学习负担过重而产生抵触情绪。其次,国家安全教育必须坚持问题导向,建立健全效果评估机制,以便及时发现并解决教育过程中的挑战和困境。再次,国家安全教育应特别注重知情意行的统一。这是塑造观念、涵养知识和培养能力目标实现的必由之路。"外界社会环境因素和受教育者主体内在心理因素的构成是复杂的,在实际社会生活中,受教育者的知、情、意、信、行诸要素在发展方向上并不完全一致,在发展水平上也不完全是平衡的,这就构成了诸因素之间的矛盾。"[9]此外,国家安全教育应避免仅关注传统安全内容,应同时强调政治安全、军事安全以及非传统安全和新兴安全问题的教育。通过实际案例,可以更生动地展示非传统安全问题的严重性和紧迫性。最后,必须重视教育部门、国家安全部门、学校、学院、教师、学生以及社会力量的多元主体合作。通过采取多样化的形式和手段,我们可以共同提升国家安全教育的效果,确保国家安全意识深入人心。

四、高等院校国家安全教育体系之运行与保障

推进国家安全思想入脑入心是一个循序渐进的过程,是在多层次、宽领域、全方位进行的教育活动,不能一蹴而就。[10]为了保障教育体系顺畅运行,在确定目标、原则和方针的基础上,各方还应做到教育主体多元(包括政

府、学校、教师、学生、家长、社区等),教育对象具体(针对不同年龄段、不同能力水平、不同需求的学生制定具体的教育计划),教育内容完善且科学实用,教育方法灵活多样,教育监督全面到位(明确监督的主体、方式、频率等),教育保障措施有力(包括资金投入、政策支持、师资力量等)。

（一）高等院校国家安全教育体系之具体运行

国家安全教育体系有效运行,需要各方突破教育理念、主体、方法、手段、载体、制度和保障等方面的困境,将国家安全理论、历史、战略、法治和技能融入国家安全教育之中,实现传统安全教育与非传统安全教育全覆盖。

1.在主体方面,各方要建立国家、省、校、院国家安全教育各层级分工合作的机制

加强省校合作、校际合作,实现多元主体协同互动。国家层面应加强顶层设计,统筹规划,制定国家安全教育专项战略,组织编撰国家安全教育教材、指南,明确发展规划和发展路线。《指导纲要》具有宏观的指导价值,因此,教育部门和有关部门需要充分调研高校国家安全教育的实施效果,并及时修正《指导纲要》内容,适时制定更有针对性的《大学生国家安全教育指导纲要》。省级层面应当将国家安全教育纳入国民经济和社会发展计划,根据地区情况加强规划、指导、管理和保障。在省级党委有关办事机构的协调推动下,教育部门及其他相关部门会商合作,充分发挥面向中央部委的任务落实和信息反馈功能、沟通中央与高校的上传下达功能,以及面向高校的指导督查功能。[11]学校层面应成立国家安全教育工作小组,根据自身特点和优势创新宣传教育工作,适时调整教育方案和计划,提供必要的经费、师资、制度和机制保障。学院层面根据自身学科性质融入国家安全教育,推动国家安全课程思政的展开。

2.在对象方面,各高校在开展国家安全教育时,应转变教学理念

积极研究激励全体大学生从被动接受知识转变为主动学习的有效方法。"当代大学生认识到肩负社会责任的必要性,虽然少不了外部性力量的教育与引导,但通过深度的自我教育,从根本上认识到肩负这一责任的极端重要性,有助于更加自觉而坚定地承担起应尽的社会责任。"[12]高校可以探索甄选优秀学生成立大学生国家安全宣讲团的方式。宣讲团成员在指导老

师带领下撰写宣讲稿、修改宣讲稿,学会用身边的故事或典型的案例呈现故事,真正做到学思用结合;师生合作开展国家安全相关课题研究,在学术研究中深化对总体国家安全观内涵的认知;学生参与社会实践和调研活动,在人物感召、真实事件、切身体会中激发强烈的责任意识。此外,学校要对出境学生、国防生等特定学生开展专项教育活动,避免其被渗透、利用和策反。

3. 在内容方面,区分国家安全通识教育和专业教育

通过加强国家安全学专业的建设,可以提升国家安全通识教育的水平,进而吸引更多学生选择攻读国家安全学及相关领域的研究生。教育部门应积极推动并深入探讨国家安全学科的建设,在招生就业、师资队伍、教学资源等方面进行全面布局,同时加强科研研究、研究基地和智库建设。指导各开设国家安全学专业的学校完善本硕博培养方案,探索新时代下国家安全学专业的人才培养路径,为思想政治课程培养具备专业知识的教师。此外,国家安全学专业的教师应与思想政治教育等课程的教师进行交流学习,以提升后者的国家安全理论知识水平。这将有助于教师在遵循教育规律的前提下,根据不同阶段和年级学生的认知特点和心理需求,将国家安全教育全方位、全过程地融入军训课程、思想政治教育课程、专业课程、网络平台、校园活动以及其他社会实践活动之中。当然,具备条件的高校应尽早开设国家安全学通识课程,全面、系统讲授总体国家安全观内容,以增强大学生的国家安全风险防范意识。

4. 在方法方面,高校应积极探索创新符合国家安全教育特点的教育教学方法

通过多种形式的线上与线下、课堂与课后、显性与隐性、理论与实践以及日常与集中教育,确保国家安全教育深入学校、融入教材、扎根学生头脑。[13]高校可以利用线上平台例如论坛、聊天室、微信群、公众号和网站等,鼓励学生组织相关的社团、协会和兴趣小组,并通过组织征文比赛、演讲比赛、军事图片(影片)展、知识问答比赛、话剧表演、课题研究以及实地调研等活动,不断丰富国家安全教育的形式,以激发学生的主动性和积极性。[14]

5. 在监督方面,制定《高等院校国家安全教育评估办法》

将国家安全教育作为年度考评和职称评定的重要指标,设置合理的评估指标和明确的奖惩机制,采用定期检查与不定期抽查相结合的方式,及时

追踪并反馈国家安全教育的效果;同时,不断总结典型经验,发挥示范效应,避免陷入简单说教的困境。

(二)高等院校国家安全教育体系之运行保障

高等院校国家安全教育体系的良好运行需要充足的制度、经费、人才、科研、技术、氛围保障。

1. 在制度保障方面,应及早制定《国家安全教育法》及其他相关规章制度

需要强调的是,教育部门和高校应完善系统性、针对性的留学生教育制度。在出国前,应对大学生进行思想政治教育,特别是加强保密意识教育,以及遇到间谍组织渗透时的求救和自救手段培训。在国外期间,应指定辅导员或联系导师等专门人员,定期与留学生保持联系,了解留学生的总体情况和思想动态,提醒留学生做好安全防范措施。一旦发现异常情况,应立即上报相关部门,并采取有效的应急措施。回国后,学校应安排专门人员与留学生进行深入交流,了解其思想动态,并引导留学生正确看待不同国家的意识形态和文化差异,促使留学生回国后能够积极运用所学知识为国家发展贡献力量。

2. 在经费保障方面,应重点支持国家安全教育宣传活动、学科建设活动、教师教学活动以及学生学习活动

学校应积极争取得到教育部门、有关部门和社会力量的支持,对国家安全教育活动予以资金支持。

3. 在师资保障方面,打造一支视野前瞻、学术精良、责任感强、宣讲技巧过硬的国家安全教育专业教师队[15]

通过加强国家安全专业人才队伍建设,建立国家安全学专家库,组建国家安全研究中心,加强国家安全专门教师的培养,引进国家安全领域的兼职教师,提升思想政治教育教师在国家安全教育方面的专业素养和教学水平。实现教育队伍的专兼职结合、各取所长。对于转向国家安全教育、研究的教师,学校应提供必要的奖励和保障机制,以引导他们勇于挑战自我,接受新知识,开展新领域研究。

4. 在科研教学保障方面,通过专项课题大力支持学校开展国家安全研究

建立研究成果转化路径,建设国家安全研究成果数据库及国家安全资

源共享平台。学校应支持教师开展国家安全学教育教学改革项目，并鼓励出版国家安全学教材及相关读物。此外，学校应提供必要的科技保障，以支持教师教学和学生学习，并充分利用科技成果，实现国家安全教学方式的现代化。

5. 在氛围保障方面，各方主体要引领媒体话语权

充分挖掘和发扬地区红色文化，建设国家安全教学实践基地，多渠道开展宣传活动，营造国家安全教育良好氛围。"西方强势国家凭借其物质优势在全球伦理的构建中掌握着话语霸权，全方位推行其价值观念，解构弱势国家的民族认同。"[16]学校要利用网络媒介、学生网格员等，引导学生文明上网，传播主流价值观，传递正能量；同时发布系列典型事例，促使学生时刻保持思想高度警惕。有关部门应加强网络管理，掌握网络舆论的主导权，做好意识形态风险日常监测，并进行安全风险评估，确保风险提前预警，风险快速应对，不良影响及时消除。

五、结论

当前，大学生国家安全意识较为薄弱，他们极易受到境外反华势力的影响或诱导，甚至可能成为间谍组织的利用对象。在第六次全民国家安全教育日，中央电视台报道了几起大学生危害国家安全的案件。国家安全教育的核心在于传递国家安全观念，同时抵御不良意识形态的渗透。高校作为我国重要的意识形态阵地，是国家安全普及教育的重要前沿。面对西方国家对我国大学生思想进行渗透的威胁，我们必须加强国家安全教育，防止各种反华势力对我国意识形态的渗透。教育部门和高校、中学等教育机构需要不断总结符合新时代要求的国家安全教育模式，真正培养出"有理想、有信念、懂战略、懂行动"的国家安全人才。在教学过程中，教师应巧妙融入思政元素，提升学生的爱国情怀，勇担维护国家安全的重任。在"教育过程从凸显教育者权威到关注个体价值与尊严的转向，并且通过主体间积极对话中的自我发现、自主建构，提升个体作为价值和尊严的存在"。[17]此外，学生在国家安全宣传教育学习和实践中，应不断增强民族自豪感和责任担当意识，自觉做新时代国家安全的建设者。

参考文献

［1］周斌：《反华敌对势力渗透拉拢策反内地赴港学生》，《法治日报》2021 年 4 月 15 日，第 5 版。

［2］陈越、王余生：《美国高等教育国际化政策：历程、动因和走向》，《现代教育管理》 2016 年第 8 期，第 68—73 页。

［3］Lisa L. Turner. Developing Client—Ready Practitioners：Learning How to Practice National Security Law at Military Law Schools. *Journal of National Security Law and Policy*，Vol.1，2014，pp.1 - 80.

［4］陈伟：《国外高校国家安全教育的研究及启示》，《九江职业技术学院学报》2015 年 第 1 期，第 92—93 页。

［5］刘兴德、田斌、于成文、王维才：《坚持总体国家安全观，做好新时代大学生国家安 全教育》，《北京教育（高教）》2019 年第 4 期，第 20—22 页。

［6］吴娱：《关于新形势下大学生国家安全意识教育的思考》，《江南社会学院学报》 2018 年第 3 期，第 57—61 页。

［7］吴跃东：《大学生国家安全观教育影响因素分析》，《当代青年研究》2019 年第 3 期， 第 39—45 页。

［8］马乔恩、吴玉军：《总体国家安全观视域下的青少年国家安全教育》，《思想政治课 教学》2019 年第 11 期，第 4—8 页。

［9］张玉丰：《新时代大学思想政治教育模式创新研究》，九州出版社 2019 年版，第 47 页。

［10］赵庆寺：《新时代高校国家安全教育的理念、逻辑与路径》，《思想理论教育》2019 年第 7 期，第 99—105 页。

［11］李纪岩：《当代大学生社会主义核心价值观培育研究》，山东人民出版社 2013 年 版，第 17—18 页。

［12］伍安春：《当代大学生社会责任感培养研究》，中国社会科学出版社 2020 年版，第 157 页。

［13］曹晓飞：《大学生总体国家安全观教育的战略意义及实现路径》，《思想理论教育导 刊》2018 年第 2 期，第 125—129 页。

［14］曾维伦、赵鸿伟：《总体国家安全观视域下大学生国家安全意识教育探析》，《成都 大学学报（社会科学版）》2016 年第 1 期，第 103—108 页。

［15］卜浩然：《新时代高校国家安全教育体系建设的思考》，《北京教育（高教版）》2018 年第 12 期，第 62—64 页。

［16］崔健：《国际化视野中大学生爱国主义教育研究》，人民出版社 2020 年版，第 77 页。

［17］韩丽颖：《当代大学生核心价值观研究》，人民出版社 2014 年版，第 195 页。

后　记

上海市法学会国家安全法律研究会自成立以来已经连续举办了四届国家安全法律研究论文征文活动，并每年组织开展国家安全领域相关课题的研究。

值此总体国家安全观提出十周年之际，上海市法学会国家安全法律研究会决定从这些征文和课题中选取相关的成果和论文集结出版，以展示对总体国家安全观系统理论研究的积极成果，呈现在读者面前的就是这些课题成果和征文论文的一部分。

感谢作者们在很短的时间内更新了论文的有关内容。周渤、赵芳、任莴等同志不辞辛劳，对稿件进行了校对和整理。尽管呈现在读者面前的是十五篇文章，但是筛选、补充、重选的文章多达五十余篇，经过四轮挑选。对这些幕后同志们的付出和辛劳表示感谢。

感谢汪娜编辑在短时间内对书稿和排版稿进行审阅和编辑。感谢美编老师的封面设计。

感谢周汉民教授撰写本丛书总序，感谢上海市社联王为松书记在本丛书设计和选稿过程中的指导。

感谢读者选择阅读本丛书，参与我们的研究，期待你们的批评。

董卫民　沈　伟
2024 年 2 月 12 日